AIGC重塑营销

基于AI的全链路营销实战

车马 ◎ 著

图书在版编目（CIP）数据

AIGC 重塑营销 ：基于 AI 的全链路营销实战 / 车马著 . 北京 ：机械工业出版社，2024. 9. -- ISBN 978-7-111-76175-4

Ⅰ. F713.3-39

中国国家版本馆 CIP 数据核字第 202405L00Q 号

机械工业出版社（北京市百万庄大街 22 号　邮政编码 100037）

策划编辑：孙海亮　　　　责任编辑：孙海亮

责任校对：闫玥红　李小宝　　责任印制：郜　敏

三河市国英印务有限公司印刷

2024 年 9 月第 1 版第 1 次印刷

147mm × 210mm · 12.625 印张 · 1 插页 · 279 千字

标准书号：ISBN 978-7-111-76175-4

定价：99.00 元

电话服务　　　　　　网络服务

客服电话：010-88361066　机　工　官　网：www.cmpbook.com

010-88379833　机　工　官　博：weibo.com/cmp1952

010-68326294　金　　书　　网：www.golden-book.com

　机工教育服务网：www.cmpedu.com

谨以此书献给我的

父亲车家声先生

母亲胡开凤女士

AI 可以生成内容，但爱只能由心而生

前言

AIGC 引发的营销变革

现在市面上有很多关于 AIGC（Artificial Intelligence Generated Content，生成式人工智能）的书，我为什么还要写这本书呢？这本书能给读者提供什么新价值？

经过一段时间的普及和教育，很多企业对 AIGC 已经有所了解，并开始初步尝试在实际工作中使用 AIGC 相关工具。我发现企业对 AIGC 的需求在不断变化、升级，比如很多企业都想知道 AIGC 如何在真实的企业场景，尤其是企业营销这个大场景中充分发挥作用。而现在市面上大多数 AIGC 相关的图书，都属于入门级图书，显然不能满足这种需求，而本书正是为此而生的。

营销在企业经营中处于核心地位，而且营销对环境变化非常敏感。比如，数字技术就曾以无与伦比的速度彻底改变了企业的营销方式和方法。互联网、大数据、移动互联网都曾深刻影响企业营销。AIGC 作为一种开创性的技术，对营销的影响会比以往任何一种技术都大：营销是 AIGC 应用的黄金场景，AIGC 对营销的影响是全域、全链路、全组织的。

AIGC对营销全域的深刻影响

公域与私域，构成了营销的全域。互联网普及之前的传统营销，以公域为绝对主力。随着互联网的普及，私域的重要性开始显露。进入移动互联网时代，私域的地位进一步提升。当前，大多数业务都需要进行全域营销，AIGC在公域营销、私域营销中都能发挥重要作用。

公域营销中，AIGC可以帮助生成大量优质内容、好的活动策划方案、活动物料设计方案、优质的广告物料……

私域营销需要海量的个性化内容。以往只能依靠人工来生成这些内容，投入产出比太低。所以在很长一段时间内，企业都在用公域营销的方式和内容做私域营销。而AIGC可以以极低的成本，持续、快速地生成高度个性化的私域内容，用于构建企业与用户的紧密联系，提升留存率和复购率，充分挖掘用户价值。

全域营销主要涉及内容营销、广告投放、市场活动等基本营销方式，在这些营销方式中，AIGC都可以发挥巨大作用。

1）AIGC对内容营销来说是革命性的。毫无疑问，内容营销的核心是内容，而AIGC就是为生成内容而生的。通过合适的方法，AIGC可以持续、快速地生成大量优质内容，让企业可以轻松做好内容营销。

2）AIGC可以提高广告转化率和ROI（Return On Investment，投资回报率）。当今的电商平台、社交平台、内容平台、搜索引擎，都是广告投放的主战场，广告物料需要根据平台的属性进行调整。在社交平台、内容平台、搜索引擎上，如果广告物料质量不佳，不仅会影响广告投放本身，甚至会给企业带来负面影响。AIGC 可以帮助广告专业人士生成大量更优质的广告物料，让广告投放更顺畅，提升广告转化率和 ROI。

3）AIGC 可以高效赋能市场活动。市场活动可以划分为策划、执行两个阶段。市场人员借助 AIGC，可以做出更具竞争力和性价比的策划方案，帮助企业在市场活动方面赢在起跑线上。市场活动在执行中会涉及大量活动物料的设计工作，这也是 AIGC 非常擅长的方向。

AIGC 对营销全链路的深刻影响

营销全链路包含市场研究、营销策略和计划制订、产品设计、客户获取、客户转化、客户留存、客户复购、客户召回、客户裂变等诸多环节。AIGC 可以深刻影响营销全链路上的每个环节。

1）在市场研究环节，AIGC 可以辅助分析大量消费者数据，快速生成有针对性的研究报告。这样的报告，不仅可以准确反映市场的现状和趋势，还可以为产品的设计和营销提供宝贵参考。

2）在营销策略和计划制订环节，AIGC 可以帮助人们出谋划策，开阔视野，从而帮助人们做出更有创造力的营销策略和更周全的营销计划。

3）在产品设计环节，AIGC 可以根据消费者的需求和喜好，生成创新的产品设计方案。这样的方案，不仅能够满足消费者的期望，还能够提升产品的竞争力。

4）在客户获取、转化环节，AIGC 可以根据消费者的喜好，生成专属营销内容，从而提高客户获取和转化的成功率。

5）在客户留存、复购、召回环节，AIGC 可以针对每个客户专门生成定制化内容，让营销效果成倍提升。

6）在客户裂变环节，以客户画像为基础，AIGC 可生成专属于每个客户的裂变引导类内容），让老客户更有动力帮助企业裂变引流。若是再配合一些利益刺激，裂变效果会更明显。

AIGC 对营销全组织的深刻影响

AIGC 正在深刻改变整个营销组织。这种改变包括对营销人员岗位要求的改变，对人员招聘的改变，对组织架构、人员编制、工作流程的改变，对绩效管理、绩效评估的改变，甚至对营销团队文化的改变。

营销基层员工主要考虑如何用好 AIGC，提升工作质量和工作效率。

营销管理者在用好 AIGC 的基础上还要考虑如何基于 AIGC 优化工作流程，提升团队工作效率，增强整个团队的市场竞争力。

营销全组织为了应对 AIGC 的冲击，需要做很多事情，绝不仅限于引导员工用好 AIGC，还包括合理调整组织架构、重新制定考核标准、适当调整企业文化……

本书的主要内容

本书共 16 章，分为三篇。

1）上篇（第 1 ～ 6 章）主要介绍 AIGC 工具在营销中的能

力和边界，以及各类主流 AIGC 工具及其使用功法。如果读者已经能上手使用对应的 AIGC 工具，可以把主要精力放在使用功法上。AIGC 工具的特点是门槛很低，入门后要想用好却很难，从会用到用好，要爬一个非常陡的坡。

2）中篇（第 7 ～ 12 章）主要介绍 AIGC 工具在营销中的实践，深入营销的全域、全链路和典型细分营销场景，带着具体任务讲解如何用好上篇讲的工具，完成各项重要的营销任务。中篇还会从营销组织的角度介绍如何应对 AIGC 的冲击。

3）下篇（第 13 ～ 16 章）定位为提升和突破，跳出营销的圈子，站在整个企业的高度讲解 AIGC。营销是服务于整个企业的，理解了下篇所讲的内容，营销人员在日常工作中就能更好地配合企业战略的执行，从而在企业战略层面发挥 AIGC 的作用。下篇虽然篇幅很小但价值很大，尤其是对企业高管和创业者而言。下篇还会站在企业高管层面，针对不同规模的企业，讲解如何正确拥抱 AIGC。

目录

下篇　AIGC 在企业中的高层次实战

上　篇

能力、边界、工具和功法

AIGC具有强大的能力，但它也有边界。要想在营销场景中用好AIGC，需要系统、深入地理解AIGC的能力和边界，在合适的细分场景中以合适的方式发挥它的作用。

AIGC工具上手普遍很简单，用AIGC生成内容，不难！但AIGC工具的使用坡度很陡，用AIGC生成好内容，尤其是持续生成好内容，难！要将AIGC工具和营销场景深入融合，在营销全域、全链路实战中发挥重大作用，难上加难！因此，本篇将系统讲解AIGC的能力、边界、工具和功法。

第 1 章 CHAPTER

AIGC 及其在企业和营销中的应用

第 1 节　AIGC 概览

GPT-4 掀起 AIGC 应用狂潮

数字技术不断推陈出新，每次技术的变革以及紧随其后的应用普及，都会为商业、企业带来巨大的变革。2023 年年初，GPT-4 一经推出就引发了商业、企业的巨大震动，并引发了公众对 AIGC 的关注。从技术到产品，再到普及应用，在这个过程中 AIGC 完全配得上“爆发”这个词。

与 AIGC 相关的概念有很多，容易让人混淆，其中最主要的是 GPT、文本类 AIGC、人工智能。由图 1-1 可知，这 4 个概念之间是逐层包含的关系。

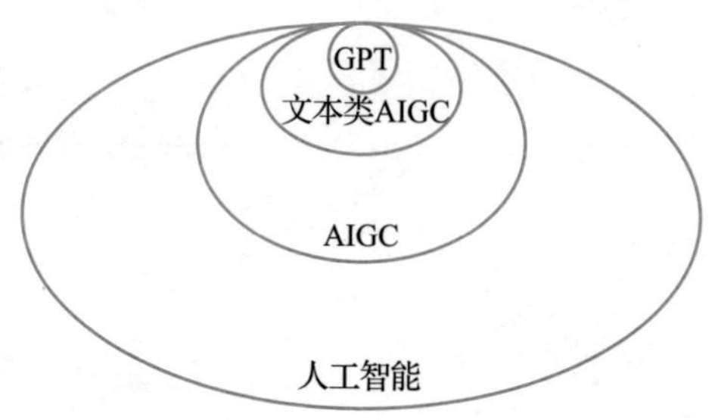

图 1-1　AIGC 主要概念之间的关系

人工智能的外延最大，AIGC 被包含在其中。AIGC 还有一个对应的概念——GAI（Generative Artificial Intelligence，生成式人工智能），它与感知人工智能、认知人工智能并列，都是人工智能的分支。考虑到 AIGC 这个概念更普及，故本书统一使用 AIGC 这个概念。

AIGC 分为很多种，其中包含文本类 AIGC、图片类 AIGC、视频类 AIGC 等，其中文本类 AIGC 应用最广，也是目前最成熟的。GPT 是文本类 AIGC 工具中的佼佼者。本书不仅会讲文本类 AIGC 工具，还会讲图片、视频等其他类型的 AIGC 工具；不仅会讲 GPT，还会讲其他优秀的文本类 AIGC 工具，例如文心一言。

AIGC 更新了公众对内容的理解

人类智力活动的产物，只要能被表达并记录下来的都可以视为内容。文章、图片、视频、音乐是内容，调研报告、工作计划、程序代码也是内容，这些综合到一起就是广义的内容。

AIGC 能够生成的内容包罗万象，它涉及的内容就是广义的内容。从这个角度我们就能理解，为什么说 AIGC 几乎影响到了所有的职场人员，尤其是白领、金领工作者，因为白领、金领工作者的主要工作成果就是生成的内容。

以往我们提到内容创作者，往往想到的是作家、自媒体人、企业的内容营销人员等，一般不会认为软件工程师、数据分析师是内容工作者。但从 AIGC 的角度看，软件工程师、数据分析师是典型的内容工作者，企业家也是。虽然企业家用于创作内容的时间不一定很多，但其创造的内容（例如经营战略、经营计划）对企业的影响却很大。

我的一个 AIGC 线下陪跑营的学员企业——某教育科技公司，主营业务是亲子收纳教育。该企业原本以为的内容是：原创的收纳教材、企业的新媒体内容。经过和我交谈，该企业才意识到公司的经营计划、推广活动方案、线下讲座用的讲稿等都是内容。该企业的营销负责人发现，她本人及整个团队的主要工作就是生产内容。而其他非内容生产类工作，也是以内容为指导和基础来完成的。例如，该企业经常办线下活动，需要租场地。虽然租场地不属于内容生产类工作，但租场地这件事的依据是推广活动方案，而推广活动方案是内容。另外，场地布景也是一种内容。而这些内容，都可以借助 AIGC 完成。所以她的结论是，AIGC 的应用是她确定亲子收纳这个业务定位之后，企业接下来要做的最重大的事。

希望读者能从这个真实的案例中得到启发，把 AIGC 的应用提到战略高度。

AIGC 工具的类型及代表

AIGC 工具众多，根据工具生成的内容形式，可以分成如下几类。

- 文本：包括 GPT、Claude、文心一言、讯飞星火、豆包、商汤日日新等。有些工具有不同的版本供使用，例如 GPT 同时有 ChatGPT 3.5、GPT-4 供用户选用，文心一言也同时提供了两个版本供用户选用。
- PPT：包括 Gamma、Tome、BoardMix、MindShow 等。
- 图片：包括 DALL・E 3、Midjourney、Stable Diffusion、文心一格等。
- 音频：包括 Mubert、MusicLM、魔音工坊、讯飞智作等。
- 视频：包括 runway、pika 等，当然还包括即将推出的 Sora（本书完稿时 OpenAI 刚刚对外发布相关消息）。这类工具还可以进一步细分，有些擅长基于文字生成视频，有些擅长将长视频剪成短视频，有些擅长将静态图片生成视频；有些可以直接生成较长的视频成品，有些则只能生成很短的视频片段。生成优质视频的难度很大，目前大多数工具生成的都是半成品，人们需要基于半成品进一步制作出成品。即便是这样，AIGC 的价值也是非常巨大的。更何况，这些工具及其配套生态都在快速完善，它们在未来发挥的作用会越来越大。
- 数字人：包括 heygen、硅基智能、风平智能、小冰等。通过这些工具生成的数字人，看上去和真人出镜区别很小，甚至可以代替真人进行直播。

- **编程**：包括 GitHub Copilot、Amazon CodeWhisperer、MetaAI Code Llama、CodeGeeX、aiXcoder 等。以 GPT 为代表的文本类 AIGC 工具普遍都能生成代码，因为这类工具的模型训练素材里就有大量的程序代码。GitHub Copilot 等是专门为编程而生的工具，它能直接和开发环境有机整合，从而更适用于专业编程场景。编程类 AIGC 的功能已经非常强大了，完全可以规模化用于大多数编程场景。
- **其他**：例如 Nvidia Get3D、3DFY.ai（文本生成 3D 模型）、Gepetto.ai、Sloyd.ai、Luma AI 等。

因为生成程序及其他形式的内容与营销人员的关联不大，所以后文对此不再讨论。

每一类 AIGC 都对应着多种工具，而且还可能有新工具出现。我们在企业中不可能用太多工具，如何选择适合的工具，就成了一个必须解决的问题。各种评测榜对我们选用工具有一定帮助。我的经验是，**带着自己真实的问题，进行多种工具的横向评测**，来判断哪些工具更适合自己的需求，毕竟适合的才是最好的。

AIGC 工具的使用途径和使用条件

很多 AIGC 工具都对服务范围有限制，尤其是境外 AIGC 工具，比如 ChatGPT 在亚洲很多地方就不能使用，我国也不在其服务范围内。而部分可用的境外 AIGC 工具，可能需要很多前置条件，例如境外 Apple ID、境外手机号、境外信用卡等。

一个 AIGC 工具可能有多种使用渠道，比如官方渠道，包括官网、官方桌面客户端、官方移动 App 等。一般来说，官方渠道的前置条件是最多、限制最严的。还有第三方渠道，这类渠道通常限制较少，但是大多数都需要付费。当然，也有一些免费的第三方渠道，但是这些渠道的工具能提供的功能比较少，甚至只适用于一些细分场景。

多数 AIGC 工具都是在云端使用的，就是通过网络连接到服务器上的数据中心来使用服务，而不需要下载相应的应用。当然，有些工具也可以进行本地部署，例如 Stable Diffusion 就完全可以部署在本地计算机上。本地部署不仅可控性更强，还可以显著提高隐私性和安全性。企业可以根据自身情况，在适当的阶段进行本地部署。

国内的数字技术巨头、互联网大厂、人工智能企业、专门做 AIGC 的企业、顶尖高校都在 AIGC 大模型领域发力。相信随着国内大模型的崛起和日渐成熟，AIGC 使用的便利性会越来越高，我国企业应用 AIGC 的环境会越来越好。

关于 AIGC 工具的收费

长期来看，优秀的 AIGC 工具收费是必然的。

很多用户习惯了互联网工具免费，例如搜索工具、新闻工具、社交工具等，所以一旦要求他们支付 AIGC 工具的使用费用，他们还有点不适应。为什么 AIGC 工具要收费？原因很简单，AIGC 工具提供生成内容服务的成本是很高的，因为 AI 算力相当昂贵。加之生成内容的特殊性，导致 AIGC 工具很难依靠广告等第三方渠道获得收入。理解了这个基本逻辑，我们也就能接受 AIGC 工具收费了，所以建议大家不要再把精力用于寻找免费又好用的 AIGC 工具上。

一般来说，AIGC 工具在尚不完善、知名度不高、用户少的时候是免费的，目的是培养未来的付费用户，同时可以让用户帮助完善工具。发展到一定阶段，AIGC 工具就会收费。收费有很多种形式，比如：有些 AIGC 工具是简化版免费，完整版收费；有些 AIGC 工具是前期免费，后期收费；有些 AIGC 工具则一直都是收费的。

从用户的角度看，**真想用 AIGC 工具持续为自己的工作赋能，就不应该追求免费，而应该更关注工具质量。**

作为用户，应该先充分了解工具的性能，如果确定这款工具适合自己而且价格合理，那就果断付费。在付费之后要充分挖掘工具的潜力，让它产出更多价值。

第 2 节　AIGC 在企业中的应用情况

数字技术从开始应用到普及应用，速度有快有慢，而 AIGC 从开始应用到普及应用，可以用“爆发”来形容。AIGC 从突破科技圈到规模化应用，只用了几个月的时间。图 1-2 所示是各大知名科技产品获得 1 亿用户所花费的时间（月数）。

由图 1-2 可以看出，TikTok（也被称为抖音海外版）这个移动互联网领域的里程碑产品，获得 1 亿用户只用了 9 个月，这在当时已经是奇迹了。但 ChatGPT 创造了更大的奇迹——仅用了 2 个月就获得 1 亿用户。可以说，是 ChatGPT 引爆了 AIGC 的应用热潮。继它之后，又有 Midjourney 等多个 AIGC 明星工具快速崛起，短时间内获得了大量用户。AIGC 工具除了个人用户外还有大量的企业用户。

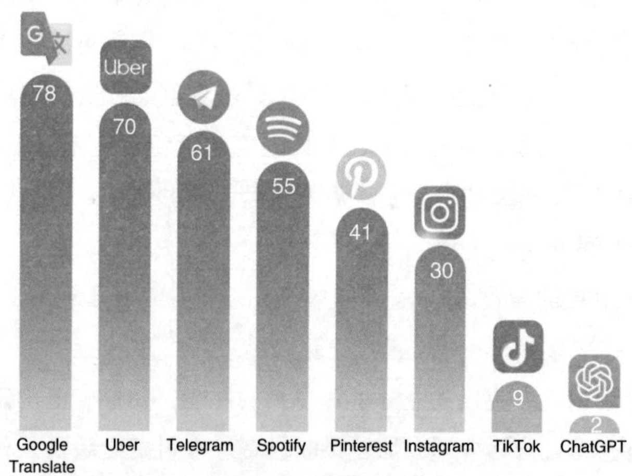

图 1-2　各大知名科技产品获得 1 亿用户所花费的时间

不同规模的企业对 AIGC 的使用

市场化程度高的企业，无论大小都在积极拥抱 AIGC，并开始应用 AIGC。以我的学员企业为例，从上市公司到小微企业，都在使用 AIGC，区别是具体使用场景不同，使用的深度和高度不同。

但是人们往往会有一种错觉：大企业对 AIGC 的使用更加积极。之所以会有这样的错觉，是因为大企业对 AIGC 的积极使用更容易引发媒体、公众的关注。实际情况是，除了大企业，中小微企业甚至很多个人也都在积极使用 AIGC 工具。当前，无论是什么体量的企业，在招聘白领员工时，普遍会对 AIGC 应用能力提出明确要求。很多企业也会对员工进行专项培训，以提高员工的 AIGC 应用能力。

不同类型的企业对 AIGC 的使用

2C、2B 两类企业相比，2C 企业对 AIGC 的使用更加积极。主要原因是 2C 企业在运营时往往需要更多的内容。2B 企业的客户数量少，单个客户的价值高，在运营上更多依赖深度的人际关系。相对而言，对 2B 企业来说内容的重要性不如 2C 企业那么高。但是受大形势影响，2B 企业也在积极拥抱 AIGC。

以我的一个学员企业——华硕机械为例。这是一家传统的制造企业，业务完全是 2B 类的。该企业以人力资源为突破口，在人力资源部门应用 AIGC 取得初步成果之后，开始尝试在生产制造、市场推广、销售、法务等诸多环节全面使用 AIGC。

不同的企业在 AIGC 切入点上可能会有差异。比如我的另一个学员企业——赛弗安全设备公司，也是一家典型的 2B 类企业，该企业应用 AIGC 的切入点就是营销部门。赛弗安全设备公司借助 AIGC 为目标客户持续生成优质的专业内容，比如“如何用好实验室安全设备”。AIGC 在帮助赛弗安全设备公司获客和留客方面发挥了重要作用。

AIGC 对中小微企业的特殊意义

数字技术的伟大毋庸置疑，但它也带来了很多不平等，尤其是对中小微企业，这一点在软件、互联网（包括移动互联网）、大数据爆发的时期都有明显体现。

1. 以往的数字技术对大企业更有利

数字技术的应用门槛很高，尤其是对广大的小微企业、中型企业而言。

在最早的软件时代，企业需要进行信息化转型，但是，无论是购买和实施传统企业软件的费用，还是进行定制开发的费用，都会给中小微企业带来很大压力，这是这类企业信息化程度明显低于大企业的主要原因之一。

到了互联网时代，不同规模的企业在一定程度上实现了平等，主要体现是互联网产品的使用门槛降低了，但是这种降低也是相对之前而言的，对于中小微企业来说，产品购买、实施和运营的门槛依旧很高。以移动互联网为例，它带来了流量的大爆发，但也导致了全网流量向极少数平台聚集，企业的获客成本日益高涨。这也就导致了资金实力较弱的广大中小微企业生存困难。

大数据甚至成为大企业的专属品。中小微企业不掌握大数据，也用不起、用不好大数据，只能被大企业碾压。

2. AIGC 对中小微企业的特别意义

AIGC 很有可能改变上述对中小微企业不利的局面，使得不同规模的企业真正站在同一起跑线上。

现在无论是什么规模的企业都具备了基础的软硬件 IT 条件，在这个基础上只要增加少量的 AIGC 使用费，再对员工进行简单培训，就可以把 AIGC 用起来，并产出成果。增加的工具使用费、培训费，对小微企业而言也是可以承受的。另外，中小微企业有决策快、行动快的优势，所以可抢先使用AIGC，从这个角度说这类企业反而赢在了起跑线上。下面以我实际指导过的企业为例进行具体说明。

- 见效快：我在线下针对企业主（主要是中小微企业主）做过AIGC普及培训，培训时长是一个白天。我当天上午就给企业主分配了账号，他们通过我的培训，当天就产出了适合自己企业的内容。有些企业主甚至直接在课堂上把自己刚刚生成的内容发回公司使用。
- 费用低：高质量的AIGC工具普遍要收使用费，但费用普遍不算高，即便是小微企业也能承受。主流文本生成工具的收费版，例如GPT-4、文心大模型4.0，根据服务等级不同，收费一般在每月几十到几百元人民币之间。有些面向企业用户的工具平台按Token收费，生成100万汉字也仅需1000～2000元人民币。主流图片生成工具，每月的使用费也基本在一百到几百元人民币之间。可以本地部署的图片生成工具（例如Stable Diffusion），甚至不需要使用费。
- 后续节省费用的效果明显：通过使用AIGC工具，一个人可以做更多工作，而且产出物质量更高。所以引入AIGC工具后，企业可以减少人员配置，同时提高工作质量。比如我的学员企业在参加完我的培训后，有的把与新媒体运营外包商的合作取消了，有的把扩招人员的计划延后了。

3. AIGC 改变了竞争环境

以前要想突破内容方面的瓶颈，要么加人，要么招更优秀的人，这样做的直接表现就是成本更高了，但是最终效果如何却不能确定。现在，只需要少量具备中等内容创作水平的人熟练掌握 AIGC 工具，就能快速提升内容产出的数量和质量。很多小微企业，借助 AIGC 工具，仅靠老板一个人就做了一支内容团队的工作。

如果企业家问我需不需要用 AIGC，我的答案是“需要”。

如果企业家问我该在什么时候开始用 AIGC，我的答案是“现在”。

如果企业家问我该怎样做才能用好 AIGC，我的答案是“这本书就是为了给出这个答案而写的”。

第 3 节　AIGC 的局限、适用场景和正确使用方式

AIGC 的局限

虽然 AIGC 非常强大，但是无论多么强大的事物都有自己的边界，AIGC 也不例外。以下是 AIGC 存在的主要问题。

- 缺乏真正的创造性：AIGC 可以生成丰富的内容，但它只能根据已有的数据进行模式学习和内容生成，无法像人类一样进行真正意义上的从 0 到 1 的创造。
- 很可能出错：AIGC 非常强大，但它依旧会犯错，而且

不可控。有些错误很明显，有些错误隐藏得很深。例如，AIGC 给出一个链接，这个链接可能是空的；AIGC 给出一个解释，但可能是错误的。这类问题，从原理上不可能完全解决。

- **存在文化甚至种族偏见**：这类问题的根源是训练材料中隐藏着偏见，这个问题也很难从根本上解决。
- **版权风险**：由于 AIGC 生成的内容是基于已有的数据进行学习后生成的，因此在使用这些数据时可能存在版权问题。另外，人类投入智力和精力生成的内容，很可能在我们不知情的情况下被服务商用作训练大模型的素材，这就会进一步加大版权风险。
- **隐私和安全风险**：大多数情况下，我们都是通过远程的方式来使用 AIGC 服务商的服务的。服务商可以完全掌握我们提的问题、做的操作、生成的内容，这就会让隐私和商业秘密面临泄露的风险。

因为上述问题的存在，企业在应用 AIGC 时，需要扬长避短，在边界之内用好它。

在企业实战中，要特别注意一个问题——**使用者不能懈怠和偷懒**。因为 AIGC 的能力非常强，导致一些员工过于依赖它。我的一个学员就向我抱怨，他派来学习的员工利用 AIGC 糊弄他。以前给员工布置一个任务，这个员工虽说需要几天才能交出方案，但是方案的质量尚可。学完 AIGC 之后，这个员工第二天就上交方案了。这个学员本来很开心，但仔细看过方案后却发现了很多问题，质量还不如员工以前自己做的。原因是这个员工完全让 AIGC 代劳，而不是积极与其协作，这不是使用 AIGC 的正确方式。这虽然不是 AIGC 本身的问题，却是企业在应用 AIGC 时需要解决的问题。

AI 技术的适用场景

AIGC 在企业中落地，究竟适用于哪些场景呢？要回答这个问题，我们需要先来了解一下 AI 技术与场景匹配矩阵，如图 1-3 所示。横轴表示某项技术在某个场景中应用后的价值，越靠近右侧说明价值越大；纵轴表示某项技术在某个场景中应用遇到的障碍，越靠近下侧说明障碍越大。障碍分为很多种，包括技术障碍、成本障碍、风险障碍、法律障碍、社会障碍等。两轴交叉划分出 4 个象限，对应 4 类应用场景。

- 黄金场景：应用价值大，应用障碍小。
- 白银场景：应用价值大，应用障碍大。
- 紫铜场景：应用价值小，应用障碍小。
- 黑铁场景：应用价值小，应用障碍大。

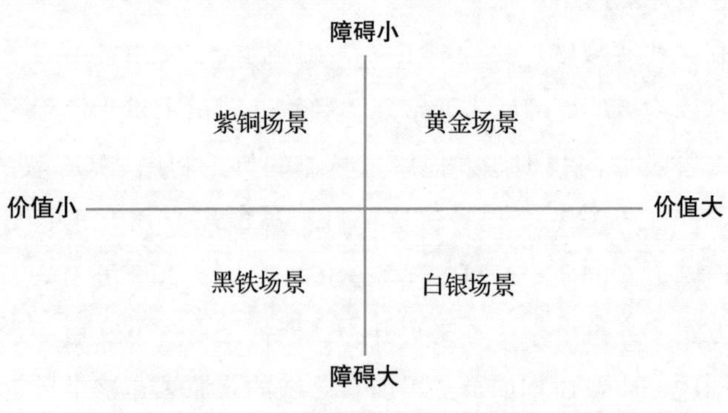

图 1-3　AI 技术与场景匹配矩阵

图 1-3 所示的匹配矩阵同样适用于 AIGC，我们可以借助这个矩阵定位企业的适用场景。

1. AIGC 企业应用的黄金场景

AIGC 在企业中的典型黄金场景有哪些呢？我们可以把企业的场景粗略地分为对内管理、对外经营两大类，这两大类又可以细分出更多场景。

- 对内管理场景：典型黄金场景包括人力资源场景、IT（信息技术）场景。这两个场景中 AIGC 可以发挥很大的作用，相应的障碍也小。在这两个场景中应用 AIGC，对价值的提升效果在中大型企业中体现得更明显。小微企业受规模限制，人力资源部门的工作量一般不大，也几乎没有专职的 IT 人员（相应的 IT 应用基本都是采购或者外包开发），所以 AIGC 的应用价值不大。
- 对外经营场景：典型黄金场景是营销场景。营销对内容有旺盛的需求，而生成内容恰恰是 AIGC 最擅长的。这也是本书聚焦于营销的原因。

在国内，营销这个概念有广义和狭义之分。广义的营销就是经典的市场营销学中给出的概念，英文名是 Marketing，它至少包含了产品、定价、渠道、推广（还可以再细分）。狭义的营销专指市场推广，侧重于流量获取、流量转化、流量留存和流量裂变，对应的英文是 Promotion。本书中所说的营销是广义营销。

2. AIGC 企业应用的白银场景

AIGC 企业应用的典型白银场景是产品研发。这里所说的产品研发是指除软件之外（软件研发场景属于黄金场景，包含在 IT

场景中）的所有类型产品的研发，例如医药公司的药品研发、服装企业新款服装的设计等。在这类场景中，AIGC 应用障碍大，企业界正在积极探索具体的落地方法。

相信随着 AIGC 技术本身的进步，以及企业对 AIGC 应用方法的进一步探索，**产品研发场景会逐渐转变成黄金场景。**

3. AIGC 企业应用的紫铜场景

行政场景是企业中的一个典型 AIGC 紫铜场景，比如为领导写一段活动致辞，生成一个行政通知，出一个团建方案等。在这个场景中，AIGC 所能产生的价值不大，但是障碍非常小（基本都是 AIGC 最擅长的工作）。

4. AIGC 企业应用的黑铁场景

其实除了上述场景，其他大部分与企业日常经营相关的场景都属于 AIGC 企业应用的黑铁场景。目前 AIGC 正处于狂热探索期，大多数人都处于“手拿锤子找钉子”的状态，想在所有领域都用上 AIGC，但是冷静下来，按照图 1-3 所示的矩阵去分析，会发现他们以为的黄金或者白银场景，都是黑铁场景。例如在大客户服务场景中使用 AIGC 技术，本来想的是应用先进技术提高服务质量和效率，结果大客户觉得自己被怠慢了，得不偿失。

黑铁场景一旦被识别出来，理智的做法就是放弃它。

一旦我们将企业的众多场景分配到矩阵中适当的位置，就需要针对不同场景制定相关落地策略了。

- **对于黄金场景，必须尽快落地 AIGC。**
- **对于白银场景，要积极做好落地 AIGC 的准备，渐进突**

破，追求长期效果。

- 对于紫铜场景，在需要为黄金场景、白银场景的落地做试探时，可以尝试着应用；在企业有足够的余力进行开拓时，也可以从这个场景切入。
- 黑铁场景一旦被识别出来就要果断放弃，不要浪费资源。

注意，随着技术或企业自身的变化，场景类型也可能跟着改变，比如原先的白银场景可能变成黄金场景，原先的紫铜场景也可能变成黄金场景。我们要保持敏锐的洞察力，积极发现这类新契机，因为这往往是企业打破竞争格局的机会。

企业落地 AIGC 的基本方法——三步三分支法

前面介绍了 AIGC 的强大能力，也介绍了它存在的明显问题，只有把能力和问题结合起来才能真正用好 AIGC。我总结了正确应用 AIGC 的方法——三步三分支法（见图 1-4），在产生了内容需求，有了大致方向后，就可以按三步三分支法来操作了。这个方法不局限于具体的工具，适用于所有的 AIGC 工具。

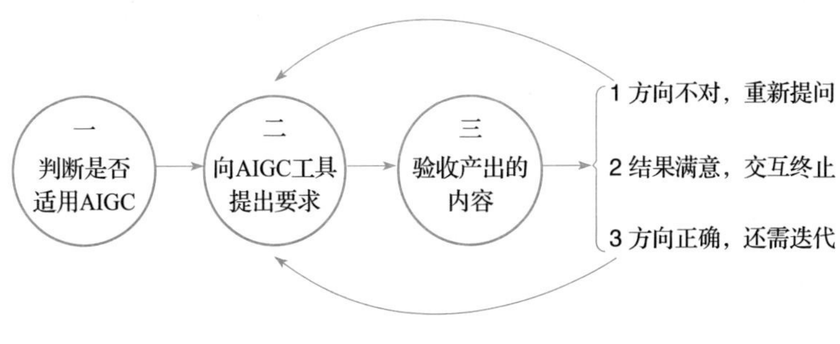

图 1-4　三步三分支法

1. 判断是否适用 AIGC

第一步要判断自己的需求是不是能够或者适合利用 AIGC 得到满足。我在教学中发现，初学者总是觉得 AIGC 能力超强，可以从 AIGC 那里获得所有的答案。下面举几个我的线下学员的例子。

问题 1：世界第二高峰的高度是多少？

这个问题使用传统的搜索引擎来解决会又快又准，虽然也可以通过 AIGC 得到答案，但是无法真正体现 AIGC 的价值。

问题 2：最近一个月，AI 行业发生了哪些大事？

由于 AIGC 的知识库都有更新时间问题，这个时间往往不是当下，或有一些延后，所以 AIGC 不能正确回答这个问题，通过搜索引擎、新闻媒体、垂直社群可以获得更好的答案。

问题 3：我们公司一直做 B 端业务，适合进入 C 端市场吗？

要准确回答这个问题，需要综合大量背景信息，还要进行大量主观判断，即便是专业咨询公司都未必能回答清楚这个问题，想从 AIGC 那里获得满意答案是不可能的。

问题 4：我们公司长期从事旅行箱包代工业务，为很多国内、国际知名品牌做过代工。你觉得我们适合推出自己的旅行箱包品牌吗？

为了让学员对这类问题有直观的认识，我特意将它提交给了 GPT-4，我们看它是如何回答的。

> 决定是否创建自己的品牌，需要深思熟虑，需要考虑许多因素。以下是一些可能需要考虑的关键点。
>
> 市场研究：首先，你需要对市场进行深入研究。这包括了

解旅行箱包市场的总体规模、竞争格局、消费者需求、市场趋势等。这可以帮助你了解市场的潜力和机会，以及你的品牌可能面临的竞争压力。

品牌定位：你需要考虑你的品牌如何定位。你的产品主打高端市场还是大众市场？你的产品有何独特之处？能否吸引消费者？

资金和资源：创建自己的品牌需要大量的资金和资源投入，包括但不限于产品设计、生产、品牌推广、销售和售后服务。你需要评估你的公司是否有足够的资金和资源来支持这个新的业务。

供应链和生产能力：作为代工厂，你的公司可能已经有了成熟的供应链和强大的生产能力。这是一个重要的优势。然而，你也需要考虑是否有能力同时满足代工业务和自有品牌业务的需求。

品牌建设和市场推广：品牌建设和市场推广是一个长期且复杂的过程。你需要有一个详细的计划，包括如何建立品牌形象，如何进行市场推广，如何吸引和留住消费者等。

风险管理：创建自己的品牌意味着面临更多的商业风险。你需要预先考虑可能的风险，并制定相应的风险管理策略。

总体来说，是否创建自己的品牌取决于你的公司的具体情况。我建议你从各个角度进行全面考虑，并寻求专业的商业和法律建议。

GPT-4 的回答很专业，但显然不能满足我们的需求。这个问题超出了 AIGC 的能力范围。

尽管 AIGC 非常强大，但它依旧是一个工具。我们应该把它纳入我们的工具库，让这个工具与其他工具完美协作，更好地为我们服务。举个例子：我们考虑进入一个新市场，可以先借助搜索引擎或垂直网站获取相关领域的研究报告，再借助搜索引擎查询该行业的最新情况。确定整体方向后，借助 AIGC 生成初步的市场发展计划，然后通过轻咨询服务，与行业资深人士针对初步市场发展计划进行深度交流。做完上述工作就能确定最终方案了。

2. 向 AIGC 工具提出要求

人与 AIGC 对话时输入的文字被称为提示词（Prompt）。要想借助 AIGC 生成想要的内容，必须清楚地把需求表达出来，而且要使用 AIGC 容易理解的方式。这种需求的表达方式与向人表达需求的方式是有明显区别的。提示词要求更规范、更清晰，要具备一定的格式。这部分内容是用好 AIGC 必须掌握的，所以第 2 ～ 6 章会从不同角度展开介绍，这里不再重复。

3. 验收产出的内容

获得 AIGC 生成的内容后要对其进行验收，验收的结果会有 3 个分支：

- 方向错误，重新思考，重新提问。
- 满足需要，验收通过，将生成的内容从工具导出并使用。
- 方向正确，但还没有达到最终效果，继续与 AIGC 工具交互，直到生成满意的内容。

这一步必须由人来完成。前面讲 AIGC 的局限时已经讲到，AIGC 生成的任何内容都可能有错误，所以必须由人来把最后一关。

图 1-5 是我用国内的 AIGC 工具秒画生成的一幅绘本图。这幅图描绘的是森林里的一个小女孩和一只棕熊在快乐地跳舞。这幅图整体质量不错。但仔细看，会发现女孩的右臂是缺失的，而提示词中完全没有与此相关的内容。如果不去检查，这样的作品直接商用——出版或广告，后果很严重。

图 1-5　秒画生成的绘本图

各种 AI 工具都可能出错。图 1-6 所示是我用 runway 生成的一段视频的截图——小象在空中飞行。视频开头小象的鼻子是正常的，但随着小象飞起来，鼻子不正常地萎缩了。这个视频素材显然不能直接使用。

图 1-6　用 runway 生成的视频截图

第 4 节　AIGC 在营销全域、全链路中的四大价值

前面提到，对于绝大多数适合应用 AIGC 的企业而言，营销场景属于应用 AIGC 的黄金场景。从本节开始，我们将聚焦于 AIGC 在营销中的应用。

深入理解四大价值

关于 AIGC 在营销场景中的应用价值，有一种很普遍的看法——降本增效，这特别容易理解。但实际上，降本增效只是局部价值，并不全面，甚至对企业有误导的可能。那么，AIGC 在营销场景中的价值具体有哪些呢？如图 1-7 所示，在营销场景中应用 AIGC 可以提质、升效、降本、增收。

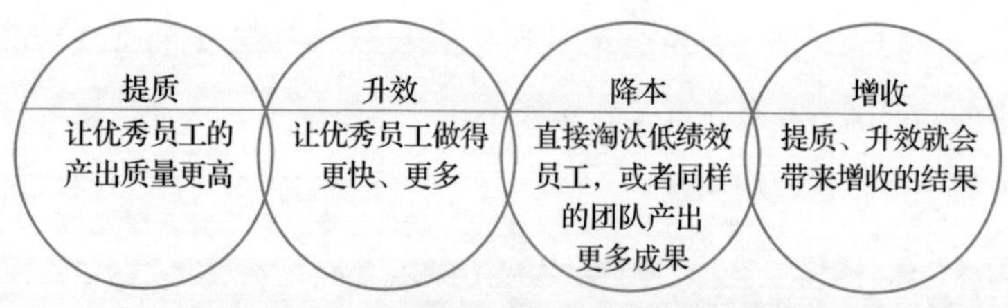

图 1-7　AIGC 在营销场景中的价值

- 提质：就是提升质量，将工作做得更好。这是最重要的价值，也是其他 3 个价值的前提保障。我们试想一下，如果营销团队用了 AIGC，生成的内容多，生成的速度快，但质量较差，我们还如何放心使用 AIGC？尽管在不同的细

分场景中对内容的质量要求不同，但必须要守住基本的质量底线。

- 升效：就是提升效率。提质之后，就轮到升效了。新环境熟悉了，新工具熟练了，新的思维方式初步具备了，升效是相对容易做到的事。AIGC 本身还在不断变强，若是我们自己能使用得越来越熟练，再加上配套的生态、不断完善的资源，效率提升是必然的事情，而且是大幅提升。
- 降本：就是降低成本。在营销尤其是内容营销中，最大的成本就是人力成本。在人力成本日渐高涨的今天，降本对企业意义重大。降本主要是通过减少人员配置来实现，而不是直接降低人员薪资。
- 增收：增加收入、收益，这是营销部门乃至整个企业的终极追求。

四大价值的内在联系和执行顺序

提质是 AIGC 最大的价值，也是企业在实际应用中首先要关注的价值，这一点没做到，就不能追求其他价值。

企业刚刚接触 AIGC 时，需要熟悉新的工具，甚至新的思维方式，往往做得并不快。这时员工和企业主都难免对 AIGC 产生疑虑。刚开始效率低一些其实并不是坏事，这时应该先把质量提上去。若是开始就把升效放到第一位，那么很容易走进死胡同。

升效是在保证质量的前提下的下一个追求目标。升效有两种体现：现有的人力资源不变，但是单位时间内产出更多内容；单位时间内产出的内容数量不变，但消耗的人力资源更少。

当一个团队可以稳定实现提质、升效后，就可以考虑适当优化人员了。我们可以减少人员，这是最直接的降低成本的方式，而且效果立竿见影。减少一个人力资源开支，基本上足以覆盖因为使用 AIGC 所增加的一切成本，包括网络环境搭建费、工具使用费、培训费。人力成本在营销中占比非常高，这在中小微企业中体现得尤为明显。

增收是最终的结果。当我们能提质、升效、降本之后，自然就能增加收入。增收来自两个方面：成本降低，带来净收入增加；AIGC 提升了营销效果，带来收入增加。例如，我们借助 AIGC 做出了更优质的营销物料，就可以在同样流量投放的基础上，获得更高的流量转化率，直接提升销售收入。而与此同时，我们还可以优化团队，适当减少人员，这就直接降低了运营成本。更高的收入减去更低的成本，就获得了更高的收益。

我在做 AIGC 企业训练营、入企咨询时，就是按这个顺序执行的，效果很好。

实际上 AIGC 对企业、对营销来说，除了上述价值，还有更高层次的影响，这部分内容放在下篇来介绍。

|第2章| CHAPTER

文本类 AIGC 工具及其使用功法

AIGC 虽然强大，但使用者要想充分发挥它的能力，就必须系统学习相应的功法。从本章开始我们将详细讲述各类 AIGC 工具及其使用功法。通过学习这些内容，再加上适当的实操练习，大家就可以熟练掌握各种主流 AIGC 工具的使用方法，为学好中篇要介绍的 AIGC 在营销场景中的实际应用打好基础。

第1节　主要文本类 AIGC 工具及其基本用法

文本类 AIGC 工具是用户量最大的 AIGC 工具，而且文本是生成其他形式内容的基础。

主要工具

文本类 AIGC 工具众多，其中 GPT-4 是单独一档的存在，综合实力非常强，推荐有条件的企业优先选用它。国内文本类 AIGC 工具也比较多，其中文心一言、讯飞星火、豆包等已经初步具备了持续用于营销实战的能力，尤其是文心一言的付费版本。

GPT 的地位类似于 iPhone 在智能手机中的地位，是所在领域的标杆。GPT-3.5 可以免费使用，GPT-4 只供付费的 Plus 用户使用。GPT-4 在 2023 年年底有一次重大更新，诞生了 GPT-4 Turbo。它的知识库更新到 2023 年 4 月，而且支持文档上传。

以前 GPT-4 有 4 个独立的功能，一个对话窗口内只能使用其中一个功能：图片上传 +GPT-4、插件 +GPT-4、代码运行器 + 文件上传 +GPT-4、图片生成 +GPT-4。更新后实现了 GPT-4+ 图片上传 + 插件 + 代码运行器 + 文件上传 + 图片生成的大整合，用户在使用中不需要再手动切换各个功能。

百度的文心大模型也拥有很强的综合实力。文心一言 3.5 供公众免费使用，功能更强大的 4.0 需要付费开通会员才能使用。这也是国内第一个公开收费的大模型产品。

除了 GPT、文心一言，国内外还有众多文本类 AIGC 工具。这么多工具该如何选用呢？除了参考第三方评测、其他用户的意见外，还有一个办法——自己测试。注意，测试要针对自己企业的场景展开。我们不是要评测出最好的工具，而是要选出最适合自己的工具。我做过一个测试——给文本类 AIGC 出一个上联“车马骑车买马，马拉车”，请 AIGC 对下联。这不是为了好玩，而是为了测试 AIGC 工具对中文的理解能力，在营销场景中，写标题、宣传语等都要求 AIGC 工具有很强的中文理解能力。

文本类 AIGC 工具的界面构成

我们以 GPT-4 为例，讲解 AIGC 工具的基本操作。图 2-1 所示是某第三方平台的 GPT-4 使用界面。

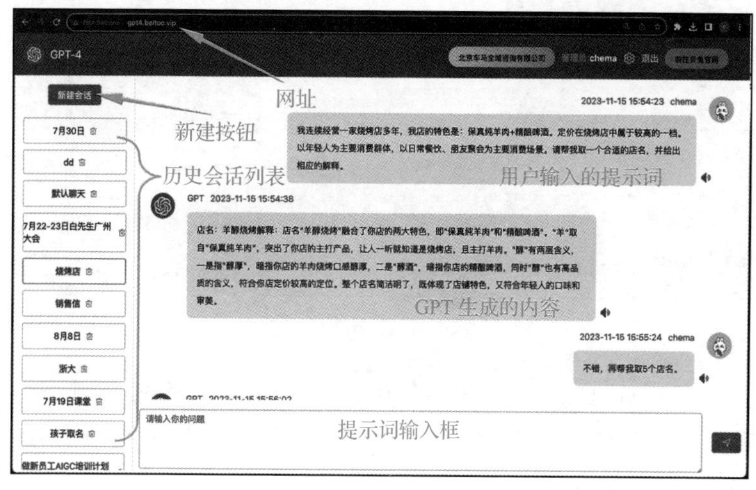

图 2-1　某第三方平台的 GPT-4 使用界面

图 2-1 所示页面的顶部是用户信息栏，下侧分为左边栏和会话区。左边栏有“新建会话”按钮和历史会话列表。会话区又分为上下两部分。下部是提示词输入框，用户在这里输入自己的提示词，然后提交给 GPT-4；上部占据了整个页面的大部分空间，用于显示与 GPT-4 会话的内容。

用户若是每次都在一个窗口与 AIGC 工具进行对话并生成内容，时间长了，要想再查找、使用以前生成的内容就会变得很不方便。所以，最好养成一个好习惯——为每个任务新建会话。新建会话的方法如图 2-2 所示。

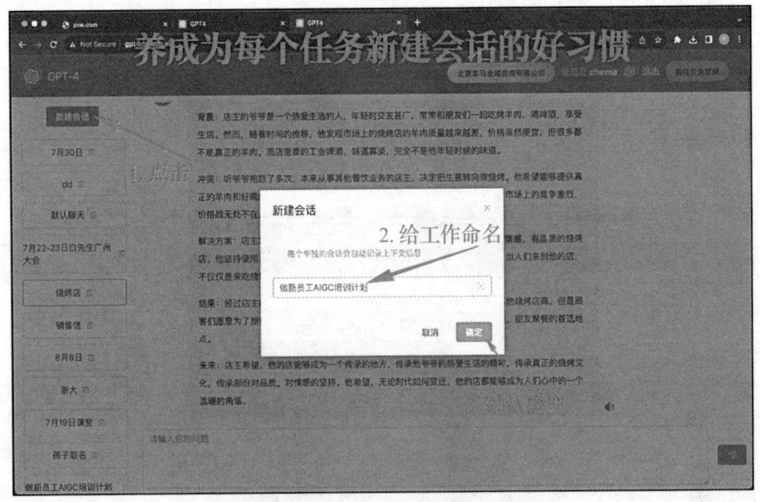

图 2-2　新建会话的方法

看过 GPT-4 的使用界面，我们再来看另一个重要工具——文心一言的使用界面，如图 2-3 所示。文心一言使用界面的结构与 GPT-4 类似，这里就不具体展开介绍了。

文本类 AIGC 工具的基本用法

文本类 AIGC 工具的基本用法很简单，只有三步。

1）人工输入提示词。有什么需求，用自然语言表达出来即可，如图 2-4 所示。

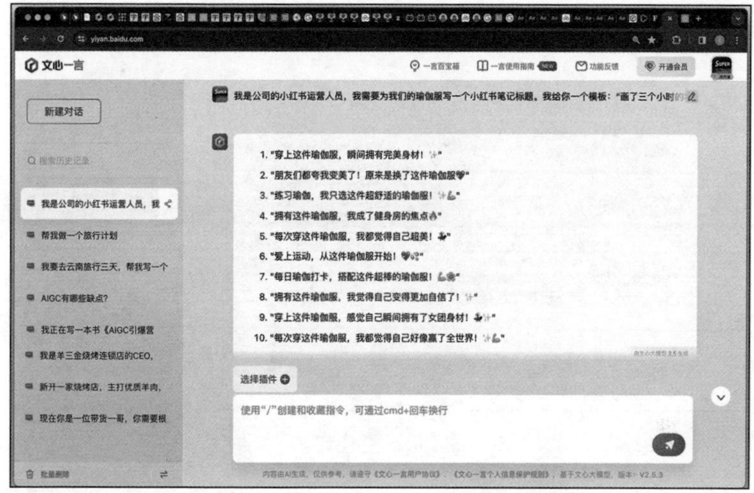

图 2-3　文心一言的使用界面

图 2-4　输入提示词

2）利用 AIGC 工具生成文本。若是需要中途停止文本生成，可以单击会话框下侧的“终止回答”按钮（对于不同的工具，这个按钮的名称可能略有不同），如图 2-5 所示。

3）人工复制文本，并粘贴到其他处使用，如图 2-6 所示。

入门使用非常简单，基本上会上网浏览网页就能很快上手，而且很多情况下生成的内容质量也不错，这也是文本类 AIGC 工具可以快速普及的原因。但是，如果只掌握到这种程度，会导致使用体验出现“过山车现象”。我们来看看在“过山车”的每个阶段人的不同感觉。

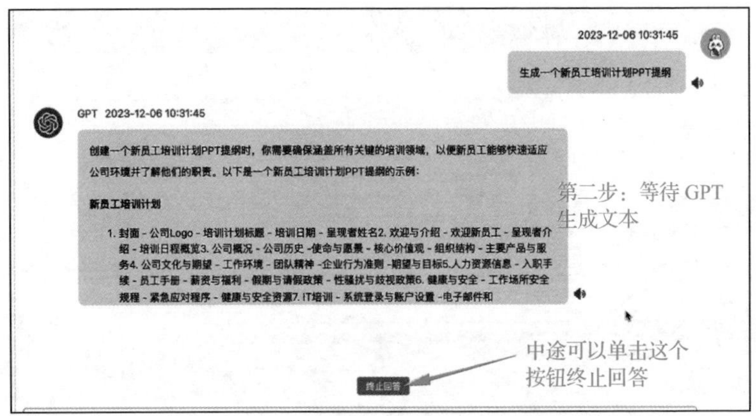

图 2-5　生成文本

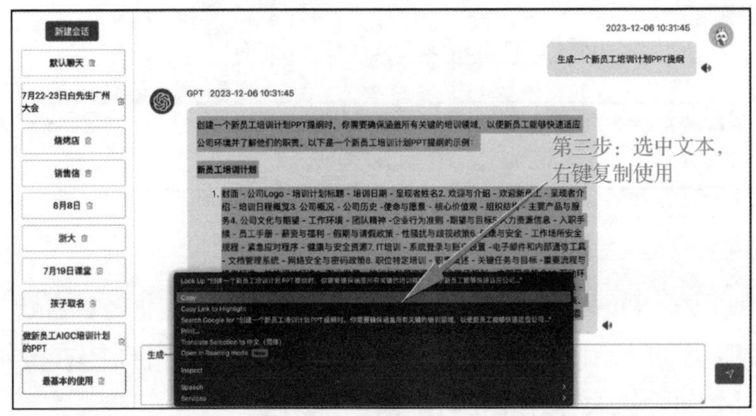

图 2-6　复制并使用文本

- 上升阶段：好厉害，以后干活就轻松了！
- 下降阶段：输入了几个具体问题后发现，AIGC 工具生成文本速度确实快，但质量起伏很大。有时生成的内容正中下怀，有时答非所问，有时生成的是正确的废话，甚至还有错误答案。

到了下降阶段，使用者就会开始分流。一部分人得出“AIGC工具不太靠谱”的结论，以后很少再使用。对他们而言，也就不存在过山车的第三阶段了。另一部分人开始研究探索AIGC工具，通过正确的方法让AIGC比较稳定地生成高质量的文本，从而挖掘出AIGC工具的高价值。这一部分人会进入过山车的第三阶段——再次上升阶段。要进入这个阶段，就必须掌握AIGC工具的使用功法。

要把文本类AIGC工具用于营销实战，一定不能满足于最基本的使用，必须掌握生成高质量文本的功法。

第2节　生成高质量文本的功法——SWIFT雨燕功法

“AIGC这么强，为什么我还要学功法？”这是初学者经常存在的疑问。AIGC确实强大，甚至在某些方面已经超过了人类。但是AIGC无论多么强大，都不可能直接掌握用户的独特信息和精确需求。我们当前需要什么，有什么具体要求，必须清晰地告诉AIGC。如果没有清晰表达，AIGC就只能去猜测或者用常规的需求来替代。若是碰巧遇到了你想要的需求，那效果就很好，但若是没遇到那你的体验就会非常差。

举个浅显的例子。AIGC学习了大量的开业致辞，所以若是你只简单地要求“生成一份800字的开业致辞”，AIGC是可以完成的。但若是以下情况：

致辞者与开业公司老板是多年好友，希望致辞能更活泼有趣一点；致辞者在事业上曾经得到过开业公司老板的大力帮助，希望表达出感激之情；开业公司老板前不久生了二胎，致辞者希望能将这件喜事和公司开业结合起来……

那么 AIGC 无论有多强大都不可能预先知道这些情况。如果用户不把这些关键信息告诉 AIGC，AIGC 就给不出优质的致辞文稿。如何向 AIGC 清晰地表达这些诉求？这就要用到功法了。

文本类 AIGC 工具在技术上还有一些具体的限制。

1）**知识库的更新时间**。以 GPT 为例，在本书写作时，它的最新版本知识库更新到了 2023 年 4 月。这就是说，它不具备 2023 年 4 月之后的知识和信息。如果你的文本很依赖新知识，AIGC 就无能为力了。有些先进的 AIGC 工具有实时联网功能，这在一定程度上弥补了知识库的更新时间问题，但依旧没有完全解决。

2）**上下文长度限制**。我引用一下 GPT-4 的回答："作为一个基于文本的 AI，我能够理解和回应的上下文长度有限制。这个限制通常取决于我所使用的模型和平台的具体实现。如果你的输入超过了这个限制，最早的部分可能会被截断，以便为新的信息腾出空间。这意味着在进行长对话时，我可能会'忘记'对话的早期部分。为了获得最佳的交流体验，建议保持问题和回答相对简洁，并在需要时提供足够的上下文。"尽管随着模型的迭代，AIGC 支持的上下文长度在扩展，甚至能达到一本书的体量，但毕竟还是有限制的，而且用户也不一定都在使用最新的版本。当我们与 AIGC 展开多轮对话，且需要生成的内容又很长时，就会出现问题。

理解了以上内容，就能理解为什么要修炼功法了。

关于文本类 AIGC 工具的功法，已经有多位高手做了总结，例如 B.O.R.E 功法、B.O.K.E 功法等。我在这些功法的基础上，经过自己大量的实战和指导众多企业的实战，提炼出了一套新的功法——SWIFT 雨燕功法。

SWIFT 雨燕功法的具体内容如下：

- S（Scene，场景）指描述场景。
- W（Want，要求）指表达需求。
- I（Inspect，检查）指验收成果。
- F 共有 4 个，分别是 Feedback 代表的互动反馈，Find out 代表的询问挖掘，Feed 代表的内容投喂，Frame 代表的思维框架。
- T（Template，模板）指专属模板。

SWIFT 正好是雨燕的英文拼写，所以我把这套功法称为 SWIFT 雨燕功法，如图 2-7 所示。

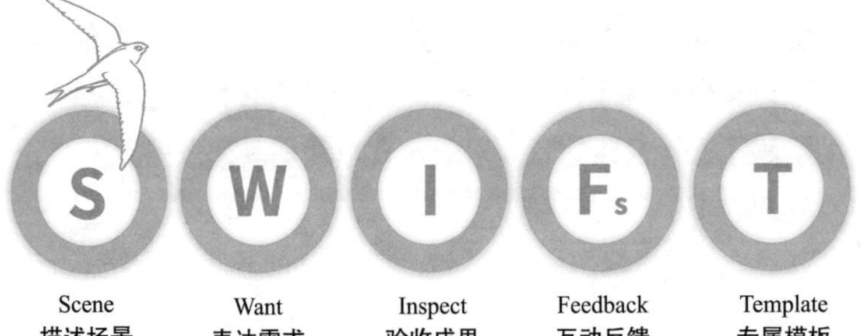
S
W
I
Fs
T
Scene
描述场景
场景给AI工具提供了依据，让AI工具更好地理解需求。
Want
表达需求
需求要提明确，而不是越简单越好。
Inspect
验收成果
验收返回的答案，判断质量、发现问题，换位理解AI工具的困惑。
Feedback
互动反馈
Find out
询问挖掘
Feed
内容投喂
Frame
思维框架
Template
专属模板
打磨出专属模板，让工具根据模板高效地生成针对自身特点的优质文本。

图 2-7　SWIFT 雨燕功法示意

SWIFT 雨燕功法分为入门、中级、高级三个段位，SWI 是入门功法，4 个 F 是中级功法，T 是高级功法。我们需要逐级修炼，逐级掌握。

第 3 节 SWI 结构化功法

S——描述场景

描述场景是生成优质文本的前提。描述场景包括角色身份设定、环境描述等。

新手总是迫不及待地提出要求："给我写一个营销计划""给我列出本周的短视频选题""给我做一个品牌传播方案"……却不知如果没有描述清楚场景，AIGC 根本无法给出合适的答案。

我们可以想象一下，假如你是公司新招的营销总监，你对公司情况根本不了解，CEO 却对你说："给我出一份本季度的营销计划，把 ROI 提升 30%。"那么就算你能力再强，也无法下手吧？即便你依赖经验勉强做出一份营销计划，大概率也不会让 CEO 满意。AIGC 也是如此。

以百货公司做线下活动策划为例，同样的时间，针对普通消费者和针对 VIP 客户，或者针对女性客户和针对家庭客户，做出的策划方案差别会非常大。如果不交代清楚背景，只说"我是一家百货公司，正在做五一活动策划方案"，而不交代活动针对的是谁、有什么具体要求等场景信息，AIGC 很难给出理想的结果。

要初步掌握描述场景的方法，可以先做"一句话练习"。写这句话时，只提供场景信息，不提需要什么内容，最好能够结构化表达。图 2-8 所示就是一种表达结构。

图 2-8 表达结构示例

按照图 2-8 所示去操作，其实就是告诉 AIGC 我是谁，我处于什么环境中，我有什么任务需要完成。下面举个例子。

> 我是公司的小红书账号运营人员，公司新推出了适合全天穿着的瑜伽裤，我需要在小红书上为新产品做宣传。

上面的这段提示词用一句话就描述清楚了角色、环境、任务。当然，描述场景并不是只有这一种表达结构，用户需要根据自己的企业、业务、任务的特点选择合适的表达结构。

在可以驾驭一句话场景描述后，就可以练习多句话场景描述了。在开启一个较长的会话时，第一句提示词包含的场景信息往往要非常全面，尤其是涉及一些复杂场景时，所以掌握多句话场景描述非常重要。举例如下。

> 我是车马，我的公司叫车马心里有数咨询公司。我的业务是为企业应用 AIGC 提供培训和咨询。我刚刚在线下举办了一场为期一天的公开课，面向 100 多位传统行业的企业家讲解如何落地 AIGC。课程结束后，有数十人主动加了我的

微信。我需要在接下来的一周，针对这些人发出多条较长的微信消息，以便能加强与这些目标用户的联系，提升后续转化率。

再看一个更复杂的描述场景的例子。

我是一名短视频商业实战教练，主要工作是教职场人转型当商场老板。

市场机会：受大环境影响，有很多30多岁、40多岁的职场人被迫离开职场，新工作找不到，又不甘心去送外卖，自己单干当老板成了他们考虑的出路。但绝大多数职场人并不知道如何当老板，需要既懂他们又懂生意的人来教他们。

选择赛道：垂直赛道——职场人如何一次成功当老板？

功能价值：针对职场人（已离职或尚在职），我独创了“三段八步”老板功法，这套功法经过了反复验证，可指导职场人从零开始当上老板，稳定地赚到钱。当然，并不能保证每一个学员都能学成。

角色定位：真人出镜，既专业又亲切有趣。

账号画像：最了解职场人的老板，带职场人当老板。

辨识度设计：出镜形象是发型经过精心修剪的男士，并且喜欢把玩孩子的玩具。口头语是：“我唯一的天赋就是当老板，赚钱的那种！”

有了上面清晰的场景描述，无论是让AIGC工具做短视频选题策划方案，还是做可售卖产品的策划方案，都有了获得好答案的基础。

场景描述，既不是越短越好，也不是越长越好。**在保证足够信息量的前提下，尽量简洁、结构化。**

W——表达需求

完成场景描述后，我们就可以表达需求了，也就是向AIGC工具明确提出我们需要什么样的文本。与描述场景一样，我们对需求的表达也要清楚、细致，包括性质、用途、篇幅、样式等多个维度的信息。

- 计划书、合同、小红书文章、短视频脚本、JavaScript代码……这是性质。
- 用于某活动的宣传，这是用途。
- 2000字左右、15秒左右……这是篇幅。
- 加上序列号，用表格形式输出，用Markdown格式输出……这是样式。

这些词汇从不同角度描述了对内容的需求，帮AIGC充分理解我们需要什么。如果没有这些表述，AIGC就会按自己的理解来“补齐”需求信息。

为了在入门阶段让学员养成良好的习惯，我会强制要求学员用“两句话表达”：第一句只描述场景不表达需求，以句号结束；第二句表达需求，以句号结束。经过短暂的适应后，学员们普遍觉得答案质量更高了。

看一个真实的企业营销案例——常州市某公司要策划中秋节活动的短视频脚本。应用上面的方法，包含S和W的提示词可以这样写。

提示词：×××是一家百年老字号食品超市，为了迎接中秋节，推出了手工制作的月饼。帮我策划一个短视频脚本，时长40秒，分镜头用表格形式呈现。

这是明显的两句话提示词，第一句描述场景，第二句提出需求，从形式、时长、展现形式多角度清楚描述了需求。

AIGC的回答是：

以下是一份针对×××公司中秋节手工月饼短视频的分镜头脚本，以表格形式呈现。

镜头顺序	镜头描述	时长	对白 / 背景音乐
镜头1	开场：×××公司LOGO出现	2秒	背景音乐：欢快的中秋节音乐
镜头2	中秋节的月亮和灯笼装饰	3秒	
镜头3	×××公司的超市内部一角，展示月饼柜台	4秒	旁白：中秋佳节，×××公司为您带来百年老字号的手工月饼
镜头4	师傅正在制作月饼	5秒	旁白：精选上等材料，传承百年工艺，×××手工月饼，匠心之作
镜头5	展示月饼的制作过程，如和面、揉馅	6秒	背景音乐：欢快的中秋节音乐
镜头6	介绍月饼口味：五仁、莲蓉、豆沙等	5秒	旁白：多种口味任您选择，满足您的味蕾需求
镜头7	顾客在选购月饼，享受购物时光	5秒	旁白：×××月饼，让您的中秋节更加美好
镜头8	×××公司月饼礼盒，精美包装	4秒	旁白：精美礼盒包装，送礼佳品，表达您的心意
镜头9	一家人团圆共享×××月饼的画面	4秒	旁白：与家人共享×××月饼，愿您的中秋佳节团圆美满
镜头10	结束：×××公司的LOGO和中秋促销信息	2秒	旁白：×××，祝您中秋快乐（同时展示促销信息）

总时长：40秒。

这份短视频脚本旨在展示×××公司的中秋手工月饼，通过展示月饼的制作过程、口味、礼盒等元素，吸引观众购买。希望能为您提供参考。

|——验收成果

这个环节必须由人来做，人是最后的把关者。

记住，AIGC很可能犯错，有些错误很明显，有些错误隐藏很深。所以，对于验收成果，人永远不能放松警惕。经验告诉我们，只要你一放松检查，错误就可能发生。

以我本人为例。我曾经在和GPT-4对话中提到AIGC的概念。验收GPT-4生成的文本时，发现以下内容："这场革命的主角是人工智能(AI)、互联网(I)、大数据(G)和云计算(C)——合称AIGC。"看上去很有道理，但如果细心一点就会发现，大数据的英文其实是big data，也有用mega data的，无论用哪个都不是G开头。而且AIGC是"生成式人工智能"的意思，并不是GPT理解的意思。这部分内容是错误的，属于典型的一本正经胡说，由此可见验收的重要性。

对生成的文本进行验收时，要根据我们的意图来判断生成内容的质量。验收之后，有3种情况：

1）内容符合预期。若是对AIGC生成的文本基本满意，就可以终止与AIGC的交互了。将文本导出，进入下一个工序。注意，这里所谓的"满意"是打一定折扣的，要想尽可能接近我们的终极要求，往往需要与AIGC进行多轮交互。如何精确地控制 AIGC 输出的结果，一直是一个难题。交互的次数太多会影响效率，但是太少又会影响质量。这时就需要我们有折中思想，有妥协意识。例如：我们用 GPT 生成一篇公众号文章，经过多轮交互，已经很接近我们的需求了，这时我们就可以认为已经达到了“理想”结果。将文本导到公众号文章编辑器里，再加上一个自己刚刚收集的案例，再调整几处措辞和小标题，就可以发布了。后面这些动作如果一定要让 GPT 来实现，反而会花费更多的时间。

2）**方向不对，重新提问**。有时我们会发现，AIGC 生成的文本和我们想要的方向完全对不上。此时我们可以直接放弃当前内容，重新提问。重新提问就是重新描述场景，重新提需求。刚开始使用文本类 AIGC 工具时，这种情况比较多。等到我们熟练了，掌握了更好的方法，大方向不对的情况就很少出现了。

3）**方向正确，还想迭代**。大方向是对的，但离理想的状况还有较大差距。这时我们要做的就是继续对话，根据需要补充或调整场景描述和需求描述，以便生成更优质的文本。

SWI 的循环改进

SWI 这三步可以一次走完，得到所需文本，也可以循环进行，也就是人与 AIGC 经过多轮对话，获得更好的文本。继续以上面 ××× 公司月饼的策划方案为例。

经过检测，我们发现生成的短视频基本合格，但不够吸引人。我们可以把这个意见反馈给 GPT，并提出明确要求。

> 提示词：还可以。但是太平淡，请增加一点戏剧性情节。

上面这个提示词首先对GPT生成的内容给出反馈，让GPT知道大方向是对的。然后指出问题，提出新的要求。场景信息没有变化，所以这次不用写。在一定长度内，GPT会记住上下文信息。尽管我们没有描述背景，但GPT实际仍在使用刚才我们描述的背景信息。

AIGC的回答是：

以下是修改后的×××中秋节手工月饼短视频脚本，增加了戏剧性情节：

镜头顺序	镜头描述	时长	对白 / 背景音乐
镜头1	开场：×××公司LOGO出现	2秒	背景音乐：欢快的中秋节音乐
镜头2	小女孩看着中秋节的月亮，眼露渴望	3秒	小女孩：妈妈，我想吃月饼
镜头3	路过×××公司的超市，小女孩被月饼柜台吸引	5秒	旁白：传承百年工艺，×××手工月饼，匠心之作
镜头4	师傅正在制作月饼	5秒	旁白：精选上等材料，每一块月饼都是师傅的辛勤付出
镜头5	展示月饼的制作过程，如和面、揉馅	7秒	背景音乐：欢快的中秋节音乐
镜头6	小女孩兴奋地挑选月饼口味，如五仁、莲蓉、豆沙等	6秒	旁白：多种口味任您选择，满足您的味蕾需求
镜头7	顾客购买月饼，享受购物时光	4秒	旁白：×××月饼，让您的中秋节更加美好
镜头8	小女孩收到精美的×××公司月饼礼盒	3秒	小女孩：哇，好漂亮的月饼礼盒
镜头9	一家人团圆共享×××月饼的画面	4秒	旁白：与家人共享×××月饼，愿您的中秋佳节团圆美满
镜头10	结束：×××公司LOGO和中秋促销信息	1秒	旁白：×××公司，祝您中秋快乐（同时展示促销信息）

总时长：40 秒。

在这个修改后的版本中增加了一个小女孩的角色，让视频更具戏剧性。视频通过小女孩的视角展示了 ××× 手工月饼的精致和美味，更能吸引观众的注意力。

在新生成内容的末尾 GPT 给出了提示，它解释了这次的变化在哪里，告诉我们为了满足“增加戏剧性”的要求，它是如何做的。

使用上面的方法，我们还可以不断迭代下去，让生成的文本越来越好。例如，经过检查，我们发现 GPT 尽管有“传承百年工艺”这样的旁白，但对“百年老字号”这个卖点体现得不充分。我们可以继续与 GPT 交互：

提示词：当前有很多企业销售月饼。我们是百年老字号，比其他企业拥有更悠久的历史。而这一点对很多消费者来说是很有吸引力的，尤其是考虑到很多人购买月饼是用来送礼的。所以，需要在短视频中强调我们悠久的历史。画面中要出现我们老店的黑白老照片。请据此再生成一个短视频脚本。

AIGC 根据以上提示词又会对短视频脚本做出改进。

随机探索，增强答案

我们先来介绍 AIGC 的随机性。我在线下讲课时，最开始会直接给出提示词，让学员们来尝试，然后挑选部分学员分享答案，学员们发现大家的答案不完全相同。这时我会让学员们把完全相同的提示词再输入一次，他们会发现再次生成的文本和上一个也不完全一样。这就是随机性的体现。

AIGC 生成内容的原理决定了它具有很强的随机性，生成的内容与提示词并不是一一对应的。同样的提示词，每次都会生成不完全一样的内容。

我们可以充分利用这种随机性，提升生成文本的质量。这样做的前提是：已经生成了较高质量的文本，例如 80 分的内容，我们想将 80 分提升到 90 分。如果生成的文本只有 60 分，那么说明时机还不成熟。

例如，上面的 ××× 公司月饼短视频的例子，经过多轮 SWI 之后，得到了一个不错的脚本。此时可以乘胜追击：这个改进后的短视频脚本不错，请帮我再生成 3 个脚本。我们会发现，新生成的脚本很多内容是重叠的，但几乎每一个新脚本都有一些独特的亮点。我们可以把多个方案中的亮点提取出来，和其中一个方案有机融合，从而实现从 80 分到 90 分的提升。注意，一定是有机融合，不是生硬叠加。

融合有两种方式：

1）**脱离 AIGC，由人工来完成**。这种方式的好处是不用再和 AIGC 反复进行 SWI 操作。比如脚本 3 中有一个镜头设计得很有趣，就可以将方案 1 中比较平常的对应环节替换成这一个。

2）**继续调用 AIGC 来帮我们融合**。我们可以通过提示词明确告诉 AIGC 怎么做，比如："脚本 2 中的第三个镜头安排很好；脚本 3 中，视频的结尾有反转，比较吸引人。请将这两点有机地融入脚本 1，帮我生成改进后的短视频脚本。"

虽然 SWI 只是入门功法，但是掌握好它，我们就可以获得优质的文本内容，与那些仅掌握最基本使用方法的人明显拉开距离。

第 4 节　F 功法

本节介绍 F 功法，如图 2-9 所示。

Feedback
互动反馈
- 人对AI生成的内容即时做出反馈；
- 人主动获取AI的反馈。

Find out
询问挖掘
AI大模型是个融会贯通的知识宝库，人类应该充分挖掘宝库的潜力。

Feed
内容投喂
舍得思维，要想从AI获得优质内容，可以先“投喂”给AI相关的素材、参考文本。

Frame
思维框架
对复杂问题、高要求内容，人需要借助思维框架，更好地思考、表达、沟通。AI天然有思维框架，人类用好思维框架，就能更好地与AI协作。

图 2-9　文本类 AIGC 工具的中级功法——F 功法

F——互动反馈

反馈是双向的。

1）人给 AIGC 的反馈。检查之后，人要把自己发现的问题和进一步的要求都反馈给 AIGC。

> 提示词：还不错，不过太平淡了，没有体现我们产品的特点……

2）人主动获取 AIGC 的反馈。我们可以主动询问 AIGC。

提示词：我表达清楚了吗？如果理解，请回复“理解”。

F——询问挖掘

AIGC 是基于大量的优质文本训练出来的，所以其本身就是一个知识宝库，我们可以通过询问获得很多有价值的信息。

AIGC 的智能体现之一就是能将海量的知识融会贯通，这涉及认知智能。认知智能是生成式人工智能的基础。没有高质量的认知，就无法高质量地生成内容。

AIGC 就相当于一个“博览群书，博闻强记，融会贯通”的高人。这样的高人是很难遇到的。如果遇到了，我们肯定会向他请教很多问题，而且往往是有深度、有高度的问题。现在，我们可以随时和这样的高人交流，当然不能错过机会，所以我们要积极地向 AIGC 提问。

需要提醒的是，不要把 AIGC 工具和搜索工具的作用搞混了。这部分内容前面介绍过，这里就不重复了。

我在使用 AIGC 时，如果是一个新的话题，通常会以提问开头，搞清楚 AIGC 对这个话题的了解情况。例如我可能会使用下面这些提示词。

- 你知道小红书吗？
- 讲好一个商业故事，有哪些注意点？
- 关于商业故事，你知道哪些主要的结构？请对比这些结构。
- 要做好一家 2B 企业的年度营销预算，应该按怎样的步骤来执行？有哪些关键点和难点？

- 一家消费电子配件企业的主打产品是多口充电器、充电线，品牌自有，以创新的工业设计见长，售价明显高于同类产品的平均水平。前两年开拓北美市场，取得成功。现在想开拓欧洲市场，需要做一个系统营销计划，应该怎样执行？请给出指导方案。

要想充分发挥 AIGC 知识宝库的特点，就要用好“询问挖掘”，把 AIGC 当成我们的外脑和智囊。

F——内容投喂

想要 AIGC 产出内容，除了直接索取，还有另外一个思路——**先投喂，再求产出**。因为 AIGC 获得更多的东西，才可能产出更好的内容。

投喂的东西主要是参考文本。例如，我们想生成一个关于零食的短视频脚本，其他人做的优质的零食短视频脚本就是很有价值的参考文本，我们可以让 AIGC 模仿它的结构、优点生成我们需要的优质文本。又比如，我们要为服装生成小红书笔记，那么那些服装领域的优质小红书笔记就是高价值的参考文本。

内容投喂和互动反馈这两个 F 可以结合起来用。提示词举例如下。

> 我要生成具有企业特色，适合用户特征的一篇私域发售信。为了让你写好这封信，我需要为你提供什么信息、参考文本？请你一项一项地告诉我。

然后 AIGC 会回复它需要什么，按它的要求投喂，AIGC 就能产出更好的内容。

要做好投喂，需要依次解决以下问题。

1. 去哪里找优质的参考文本?

首先想到的当然是搜索引擎。除了常用的百度搜索，我想推荐一个独特的搜索工具——搜狗。它已经被腾讯收购，除了通用的搜索能力，还有一项独特的能力——搜索微信公众号和知乎上的文章。我们知道，很多优质内容在微信公众号里，尤其是那些垂直领域的内容。这些优质内容可以作为参考文本投喂给 AIGC。

很多优质的垂直内容在垂直门户、垂直社区里可以找到，例如小红书有千瓜数据、新红，短视频有抖查查、飞瓜数据等。这些数据平台有各种榜单、工具，可以帮我们更高效地找到优质的参考文本。

书到用时方恨少，参考文本也是这样。我们要把各种途径收集到的可参考的优质内容归集到同一个渠道以方便查找，例如本地存储空间、网盘等。

2. 如何将参考文本提交给 AIGC ?

为了让 AIGC 用好参考文本，我们需要先把参考文本提交给 AIGC。基本方法有两种：

- 直接在对话框中粘贴文本，并提交给 AIGC。例如："GPT，我把一个优质文本发给你做参考。内容如下：……"
- 将参考文本存为一个文档，然后将文档提交给 AIGC，让 AIGC 直接去读这个文档。提交按钮一般都在输入框旁边，通常是一个曲别针的图标。把文档提交给 AIGC，然后在提示词里说明："请参考我刚刚发给你的文档，生成……"

有时我们会在一个会话（对应着一个任务）中给 AIGC 提交多份参考文本，为了避免混淆，要通过文字提示或文件名对这些参考文本进行区分。例如："我先把参考文本编号 1 发给你，内容如下……下面我把参考文本编号 2 发给你，内容如下……"

3. 怎样让 AIGC 理解参考文本？

把参考文本提交给 AIGC 之后，还要确保 AIGC 能理解，因为只有理解了才能用好。为此我们要在提示词中加入帮助理解的内容，提示词举例如下。

> 刚刚这篇文章有几个特点值得我们借鉴：1……2……3……
>
> 这个小红书笔记标题中"女模特"这个身份词很有意思，能马上吸引注意，而且和产品、目标顾客的特质很吻合。

如果你不帮助 AIGC 理解参考文本，AIGC 会按自己的方式来理解和应用，那最终的结果可能就不符合我们的要求了。

4. 怎样让 AIGC 正确使用参考文本？

最简单的提示词是："请参考参考文本 1，生成新文本。"如果在一个会话中有两个或多个参考文本，可以写："请参考我给你的这两个参考文本，生成文本。"AIGC 确实很强大，仅根据一个模糊的"参考"，往往就能生成不错的文本。

当然，更好的方法是清楚地指导 AIGC 使用参考文本。提示词可以写："请以参考文本 1 的整体结构为基础，采用参考文本 2 的表述风格，生成我公司产品的短视频脚本。"看下面的会话示例。

提示词：我是红豆运动装品牌的运营人员，我们秋季要推出一款开衫运动外套。产品的特点为视觉显瘦，对标 ×××，价格便宜，穿上后显得腰细，颜色也很多。我会给你一个爆款小红书标题，请你根据这个文案并结合我告诉你的产品特点，给我五个标题。需要符合小红书调性。

理解吗？理解回复“理解”。

AIGC：理解了！您要推出一款秋季新款开衫运动外套，具有视觉显瘦、对标 ×××、价格便宜、穿上后显得腰细和多种颜色等特点。

您会提供一个爆款小红书标题，我会根据这个文案和产品特点，为您生成五个符合小红书调性的标题。如果我理解正确，请您提供爆款小红书标题。

提示词：女模特变身！ ××× 平替太棒了！

注意，上面的提示词就是投喂给你的参考文本。这是一个经过验证的具有高浏览量的标题，我们以其为参考来生成我们自己的文本。

AIGC：绝对理解您的需求！基于您提供的爆款小红书标题以及产品特点，以下是五个符合小红书调性的标题。

标题 1：“女模特大秀身材！ ××× 都忍不住竖起大拇指，轻松显瘦的秋季开衫，颜色百搭走起！”

标题 2：“××× 真的被超越了！女模特穿上超显腰的开衫运动外套，太有战斗力了！”

标题 3：“腰细显瘦！开衫运动外套惊艳登场，××× 都惊呆了，颜色更多更好看！”

标题 4：“我也要当女模特！穿上开衫运动外套秒变细腰

> 女神，价格不用当模特都能承受！”
>
> 标题 5：“超越 ×××！开衫运动外套带你体验女模特的魅力，时尚又实惠，绝对抢眼！”
>
> 这些标题结合了您提供的文案和产品特点，以幽默生动的方式展现了秋季新款开衫运动外套的优势。如果您还有其他需要，欢迎随时告诉我。

在上面这个案例中，营销人员在 AIGC 提供的标题的基础上继续打磨，最终得到了合适的标题。限于篇幅，详细过程就不再展开了。

注意，并不是每个任务都需要投喂，但是，复杂的任务往往都需要精细投喂。

F——思维框架

思考、表达、解决复杂问题会涉及众多因素，如果我们没有一个完整的结构容纳众多的因素，就会导致混乱、低效。这时我们需要一个思维框架，这个思维框架有两方面的作用：

- **让我们把问题想得更清楚，从而更有可能解决问题。**很多时候，我们不能很好地解决问题，是因为我们对问题本身缺乏足够清晰的理解。
- **让 AIGC 更好地理解人类的问题和需求，从而更快、更好地为人类生成内容。**与人类不同，AIGC 天然就有很强大的思维框架。如果人类能主动应用思维框架，就可以与 AIGC 同频共振，更顺畅地合作。

思维框架很多，常用的是6W2H框架，如图2-10所示。

Who（谁）	Whom（对谁）	What（做什么）
How（如何）	问题	Why（为什么）
When（何时）	Where（何地）	How much（花费多少）

图2-10　6W2H框架

金字塔结构是一种常用于思考和表达的思维框架，如图2-11所示。

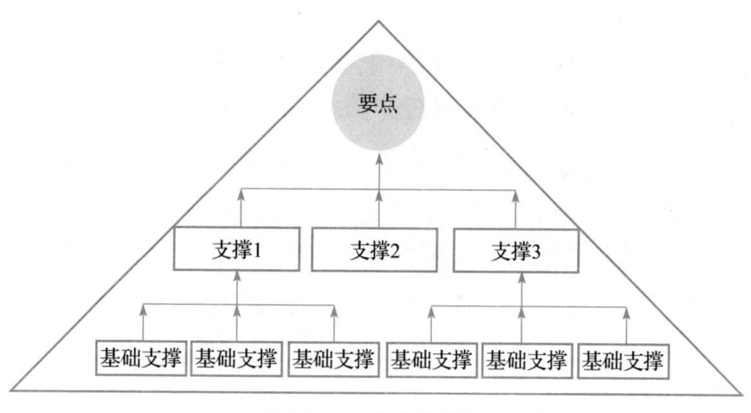

图2-11　金字塔结构

当然，思维框架绝不只有这两种，还有很多有用的思维框架。高手在学习他人优秀思维框架的基础上，往往能总结出自己的思维框架，从而进一步拉大与一般人的差距。比如在我的职业生涯中，思维框架就发挥了非常大的作用。举一个比较容易理解的例子：我做咨询工作时，在开始阶段需要对企业家进行深度访谈。我是带着清晰的框架进行访谈的，我会问一些问题。

- × 总，您觉得您的企业当前最大、最根本的问题是什么？
- × 总，您觉得理想情况下，您的企业当前应该是怎样的状况？和您当前的实际状况有哪些差距？您认为是什么导致出现了这种差距？
- × 总，如果回到 ×××× 年，让您重新做一次决策，您会怎么做？如果您这样做了，您觉得您的企业当前是什么状况？为什么？
- × 总，您如何理解企业数字化？在接触我之前，您为了实现数字化，做过哪些尝试？尝试的结果如何？为什么会出现这个结果？
- × 总，您刚才说近两年业绩下滑的原因是负责销售的高管频繁更换，那么导致高管频繁更换的原因是什么？近两年业绩下滑除了销售高管频繁更换，还有其他原因吗？

……

细心的读者能从这些具体的问题中看出背后的思维框架。思维框架不能代替行业理解、企业调研，但它可以大幅提高这些工作的效率和质量，快速实现企业家和咨询顾问的同频共振，从而提高获得好的咨询结果的概率。

我为很多企业员工讲授过 SWIFT 雨燕功法。我发现在掌握了初级的 SWI 功法并开始尝试生成复杂文本时，员工之间的应用水平开始明显拉开差距。有一部分人和 AIGC 交互几次之后，既不能清楚地表达自己的需求，又不能对 AIGC 做出清晰反馈，在一轮一轮的交互中迷失了。还有一部分人能在多轮交互中保持清醒的状态，最终得到满意的结果。出现这种情况的根本原因就是后者有思维框架！

有思维框架的人，接到一个任务就会选用适当的框架来分析问题，思考问题，规划出策略和路径，然后从容不迫地开启后续工作。即便后续遇到异常情况，也能借助框架快速调整，让工作回到正轨上来。反之，缺乏清晰思维框架的人，面对复杂任务，缺乏清晰的整体思路，只是片面地指望 AIGC 的超能力，交互中遇到异常情况，也往往会手忙脚乱，全靠碰运气得到好结果。

思维框架是一个人的能力底座，很难短期提升。下面就通过一个示例来说明如何在 AIGC 交互中使用思维框架。

假设我们想让 AIGC 帮我们做接下来一周的 10 条短视频策划。这是一个比较复杂的任务，此时我们的确可以直接写提示词：

> 我下周需要做 10 条短视频，帮我写 10 条短视频脚本。

但这样很难得到高质量的结果。我们可以在思维框架的帮助下，对这个复杂问题进行有效拆解。

- 任务模块 1：进行短视频选题策划。在账号定位基础上，既包含常规内容，又包含近期热点。近期有什么热点，需要通过提示词告诉 AIGC。
- 任务模块 2：在选题基础上，生成短视频标题。这些标题将直接在短视频封面上展示，让用户看到标题就知道这条短视频讲的是什么内容。
- 任务模块 3：根据选题和标题，逐条生成短视频脚本。

同一个任务可以使用不同的框架来拆解，而同一个框架也可以用于拆解不同的问题。

虽然思维框架被放在了 4 个 F 中的最后，但它的作用却是最大的，是贯穿整个 SWIFT 雨燕功法的。要用好思维框架，需要先拥有思维框架。下面提供一个可行的方法供读者参考。

1）系统阅读讲思维框架的图书，例如《金字塔结构》《聪明人都用框架找答案》等。

2）将从书中获取的思维框架用于分析自己熟悉的事务。如果能产生更新、更系统的理解，那就说明你已经基本掌握了这个思维框架。

3）尝试将思维框架用于工作实战。

在做好上述三步的基础上，可以尝试创建自己的思维框架。创建自己的思维框架，一般有小改变、融合、大创新三个层次。小改变，就是对自己学到的某个框架进行局部小改变；融合就是将学到的两个或多个思维框架有机地融合成一个新的思维框架；大创新就是能开创自己的思维框架。

有了思维框架，就可以在它的指导下将 SWI 及其他三个 F 功法用得更好了。

第 5 节　T 功法

掌握了入门功法和中级功法后，已经可以生成高质量的文本了。我们会发现，要想生成专属于自己的优质内容，需要花费不少时间。那么，有没有什么功法既能保证质量，又能保证效率呢？答案是有，这就是 T 功法——专属模板功法。

每家企业、每个业务、每个产品都是独特的，我们希望生成的内容是企业、业务、产品专属的。但 AIGC 本身是通用的，并不了解企业、业务、产品的特点，这就导致技术本身和用户的需求之间天然存在矛盾。如果只掌握入门功法和中级功法，每次我们要生成专属文本时，都需要花费大量精力给 AIGC 投喂信息，这会降低工作效率。T 功法正是为了解决这个问题而提出的。我们将大量共性的信息通过模板固定下来，以后再想让 AIGC 生成专属内容，让 AIGC 自己参考模板就可以了。

专属模板的构建和使用流程

专属模板的构建和使用流程如图 2-12 所示。

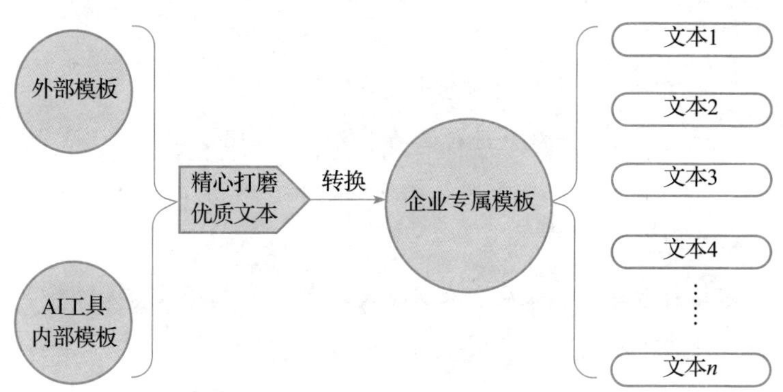

图 2-12　专属模板的构建和使用流程

从左往右看，图 2-12 中包含如下几个步骤。

1. 准备模板

模板分为如下两种。

- 外部模板：就是我们从其他企业营销文案中选出的可供参

考的文本。

- **AI 工具内部模板**：AIGC 学习了大量内容，本身就有大量模板，只是它没有直接呈现给我们，需要我们主动找它索取。很多提示词功法都提到了参考模板或类似的概念，但极少提到 AIGC 的内部模板。

我们以 GPT 为例，看看如何挖出 AIGC 的内部模板。

> **提示词**：你知道直播间的 15 分钟循环吗？
>
> **AIGC**：是的，我知道直播间的 15 分钟循环。这是一种在直播中常用的内容安排策略，主要目的是保持观众的关注度并吸引新的观众。一个 15 分钟的循环一般包括以下几个部分。
>
> 欢迎和介绍：欢迎新来的观众，简单介绍自己和今天的主题。
>
> 主题分享：分享一部分主题内容。
>
> 互动环节：与观众进行互动，例如回答问题、读取评论等。
>
> 总结和预告：总结这一循环的内容，预告下一个 15 分钟会分享的内容。
>
> 这样一来，即使观众在直播中途加入，也可以很快理解正在讨论的主题，并参与到互动中来。

“一个 15 分钟的循环……”之后的内容就是一个模板。和前面案例中的模板不同，这个模板不是我们提供给 GPT 的，而是 GPT 已经知道的，所以叫 GPT 内部模板。

为了便于广大读者理解，这个例子是比较简单的。但是，对很多刚刚开始做直播的人，靠自己摸索可能要走不少弯路才能明白 15 分钟循环。而调用 GPT 的内部模板，可以让我们起步就有高质量的参考。当然，GPT 内部模板仅是参考，并不是不能打破和创新的铁律。

2. 打磨文本

在上述两个模板的基础上，精心打磨出优质文本。打磨的方法就是前面讲到的入门功法和中级功法，不再赘述。

3. 转为专属模板

将精心打磨出的优质文本转换成企业专属模板。下文会专门讲专属模板的形式，这里不再展开。

4. 使用专属模板

正确使用专属模板需要注意两个要点：把模板给 AIGC；明确要求 AIGC 使用模板来生成内容。

专属模板的 3 种形式

专属模板的内容需要以一定形式表达出来。专属模板一共有 3 种形式：

- 直接在会话中提交的文本。
- 文档，最常见的是 PDF。
- GPTs，这是 GPT-4 这个工具专属的。

第一种就是把调教好的作为模板的文本，直接在会话中提交给 AIGC。这种形式最简单，也最容易理解，只是使用时稍微麻烦一点，每次使用模板都要进行复制、粘贴操作。

第二种是把调教好的作为模板的文本以 PDF 格式保存在本

地。最好是给文档起一个清晰的名字，例如“小红书标题模板 1 号”“短视频蹭热点模板 3 号”“每周三视频号直播脚本模板 5 号”等。需要使用时，直接将文本提交给 AIGC。当文本内容较长时，这种形式明显比第一种形式用起来更方便。使用时把模板文档上传给 AIGC，并在提示词中给出相应指令，让 AIGC 使用模板高效地生成内容即可。提示词举例如下。

现在我要策划新的短视频脚本，这次介绍的产品是 ×××，特点是 ××××。请据此套用我刚刚上传的“××企业短视频脚本 1 号模板”，帮我生成 3 个脚本。

公司新推出渐变色瑜伽裤。请依据我刚刚提交给你的“小红书标题模板 1 号”，结合“渐变色”这个产品特点，列出 10 个小红书标题。

GPTs 是一个定制的专用于 GPT 的模板“套”，我们可以用它来容纳专属模板。这部分会在本章第 6 节专门介绍。

模板的工具支持

高级的方法往往需要配合高级工具来使用，使用专属模板时，工具需要具有相关功能，并非所有的文本类 AIGC 工具都支持专属模板。有些工具甚至是完全不支持，即便你在会话中提交了专属模板文本，并且下达了明确指令，这些工具也不能正确响应。有些工具则是部分不支持，比如不支持文档上传，也就是无法使用第二种形式。GPT-4、文心一言 4.0 都支持文档上传，支持使用专属模板。

专属模板的分拆和更新

凡是模板都有局限，要想使模板扬长避短，可以适当分拆模板，而不是指望一个模板解决所有问题。例如：基于公众号文章标题创建一个模板，基于正文创建一个模板，基于小红书图文笔记创建一个模板，基于常规内容创建一个模板，基于蹭热点的内容创建一个模板。

模板是动态变化的。有些模板使用一段时间，效果可能会下降，所以我们需要持续迭代模板：淘汰一些，改进一些，新建一些。这虽然会花费不少精力，但只要我们把模板用起来，一个模板就能生成数十份甚至更多的内容，投入产出比是非常高的。

使用企业专属模板是效率非常高的内容生产方式，创建和使用企业专属模板，是企业高水平应用文本类 AIGC 工具的重要标志。

第 6 节　GPT 的特殊模板用法——GPTs 入门

模板是一种思想，具体的实现方法有多种。GPT 推出的 GPTs 本质上就是一种专门定制的工具，可以支撑专属模板的使用。这种方法是 GPT 首创的，相信会有越来越多的文本类 AIGC 工具学习和借鉴这种方法。GPTs 值得大家了解，所以我特意安排了本节。

GPTs 是一个功能，目前只对 Plus 用户开放。无论是创建自定义 GPTs 还是使用别人的 GPTs，必须是 Plus 用户才可以。定制一个 GPTs 的步骤如下。

1）在 Explorer 中找到 Create a GPT 的入口，如图 2-13 所示。

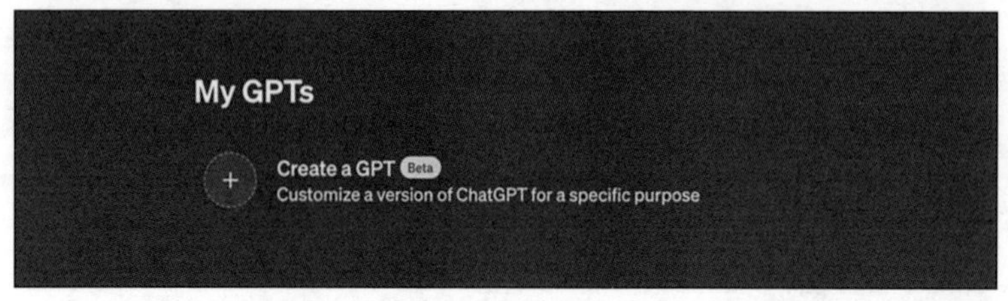

图 2-13　Create a GPT 的入口

2）根据提示，创建自己的 GPTs。尽管界面是英文的，但不用担心，你可以直接使用中文和 GPT 对话，并且要求它在创建 GPTs 的过程中始终用中文与你对话。工作量最大的就是这个环节。

3）完成 GPTs 的设置，例如设置 GPT 的名称、描述文字等。这一步比较简单。

4）保存 GPTs。如图 2-14 所示，保存 GPTs 时有 3 个选项：仅自己可用，只有获得分享链接的人可用，公开。一般来说，企业专属模板会设置为前两个选项之一。

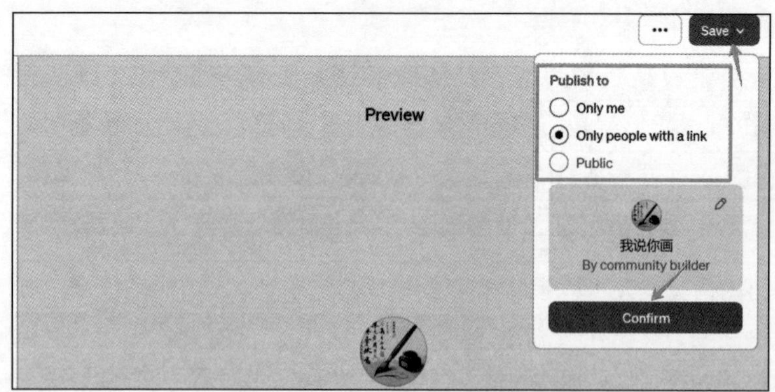

图 2-14　保存时可用选项

5）使用 GPTs。使用方法是单击 GPTs 的图标，开启与 GPTs 的对话。人类输入提示词，GPTs 生成需要的内容。

第 7 节　SWIFT 雨燕功法的完整体系和底层能力要求

当需要生成高质量的文本时，我们可以这样来应用 SWIFT 雨燕功法。

1）调用适当的思维框架理解和拆解任务，厘清和 AIGC 交互的思路。

2）询问挖掘，先从 AIGC 获取信息，打好与 AIGC 协作的基础。

3）描述场景，表达需求，让 AIGC 开始生成文本。

4）对 AIGC 生成的文本进行检查。

5）根据检查结果与 AIGC 互动反馈，让 AIGC 知道问题和改进要求。

6）根据需要，将优质的参考文本投喂给 AIGC。

7）获得了高质量的文本，考虑到以后还会生成类似文本，将文本转变成专属模板保存下来。

8）以后需要生成类似文本时，调用专属模板，再进行场景描述、表达需求的操作，就可以快速获得优质文本。当然，必要的话我们还可以重新进行互动反馈、询问挖掘、内容投喂的操作。无论采用什么流程，只要是 AIGC 生成的内容，人工进行检查就是必不可少的。

接下来，我们将深入讲解能够生成图片、视频、音频等多种形式内容的 AIGC 工具。在应用这些工具时，输入文本是最为基础且关键的环节。无论是何种场景，只要涉及通过输入文本与 AIGC 工具进行交互，SWIFT 雨燕功法就能大显身手。因此，希望读者能够认真学习，勤加练习，真正掌握这一功法。在 AIGC 时代，它必将为你带来丰厚的回报。

SWIFT 雨燕功法的综合应用

我们在完整了解了 SWIFT 雨燕功法的基础上，再探究一下 SWIFT 支撑体系，如图 2-15 所示。

图 2-15　文本类 AIGC 工具 SWIFT 雨燕功法支撑体系

在 SWIFT 之下还有两层支撑。

- 对 AIGC 本质和特点的认知。要用好工具，首先要了解工具，尤其是复杂而强大的工具。对 AIGC 本质和特点的认知很重要。如果你能理解“对用户而言，AIGC 是能力超强的陌生人”，那你就一定能理解 SW，也完全能理解为什么 AIGC 最初生成的内容会有很多不合意的地方。如果你能理解“ AIGC 本质上就具有随机性”，你就会明白适当使用“再生成 3 个”的好处。如果你对 AIGC 工具的原理和训练过程有所理解，就会明白挖掘工具内部模板的重大价值。所以我们要做一个有心人，不断使用 AIGC，不断提升对 AIGC 本质和特点的认知。

- 提出问题的能力 / 思维能力 / 解决问题的能力。这是人的底层能力，在 AIGC 出现之前这些能力就一直在发挥重大作用。同样的功法我面对面教给了同一期的学员，有人学得快、用得也快，有人用得就比较简单。通过和他们的交流就会发现，用得好的人普遍具有较强的提出问题的能力、思维能力和解决问题的能力。

不同水平的人运用功法得到不同的效果

我有一个发现，几乎每个岗位上的人都会出现以下情况。

- 高水平的人运用功法，获得的主要效果是提升效率。在同样的时间内他们可以在保证高质量的前提下生产更多内容。
- 中等水平的人运用功法，提升效果特别明显——能同时做到提质、升效。单位时间内，可以更高效、更稳定地产出高一档的内容。
- 低水平的人运用功法，效果不佳。原因是多方面的，比如低水平的人功法学得差，练习也不够，因此对功法本身掌握不好。还有一个原因就是底座出了问题。

企业要想推广 AIGC，首先需要通过筛选把前两种人找出来，因为低水平的人普遍喜欢抱怨和推卸责任。比如，AIGC 生成的内容结果不佳，低水平的人的第一反应就是“这也不够智能呀，还不如我自己做！”或者“这个功法也不够厉害呀！”，这会影响其他人的使用热情。

我为一家大型百货零售企业提供过培训。因为这家企业的老板对 AIGC 的认可度很高，所以计划对所有白领员工进行培训，人数多达 900。因为人多，还对培训的轮次做了安排。但是经过我的分析和介绍，培训对象最终确定为：基层员工中最近一年考核前 30% 的人，中层干部中最近一年考核前 80% 的人，所有的副总级高管。最终，两天的集中培训效果非常好。

AIGC 会把职场人之间的差距越拉越大，淘汰你的不是 AIGC，而是那些用好、用足 AIGC 的人！

|第 3 章| CHAPTER

图片类 AIGC 工具及其使用功法

上一章讲了文本类 AIGC 工具的使用方法，本章我们来讲图片类 AIGC 工具及其使用功法。

第 1 节 图片类 AIGC 工具及选择方法

主要工具

图片类 AIGC 工具众多，例如 Midjourney（https://www.Midjourney.com/）、DALL · E 3、Stable Diffusion（https://stable-diffusionweb.com/）、novel AI（适合二次元风格，https://novelai.

net/)、百度文心一格、造梦日记、无界 AI、商汤秒画等。其中的佼佼者已经在企业营销场景中有了一定的应用。

考虑到普及性，本书主要讲解 3 个图片工具——DALL · E 3（第 3 章）、Midjourney（第 4 章）和 Stable Diffusion（第 5 章）。掌握了这 3 个工具的使用方法，对其他工具也能快速上手。

上手最快的是 DALL · E 3，它和 GPT 一样都是 OpenAI 公司的产品。它可以和 GPT 无缝整合使用，这是它相比其他工具的独特优势。DALL · E 3 基本上可以通过 GPT 的各种途径使用，包括 OpenAI 公司的官网、App 等。

Midjourney 比 DALL · E 3 更强大，同时使用难度要高一些。它的使用方式比较特别，尤其是对中国用户而言。它不是通过常见的网站、App 来使用，而是在 Discord 平台上以聊天机器人的方式为用户提供服务。Discord 发布于 2015 年，最开始是游戏玩家的聊天工具，现在已经成为新兴社交平台。用户需要先注册 Discord 账号，然后加入 Midjourney 机器人的服务器，或者创建自己的服务器后将 Midjourney 机器人加入。使用时，就像聊天一样，用户给机器人发指令，机器人为我们生成图片。

Stable Diffusion 是功能最强大的，操作难度也是最大的。与前面两种不同，Stable Diffusion 是开源的，用户可以直接部署在本地，但是这需要计算机具备性能强劲的显卡。还可以在云端使用 Stable Diffusion，这就不需要一次支付太高的费用了。

工具选择的建议

对于一般的营销人员来说，DALL · E 3 或者文心一格简单好用，是最佳选择。对于追求质量的专业图形生成人员来说，Stable Diffusion 是更好的选择。对一个营销团队来说，最好有人能精通 Stable Diffusion，以便做出高质量的图片。Midjourney 介于上述两者之间，可以帮助非专业设计人员生成优质图片，也可以作为专业设计人员快速上手的 AIGC 工具。

当然，这只是一般建议。每一个工具都有其价值，每个营销团队的情况都不完全一样。企业应积极了解工具，结合自己的情况选用。有一点要注意，在企业应用环境中，因为存在协作、继承的问题，选用的工具在满足需求的情况下越少越好。

很多时候图片类 AIGC 工具需要与 Photoshop、Illustrator 等传统图形处理软件衔接和协作。举一个很简单的例子，AIGC 很难精确生成和控制文字。为了提高效率，我们完全可以用 AIGC 生成图片，然后将图片导入 Illustrator 软件，再在图片上录入文字等设计元素，最终生成精美的成品。

有时用 AIGC 生成的图片局部不尽如人意，我们可以继续和 AIGC 交互，去调整这些不如意之处，也可以将图片导入 Photoshop 快速调整不如意之处。后者的整体效率比只用 AIGC 可能更高。

生成图片的方式

每种工具的具体使用方法不同，但仍然存在很多共性。生成图片的基本方式有两个：

- 以文生图，人输入文本，AIGC 根据文本要求生成图片。
- 以图生图，人向 AIGC 提供图片，AIGC 在输入图片的基础上生成新图。输入的图片可能是一张，也可能是两张或多张。

在纯粹以图生图而没有提示文字的情况下，AIGC 会将人提供的多张图“混合”成新的图片，但这种生成方式在实战中应用较少。我们更多采用的是图 + 提示文字的生成方式，人给 AIGC 提供图片，然后用文字告诉 AIGC 如何生成新的图片。

第 2 节　文生图提示词通用功法

文生图提示词的基本表达风格

文生图是基本方式，即便是以图生图，也通常会配合提示文字，所以文生图的提示词是必须掌握的技能。

文生图中的“文”可以分为两种表达风格：

- **自然语句，表述时更接近自然对话，以 DALL · E 3 为代表。**
- **标签化提示词，就是罗列一个个关键词，以 Stable Diffusion 为代表。**标签化提示词因为与我们的日常表达习惯不同，所以使用起来有一些难度，但这种风格更容易实现精确控制和复现。

国外的图片类 AIGC 工具基本上默认使用的都是英文。如果用户直接提交中文，会有以下两种情况：

- **无法正确理解，生成的图随机性非常大。**对于这样的工具，必须使用英文。若是你的英文不好，那么可以借助词典、翻译工具将中文翻译成英文再提交。
- **用户虽然可以输入中文，但是在实际提交时 AIGC 工具会先将中文翻译成英文，然后再处理，例如 DALL · E 3。**

这样虽然方便了用户，但可能存在翻译不准确的问题。有时我们多次输入仍然得不到需要的图片，不妨把提示词换成英文再提交。

文生图提示词的通用结构

无论是自然语句还是标签化提示词，文生图提示词都遵从一个通用结构，如图 3-1 所示。

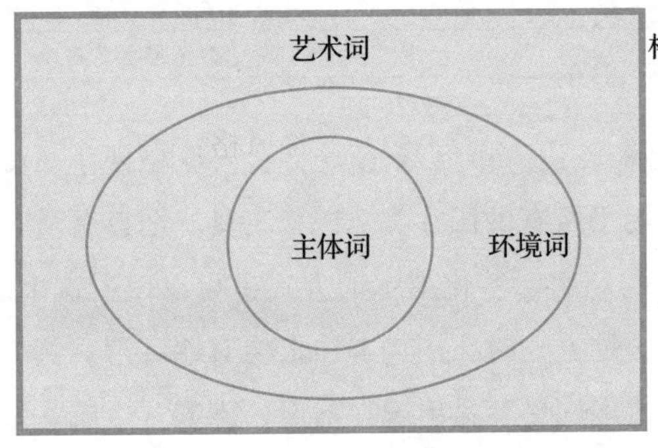

图 3-1　文生图提示词的通用结构

下面对图 3-1 所示的通用结构进行简单解释。

- 主体词：重点介绍图片中展示的主体是什么和主体有什么特征，例如“一只眼睛很大的小狗”“一个黑色卷发戴太阳镜的女孩”。
- 环境词：就是对主体所处环境进行描述，例如“下雪的森林”“拥挤的城市街道”“繁忙的办公室”“午后的咖啡厅”等。
- 艺术词：描述要生成的图片的艺术类型、取景构图、光线特点、艺术风格等，例如照片、全景、侧逆光、毕加索画风等。

- **格式及其他词**：指定图片比例、画质、分辨率、格式等。表 3-1 所示是常用的表达画面精度和分辨率的词。

表 3-1　常用的表达画面精度和分辨率的词

英文词	中文词
high detail	精细
hyper quality	高品质
high resolution	高分辨率
FHD,4K,8K	全高清，4K,8K
HDR	高动态光照渲染图片

按通用结构来表达，不容易遗漏要素，也更便于 AIGC 理解。这个结构适用于所有的图片类 AIGC 工具。用自然语言表达可以使用这个结构，用标签化提示词方式也可以使用这个结构。当然，实际使用两种方式时在用词顺序上会有些区别。例如，用自然语言表达，艺术词更容易出现在前面，例如“生成一张写实照片，内容是……”；用标签化提示词表达，艺术词出现的位置更灵活一些，可以在主体词和环境词之前，也可以在它们之后。

提示词：realistic photograph of an black fubsy bear in a snowy forest，4K wallpaper[㊀]

翻译：写实照片，一只矮胖的黑熊在下雪的森林里，4K 壁纸。

㊀ 因为 Midjourney 等工具都只支持英文提示词，为了贴合实际使用场景，这里保留英文形式。

上面的提示词并不复杂，却包含了完整的通用结构。“写实照片”是艺术词，“矮胖的黑熊”是主体词，“下雪的森林”是环境词，“4K 壁纸”是格式词。

艺术词

主体词、环境词都比较容易理解，格式词也不算难，但艺术词是一个难点，尤其是对于没有接受过系统美术训练的人而言。限于篇幅，这里只给出部分参考，让读者形成一个初步概念。

与光线有关的艺术词如表 3-2 所示。

表 3-2　与光线有关的艺术词

英文词	中文词	英文词	中文词
Rembrandt light	伦勃朗光	morning light	晨光
warm light	暖光	sun light	太阳光
hard lighting	强光	golden hour light	黄金时光
dramatic lighting	舞台灯光	cold light	冷光
natural lighting	自然灯光	dramatic light	戏剧光
crepuscular ray	黄昏射线	cyberpunk light	赛博朋克光
beautiful lighting	好看的灯光	reflection light	反光
soft light	柔软的光线	mapping light	映射光
cinematic light	电影光	atmospheric lighting	气氛照明
volumetric light	立体光	volumetric lighting	层次光
studio light	影棚光	mood lighting	情绪照明
raking light	侧光	fluorescent lighting	荧光灯
edge light	边缘光	outer space view	外太空光
back light	逆光	bisexual lighting	双性照明
bright	明亮的光线	split lighting	分体照明
top light	顶光	clean background trending	干净的背景趋势
rim light	轮廓光	global illuminations	全局照明

很多名词我们可能不清楚它的含义，例如Rembrandt light。这种情况下，直接使用AIGC未必是最好的选择，查词典的收获也不会很大，我们可以利用搜索引擎快速获得相关解释和演示图片。

表3-3列出的是与色彩、色调相关的艺术词。

表3-3　与色彩、色调相关的艺术词

英文词	中文词	英文词	中文词
muted	柔和	red and black tone	红黑色调
bright	明亮	black background centered	黑色背景为中心
monochromatic	单色	colourful color matching	多色彩搭配
colorful	彩色	rich color palette	多彩的色调
neon shades	霓虹色调	luminance	亮度
gold and silver tone	金银色调	low-purity tone	低纯度色调
white and pink tone	白色和粉红色调	high-purity tone	高纯度色调
yellow and black tone	黄黑色调	contrast	对比度

表3-4所示是与漫画风格相关的艺术词。

表3-4　与漫画风格相关的艺术词

英文词	中文词	英文词	中文词
Disney style	迪士尼风格	fairy tale style	童话风格
Pixar style	皮克斯风格	oil painting style	油画风格
superhero	超级英雄	pixel art	像素艺术
western style	欧美风格	comic style	普通漫画风格
POP MART	泡泡玛特	manga style	日漫风格
Q-style	Q版风格	marvel style	漫威风格
Chibi	迷你卡通	80s anime	80年代动画
hyper realistic	写实风格	Sakuragi Hanamichi	樱木花道
Chinese style	国潮风格	studio Ghibli	宫崎骏风格
mythical fantasy style	神话魔幻风格		

表 3-5 所示是中式风格的艺术词。

表 3-5 中式风格的艺术词

英文词	中文词	英文词	中文词
Chinese style	中式风格	landscape	山水画
hanfu	汉服	ethnic Art	民族艺术
ink painting	水墨画		

表 3-6 所示是美术风格的艺术词。

表 3-6 美术风格的艺术词

英文词	中文词	英文词	中文词
surrealism	超现实风格	realism	写实主义
oil painting	油画风格	impressionism	印象派
original	原画风格	Art Nouveau	新艺术风格
post-impressionism	后印象主义风格	Rococo	洛可可风格
digitally engraved	数字雕刻风格	renaissance	文艺复兴
poster style	海报风格	fauvism	野兽派
Japanese Ukiyoe	浮世绘	cubism	立体派
fashion	时尚	OP art/optical art	欧普艺术 / 光效应艺术
poster of Japanese graphic design	日本海报风格	Victorian	维多利亚时代
french art	法国艺术	brutalist	粗犷主义
vintage	古典风格	botw	旷野之息
country style	乡村风格	quilted art	桁缝艺术
risograph	iso 印刷风格	partial anatomy	局部解剖
inkrender	水墨渲染	color ink on paper	彩墨纸本
retro dark vintage	复古黑暗	doodle	涂鸦
concept art	概念艺术	Voynich manuscript	伏尼契手稿
montage	剪辑	book page	书页
Gothic gloomy	哥特式黑暗		

表 3-7 所示是与取景有关的艺术词。

表 3-7　与取景有关的艺术词

英文词	中文词	英文词	中文词
Full Length Shot（FLS）	全身	Medium Shot（MS）	中景
side	侧视图	Long Shot（LS）	远景
look up	仰视	over the shoulder shot	过肩景
aerial view	鸟瞰图	portrait	肖像
front, side, rear view	前视，侧视，后视	scenery shot	风景照
first-person view	第一人称视角	Face Shot	面部拍摄
third-person perspective	第三人称视角	Chest Shot	胸部以上
isometric view	等距视图	Waist Shot（WS）	腰部以上
close up view	特写视图	Knee Shot（KS）	膝盖以上
Medium Close-Up（MCU）	中特写	Long Shot（LS）	人占 3/4

表 3-8 所示是与构图有关的艺术词。

表 3-8　与构图有关的艺术词

英文词	中文词	英文词	中文词
horizontal line	水平构图	Mandala	曼陀罗构图
vertical line	垂直构图	rule of thirds composition	三分法构图
balanced	均衡式构图	center the composition	居中构图
frame	框景构图	symmetrical the composition	对称构图
perspective	透视线构图		

下面通过具体案例对上述所讲知识进行综合应用。

首先演示自然语言风格的提示词，以使用门槛超低的 DALL · E 3 为例。假设我们要生成一份活动海报。

提示词：为潮流服饰品牌新店开张设计漫威漫画风格的海报。画面中心是一位仰视的带着墨镜的东亚青年。

DALL·E 3 的生成结果如图 3-2 所示。

图 3-2　DALL·E 3 生成的活动海报

我们看到，因为提示词中包含了艺术风格的描述，生成的图片就有了强烈的艺术风格。

下面再来看看结构化提示词，以 Midjourney 为例。

提示词：an Cartoon Chinese General holding a spear, traditional Chinese printmaking, symbolic symbols, minimalist style, graphic illustrations of totem art, blue and white color scheme

翻译：一个卡通中国将军握着长矛，中国传统版画，象征符号，极简主义风格，图腾艺术插图，蓝白配色

Midjourney 的生成结果如图 3-3 所示。

提示词：impactful advertisement posters for a smart watch, sense of high technology and luxury, high detail

翻译：有冲击力的智能手表的广告画，科技感和豪华感。

图 3-3 Midjourney 的生成结果（一）

Midjourney 的生成结果如图 3-4 所示。提示词要求体现科技感和奢华感，第 3 张、第 4 张有明显体现。

图 3-4 Midjourney 的生成结果（二）

借助提示词工具，快速提升提示词能力

对于新手，尤其是没有设计背景的新手来说，因为艺术方面的专业术语很多，所以在写提示词的入门阶段会遇到不少困难。我们往往心里想得很清楚，却难以用准确的提示词表达出来。在这个阶段，我们可以借助一些工具快速提升写提示词的能力。以下是我推荐的几个网站。

- https://weirdwonderfulai.art/：这个网站上展示了很多艺术家的典型作品，这对非美术专业的人而言非常实用，可以帮助其快速了解众多艺术家的风格。
- https://openart.ai/：这个网站上有很多根据提示词生成的作品，我们可以把它当作一个大的关键词库，参考或直接使用别人的关键词。这个网站上的提示词、作品几乎涵盖了所有风格和主题。
- https://www.aigallery.top/：这是一个帮助用户生成提示词的网站。它会引导用户一步步生成自己想要的针对特定工具的提示词。

我们需要借助工具，但不能过度依赖工具。多练习，在实操中理解所学，才是提升实战能力的最佳途径。

第 3 节　DALL · E 3 及其使用功法

DALL · E 3 的特点和基本使用方法

相比其他工具，DALL · E 3 生成图片的限制比较多（如不

能涉及名人、宗教等)，质量和可控性也更弱，但是它也有自己的价值。

1）**使用非常方便**。DALL · E 3 可以直接在 GPT 的环境中使用。如图 3-5 所示，只要在 GPT-4 中勾选 DALL · E 3，即可在同一个界面中生成文字和图片。

图 3-5　GPT-4 中的 DALL · E 3 选项

在最新的 GPT 版本中，都不用选择了，可以直接用，只需要在提示词里明确“生成一张图……”即可。

2）**使用难度低，支持直接使用自然语言输入需求，而且支持输入中文**。实际使用中，模型会将非英文的提示词翻译成英文，然后生成相应结果。这个过程对用户不是直接可见的。

因为 DALL · E 3 具有以上两个特点，所以它适合非专业图形设计师使用。企业营销团队中的大多数人都可以快速上手 DALL · E 3。比如，负责图文内容的编辑，写好微信文章后，可以根据文章内容生成几张配套的图放进文章里，这会增强整个文章的可读性。

提示词：生成一张圣诞老人站在圣诞树旁边的图片。

DALL · E 3 生成的结果如图 3-6 所示。我们发现，虽然上面的提示词很简单，很多要素都没有给出，但生成的图片质量依旧不错。

图 3-6　DALL · E 3 生成的圣诞老人

DALL · E 3 应用实例

本节我们看几个实例。

1. 设计图标、贴纸、表情

提示词：设计以调皮的犀牛宝宝为主体的 LOGO。

DALL · E 3 生成的结果如图 3-7 所示，我们发现，生成的图片还可以作为贴纸，可以任意填上文字。

图 3-7　DALL · E 3 生成的 LOGO

提示词：设计在调皮的犀牛宝宝头加上对话框的图，头小一点，对话框中间空白并且尽量大一些。

DALL · E 3 生成的结果如图 3-8 所示。

图 3-8　DALL · E 3 生成的犀牛宝宝 + 对话框

2. 生成 4 张有关联的连续图片

DALL · E 3 一次最多生成 4 张图片，通过设计提示词，可以展现出一系列有内在关联的图片。

提示词：按顺序生成4张大学校园内的照片，呈现出4个季节的景色特点。请特别注意4张照片取景、角度都相同，只呈现因为季节改变而带来的不同景色。

DALL·E 3 生成的结果如图 3-9 所示。

图 3-9 DALL·E 3 生成的四季校园图

我们还可以设计一系列年龄变化的照片。比如，设计同一个模特的4个不同年龄阶段（童年、青年、中年、老年）的照片，要求模特具有相同的姿势、造型、外观，只是年龄不同。继续这个思路，我们甚至可以生成四格漫画，讲述一个品牌或产品故事。

3. 对生成的图片进行局部调整

提示词：晴天里的上海东方明珠塔。

DALL · E 3 生成的结果如图 3-10 所示。

图 3-10　DALL · E 3 生成的晴天里的东方明珠塔

我们可以在图 3-10 的基础上做调整。

提示词：根据刚刚生成的“晴天里的上海东方明珠塔”图片，使用同样的提示词和同样的图片种子，生成“大雪天里的上海东方明珠塔”图片。

DALL · E 3 生成的结果如图 3-11 所示。

图 3-11　DALL · E 3 生成的大雪天里的东方明珠塔

我们可以看到，虽然图 3-10 和图 3-11 呈现的建筑物略有不同，但大体一致，天气却明显发生了变化。还可以继续修改，比如修改视角、画面风格、画面比例等。主体相同，场景不同的图片在营销中的应用很多。

对大多数企业用户而言，我推荐的 AIGC 工具组合的最低配置是：GPT-4+DALL · E 3。

DALL · E 3 尽管简单，会用 GPT 基本上就会使用它，但它有很强的实用价值。例如，企业的内容营销人员可以在生成文字内容之后，根据内容生成匹配的图片。

第4章 CHAPTER

Midjourney 及其使用功法

上一章介绍了 DALL · E 3，对于大多数入门级的人员来说，DALL · E 3 完全够用了。但是，如果追求更强的功能，想生成更好的图片，增强前后生成图的一致性，就需要功能更强大的工具了，Midjourney 就是这类工具的典型代表。本章就来专门介绍 Midjourney 及其使用功法。

第 1 节　Midjourney 的特点和基本使用方法

Midjourney 的适用人群和场景

Midjourney 的功能比较强大，在营销场景中适合两类人使用。

- **非专业设计师**：例如内容策划、图文内容生成人员等。他们要生成自己需要的图，但在出图能力上又不如专业设计师，一般也不能熟练使用 Photoshop 等专业设计软件。Midjourney 就很适合这样的人使用，这个工具能力强，入门简单，使用也不算难。虽然要付费，但费用并不高。对于出图不太多的人，完全可以多人共用一个账号，平摊下来费用就更低了。简单来说，这个工具的投入产出比很高。我最早使用的图片类 AIGC 工具就是 Midjourney，精通 Midjourney 比精通 Photoshop 要容易。
- **入门 AIGC 的专业设计师**：虽然专业设计师对可控性要求非常高，Midjourney 在这方面的表现不如 Stable Diffusion，但他们也需要一个熟悉、接受 AIGC 的过程。Midjourney 就非常适合他们入门之用。专业设计师上手 Midjourney 很快，而且因为他们有美术、设计背景，所以在提示词方面会比一般人做得更好。他们也能快速掌握功法，因为 Midjourney 可以与 Photoshop 等传统工具协作，所以很多专业设计师都喜欢用这个工具入门 AIGC。

我们需要在上一章内容的基础上，掌握一些升级功法，才能充分发挥 Midjourney 的作用。

Midjourney 出图前的准备

Midjourney 要在 Discord 上使用。Discord 是一个社交、聊天平台，类似于 QQ。所以使用 Midjourney 的前提条件是安装了 Discord，并注册了 Discord 账号。Discord 的官网为 https://

discord.com/download，安装和注册按提示操作即可。限于篇幅，这里就不展开具体介绍了。图 4-1 所示是成功登录 Discord 之后的界面。

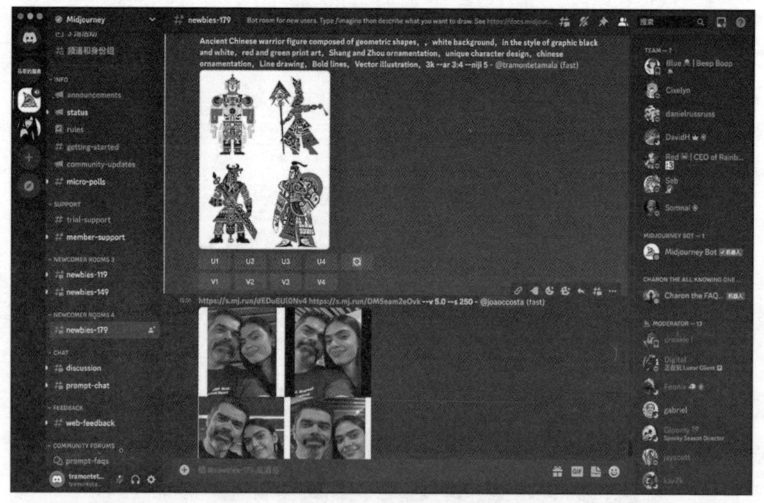

图 4-1　登录 Discord 之后的界面

在图 4-1 所示的界面中，左边第一栏是用户自己创建或所在的服务器（社区）列表，左边第二栏是所选服务器上面的频道和聊天室，右边第一栏是当前所选服务器上的用户列表。中间最宽的区域是聊天室，实际出图的操作在这里进行，其中底部是我们输入指令的地方。

新手可以先进入 Midjourney 服务器（社区），选择 newbie-XXX 聊天室看看别人生成的图，尤其是与图对应的关键词。

为了实现出图，我们需要做如下操作。

1）单击图 4-1 所示界面左边第一栏中的 **+** 号，创建自己的服务器。本例中创建的是“小马哥的服务器”。

2）在 Midjourney 的官方服务器上找到 Midjourney Bot 这个用户，单击并进行添加操作，如图 4-2 所示。

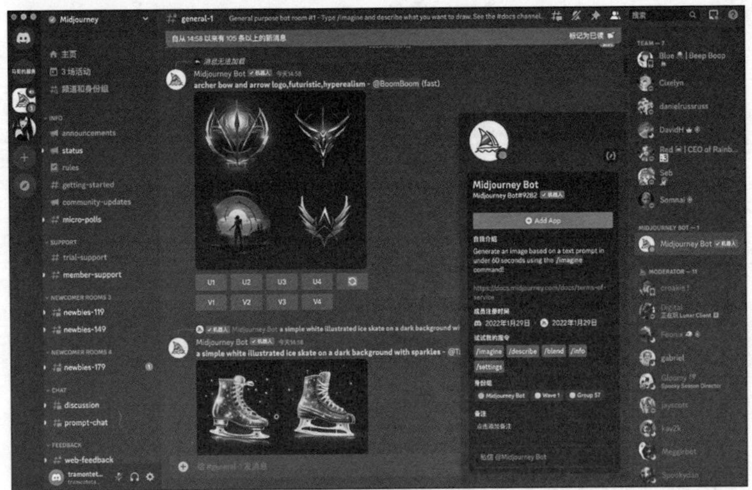

图 4-2　Midjourney Bot 用户

3）将 Midjourney Bot 加入我们创建的服务器，如图 4-3 所示。

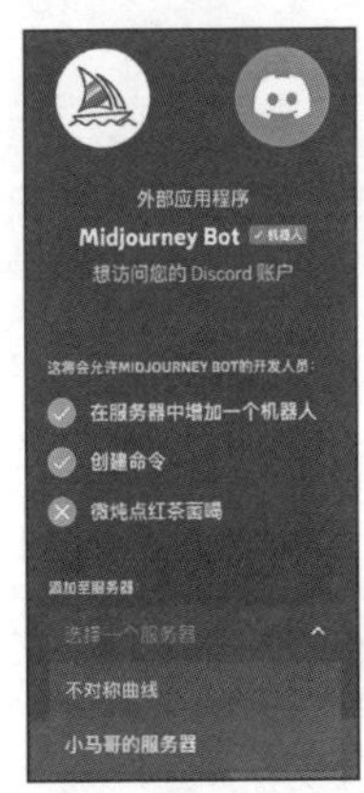

图 4-3　将 Midjourney Bot 加入服务器

4）在左边第一栏中选择“小马哥的服务器”（见图 4-4），就可以看到右栏显示当前服务器的用户，其中就包括了 Midjourney Bot。

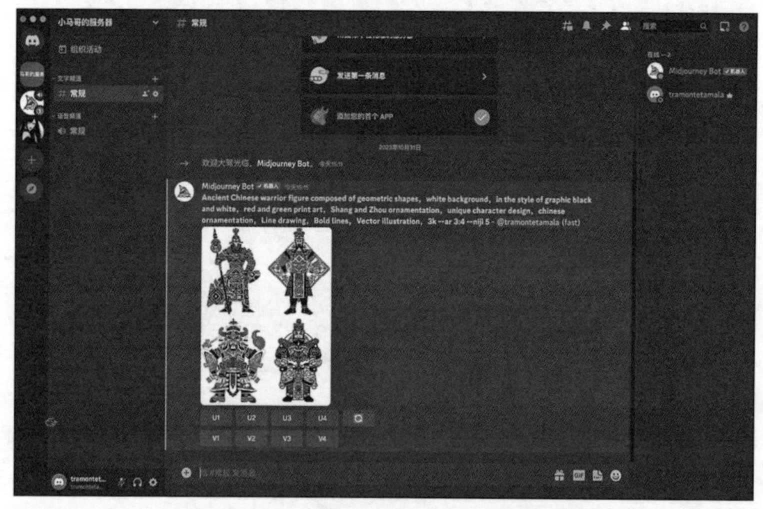

图 4-4　选择“小马哥的服务器”

5）用同样的方法，把专用于生成二次元图形的 niji journey 机器人添加到服务器中。

6）在左边第二栏的“文字频道”中选中默认频道或者新建一个频道，开始与机器人对话。

以前 Midjourney 有开放给新手的免费额度，新手可以免费试用，现在这个额度已经没有了，要想出图，必须付费。在 Discord 频道里，在中间区域的底部输入框中输入 /subscribe 指令，然后发送，在接下来出现的界面中，按照提示选择要订阅的会员计划，然后进行支付即可。

出图的基本步骤

付费之后，我们在底部输入框中发送 /imagine+ 提示词给 Midjourney 机器人，就可以出图了。我们先来看一个很简单的例子。

提示词：/imagine prompt two dancing bears

翻译：/imagine 两只跳舞的熊

Midjourney 机器人生成结果的界面如图 4-5 所示。

图 4-5 Midjourney 机器人生成结果的界面

图 4-5 所示界面中，左上、右上、左下、右下分别对应图片编号 1 ～ 4。我们会发现在 4 张图片底部有很多按钮，它们分为 3 种：U1 ～ U4 是放大按钮，V1 ～ V4 是变化按钮，另一个是刷新按钮。也就是说，我们检查完初步生成的 4 张图之后，可能产生 3 个分支。

分支 1——U：当我们从 4 张图片中选中一张进行放大（U）处理时，界面如图 4-6 所示。

图 4-6 放大其中一张图片

选择这张图片底部的按钮，又可以针对这张图片进行变化、放大、变焦放大等处理，得到满意的图片后保存到本地。

分支 2——V：如果选择 V，会出现如图 4-7 所示的提示框。

图 4-7 选择 V 出现的提示框

我们可以基于选中的这张图片，重新写提示词，当然也可以继续用之前的提示词。提交提示词之后，再次生成 4 张图片，如图 4-8 所示。

图 4-8　再次生成的图片

这次生成的 4 张图和最开始的 4 张图有什么不同呢？第一次生成的 4 张图风格差别很大，两只熊的穿着打扮差别很大，所处环境也有很大区别。我们选定一张图片进行 V 操作后，Midjourney 会基于选定的图片的风格生成新的图片。所以我们会看到，4 张新图尽管不同，但两只熊的穿着打扮风格一致，所处环境都是森林。**V 是针对基本选定的风格和方向做精细调整。**

分支 3——刷新（重新生成）：刷新就是不改变提示词，也不做其他调整，让 AIGC 再为我们生成 4 张图。从原理上说，AIGC 生成内容有一定的随机性。完全相同的提示词，完全相同的设置，每次生成的图片都不完全相同。因此，如果对生成的图片不满意，不一定要改提示词，可以让 AIGC 多生成一些，就可能出现我们喜欢的图片。这种行为被形象地称为“抽卡”。前文讲的文本类 AIGC 工具也有这个特点。有了 80 分的答案，让 AIGC 再生成两个方案，往往又有新的发现，我们就有可能获得 90 分的答案。

最终，我们得到了满意的图片。为了让画面质量更高，通常会对它进行扩图，就是不改内容但提高画面分辨率。比如，我们现在要对图 4-9 进行扩图。

图 4-9　要进行扩图操作的图

我们对图 4-9 进行了 Upscaled(2X) 操作，即进行 2 倍扩图，放大显示最终的图片，然后右击图片，在弹出的快捷菜单中单击“保存图片”命令将图片下载到本地以供使用，如图 4-10 所示。至此，整个流程就完成了。

图 4-10　保存最终图片

第 2 节　写好提示词，更好地以文生图

上一节为了让读者快速理解整个流程，提示词都很简单。要想高质量出图，必须写好提示词。本节就来讲如何写出更好的提示词。

Midjourney 提示词结构

Midjourney 的提示词结构如图 4-11 所示。

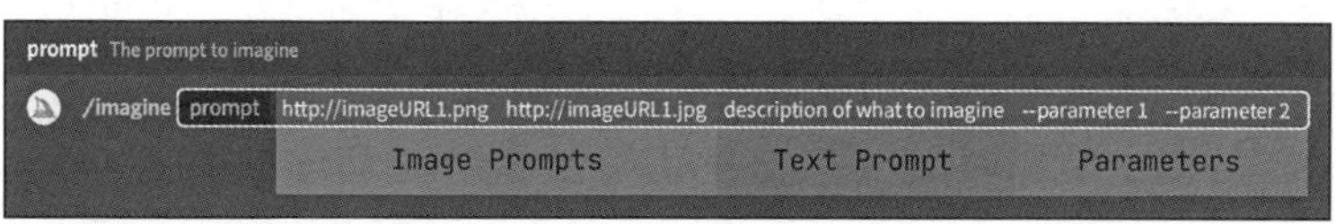

图 4-11　Midjourney 的提示词结构

提示词按顺序分为 3 个部分：

- Image Prompts（提示图）：也叫垫图，就是投喂给 Midjourney 的参考图，将参考图的 URL 添加到提示词即可。注意，参考图的 URL 必须始终位于提示词的最前面。
- Text Prompt（文本提示词）：用于描述要生成的图片。
- Parameters（参数）：如宽高比、模型等。参数位于提示词的末尾。

文本提示词是一定要有的。如果是以文生图，那么可以没有提示图部分。参数部分也是可选的。关于提示图代表的以图生图的内容我们放到本章第 3 节专门介绍，这里重点讲文本提示词和参数。

文本提示词的细分结构和写法

对出图效果影响最大的还是文本，我们需要多花一点精力把这部分写好。

写好提示词中文本的核心方法就是结构化。第 3 章讲的以文生图提示词的通用结构完全适用于 Midjourney。我们以公园里一群孩子在奔跑为例写提示词。孩子是主体，公园是环境。针对这个主体和环境，有很多种艺术表现形式。摄影、绘画都能表现这个主体和环境。如果是摄影，可以有不同相机、镜头，不同的取景方式，不同的拍摄角度等；如果是绘画，可以是素描、水粉、油画等风格，而油画又可以有不同风格。

更多内容前面已经介绍过，这里就不展开了。

参数

Midjourney 的参数并不多，下面是一些主要的参数。下面这些参数都是有后缀的，如果不写后缀，Midjourney 会按默认值来操作。

- --v 5 和 --niji 5 用于选择出图的模型，其中 --v 5 是默认模型，--niji 5 是二次元动漫模型，如果不填会采用默认模型。
- --ar 用于指定生成的图片的宽高比，默认比例是 1∶1。比例需要是整数，比如 --ar 1.6∶1 不可以，但 --ar 16∶10 可以。
- --iw 是图片权重参数，在同时具有参考图和文本提示词时，这个参数用于指定参考图的影响比重。取值范围为 0.5 ～ 2，当为 2 时生成的图片最接近参考图，当为 0.5 时更多参考提示词。
- --q 是质量设置参数，取值范围是 0.25 ～ 5，值越大生成的图片质量越高，但是同时消耗的计算资源越多，出图越慢。
- --no 比较特别，用于排除特定的元素，特别指定画面中不要出现什么。例如 --no peach，表示画面中不能出现桃子。
- --s（也可以写作 --stylize）是风格化参数，主要用于控制生成图片的风格化程度。简单理解，这个值越低越符合提示词的描述，这个值越高艺术性就会越强，但与提示词的关联性会越弱。取值范围是 0 ～ 100，默认值是 100。
- --tile 后面没有数字，用于指定生成的图片是可以连续拼贴的。

- --chaos 用于影响生成的 4 张图的差异性，取值范围为 0 ～ 100，默认值是 0。取值越大，生成的 4 张图之间的差异越大。在探索阶段，可以把该参数的值设得大一些，这样结果会发散一些。
- --seed 表示种子编号。在营销场景中很多时候需要让生成的多张图保持高度一致。而通过文本提示词 + 相同的 seed，就能生成高度一致的图。该参数的值是从 Midjourney 中获取的。
- :: 指定两个或多个提示词之间的权重，:: 之后的数字越大，:: 前面那个词的权重就越大。

上面说了需要通过 Midjourney 获取 seed 值，那么到底要怎么做呢？首先需要让 Midjourney 给用户发一条私信。

在 Midjourney 生成图片界面的右上角，单击带有 + 号的笑脸图标，会出现一个弹出框，在这个弹出框的顶部输入 envelope，会出现多个符号，单击最左侧的信封符号，Midjourney 就会给用户发一条私信，具体操作如图 4-12 所示。

图 4-12　发送私信操作流程

此时，在图片底部的按钮区下面会出现一个信封图标，这就是 Midjourney 发来的私信（见图 4-13a）。单击信封图标，会看到私信的内容（见图 4-13b），其中 Seed 后面的一串数字就是图片的 seed 值。把这串数字复制下来就可以使用了。

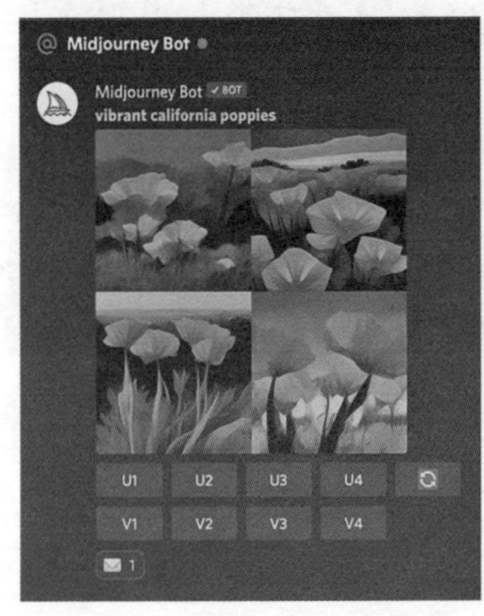

a）收到私信

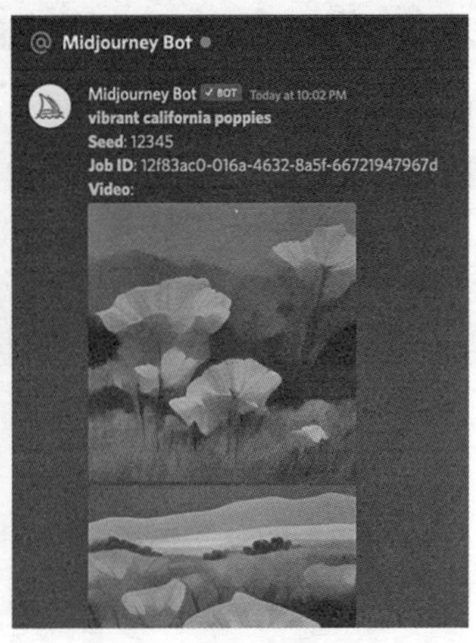

b）阅读私信

图 4-13　包含 seed 值的私信

默认选项设置

Midjourney 包含两个大模型，一个称为 Midjourney（分为多个版本，本书使用 5.2 版。后文不专门指明，说到 Midjourney 都是指这个工具），一个称为 niji.journey（专门用于生成二次元风格图片，分为不同版本）。

Midjourney 为新用户提供了默认的设置组合，我们可以在对话框里输入 /setting 命令查看该组合，如图 4-14 所示。

图 4-14　默认的设置组合

图 4-14 所示界面的上半部分是 Midjourney 的当前设置项，下半部分是 niji.journey 的当前设置项，可以看出两个模型的可设置项大部分重叠，但也有一些可设置项不同。用户在熟悉了默认设置之后，可以根据需要适当调整设置，以便更好地满足自己的需求。

Midjourney 部分的第一个选项就是用于选择模型版本的下拉框，一般来说没有特别原因，会选最新版本。RAW 是专业影像模式，其后的 4 个以 Stylize 开头的选项是风格化的程度，从低到高分为 4 个等级，绿色显示的那个是当前的选项。Midjourney 部分还可设置作品是否公开、生成速度等。

niji.journey 部分的可设置项中第一个也是版本设置项，只是它不是以下拉框的形式供用户选择的。然后是 4 个以 Stylize 开头的选项，也是用于设定风格化程度。再往后是 5 个以 Style 结尾的选项，用于设定生成的二次元图片的风格，这是 niji.journey 独有的。关于生成速度，包含 Turbo、Fast、Relax 三个等级。最后一个按钮是将设置项重置为默认选项。

提示词示例

假设你要进行曲奇饼干的包装设计。

> 提示词：carton packaging design of cookies, --no flowers --chaos 50
>
> 翻译：曲奇饼干的纸盒包装设计，-- 不要花 --chaos 50

Midjourney 生成的曲奇饼干的纸盒包装如图 4-15 所示。

图 4-15　Midjourney 生成的曲奇饼干纸盒包装

我们发现生成的纸盒包装差异很大，除了第一张图是比较

“正常”的外，其他都很特别。这是因为我们把 chaos 值设为较高的 50，给了 AIGC 较大的自由发挥空间。这种提示词可以帮我们在设计之初打开思路，不被常规束缚。

再来看一个示例：为童装公司生成数字模特。

> 提示词：full-body shot of a Chinese 10-years-old boy model wearing a comfortable T-shirt, standing in front of a white backdrop, portrait photo, shot from a low angle using Sony camera with a standard lens to capture the model's entire outfit and showcase his height of 140cm
>
> 翻译：一位 10 岁的中国男模，穿着舒适的 T 恤，站在白色背景前的全身照，这是一张使用配有索尼标准镜头的相机从低角度拍摄的人像照片，可以捕捉到这位男模全身所穿的服装，并展示他 140 厘米的身高。

Midjourney 生成的结果如图 4-16 所示。图中的男孩长相各不相同，我们可以多次生成并选取一个满意的保存下来，然后用 Midjourney 给他换上不同款式的衣服，这样就不用真的用相机去拍照了。

用好 /describe 命令，快速提升关键词能力

/imagine 和 /describe 是一对作用相反的命令。/describe 是 /imagine 的逆向操作，可让 Midjourney 根据图片反推提示词。这个功能是非常有用的，特别有利于我们的学习。两个命令结合，是我非常推荐的边学习、边使用 Midjourney 的方法。

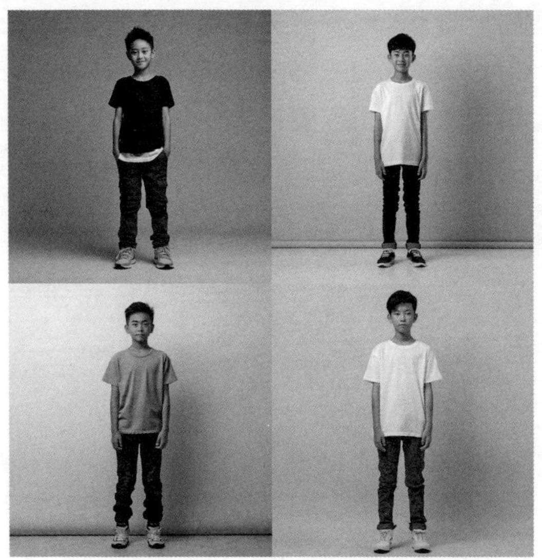

图 4-16　Midjourney 生成的数字模特

看到一张好图，自己也想写提示词生成一张高度相似的图片。但在我们水平还不够高时，往往生成的图片与我们想要的效果相差很远。这里的水平既有软件的使用水平，又有美术水平。遇到这种情况，就可以把看到的图传给 Midjourney，让它反推出提示词。

输入 /describe 命令，根据提示把图 4-17 提交给 Midjourney，就会收到 Midjourney 反推出来的多条提示词，我们展示其中两条：

- a blue and white illustration of a deer, in the style of fauna and flora accuracy, detailed dreamscapes, english countryside scenes, golden age illustrations, ceramic, birds-eye-view, peculiar fantasy --ar 64：63

- a blue print featuring an elaborate tree and deer, in the style of wildlife art with a satirical twist, realistic hyper-detail, traditional british landscapes, cosmic symbolism, historical illustration, high-contrast shading, fantasy illustration --ar 64：63

图 4-17　提交给 Midjourney 的图

为什么一个图会反推出多条提示词？因为提示词和图片不是一对一精确对应的，而是多对多的关系。同样的提示词会生成不同的图片，同一张图片也会反推出多条提示词。

我们仔细研究反推出来的提示词，与我们最初写的提示词进行对比，看看我们的提示词有哪些缺失或差异。在此基础上，我们再调整自己的提示词，用 /imagine 生成我们需要的图。

研究之后，我们就可以更好地写出自己的提示词，生成自己的内容。比如我们可以把上面反推出的提示词中的 deer（鹿）改成 unicorn（独角兽），然后提交给 Midjourney 生成图片。

提示词：a blue print featuring an elaborate tree and unicorn, in the style of wildlife art with a satirical twist, realistic hyper-detail, traditional british landscapes, cosmic symbolism, historical illustration, high-contrast shading, fantasy illustration --ar 64：63

翻译：一幅以精心制作的树和独角兽为特色的蓝图，具有讽刺扭曲的野生动物艺术风格，逼真的超细节，传统的英国风景，宇宙象征，历史插图，高对比度阴影，幻想插图 --ar 64：63

Midjourney 生成的独角兽蓝图如图 4-18 所示。

图 4-18　Midjourney 生成的独角兽蓝图

建议读者通过此方法来学习 Midjourney 的用法，比如你要学习艺术词的写法：通过 /describe 反推提示词，研究提示词，如果发现了自己不熟悉的艺术风格词，那么就到互联网或者其他学习资料中搜索与这些艺术风格词相关的内容。

第 3 节　Midjourney 的以图生图方式

上一节讲了如何写好提示词，以文生图，Midjourney 还有一种以图生图的方式。

/blend 方式生图

最简单的图生图是通过 /blend 命令来实现的。用户只需要提供 2 ～ 5 张图片，不用填写文本提示词，Midjourney 会分析每张图片，并将它们合并成一张新图。

举个例子，我们想把马和虎融合成“马虎”。输入 /blend 指令，按界面提示上传本地的马、虎图片，然后回车提交生图，生成的结果如图 4-19 所示。

a）参考图

图 4-19　生成“马虎”的过程

b）生成的“马虎”

图 4-19 （续）

/imagine 和 /blend 两个命令都能以图生图。但是，/blend 只能以图生图，应用场景较少。/imagine 则更强大，既可以以文生图，也可以以图生图，还可以以图文结合的形式生图，是我们常用的图片生成方式。

/imagine 方式生图

/blend 方式无法与文本提示词一起使用。要想同时使用文本提示词和提示图，就要使用 /imagine。

1. 上传图片

在 Discord 平台，Midjourney 对话框的底部开头有一个 +（见图 4-20）。

图 4-20　对话框底部开头的 +

单击图 4-20 所示的 + 会展开一个列表，选择列表中的“上传文件”选项，就可以选取我们计算机中的本地图片并发送给 Midjourney。双击加号，可以跳过展开列表这一步，直接进入选取本地图片的界面。

图片选定之后，我们会在 Discord 界面看到图片的缩略图。接下来一定要将光标定位到输入框里然后按一下回车键，这样图片才会真正上传到服务器。上传过程中会显示进度，上传完毕的界面如图 4-21 所示。

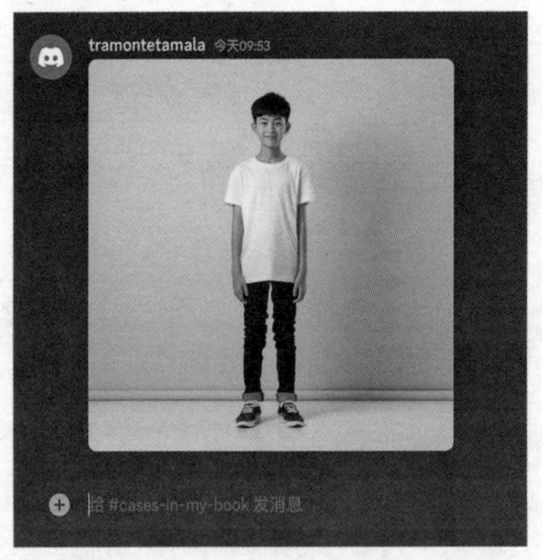

图 4-21　图片上传完成后的界面

2. 复制图片链接

单击图片可以放大显示已上传的图片，右击图片，在弹出的快捷菜单中选择“复制链接”命令（见图 4-22），就可以把图片链接存入剪贴板。

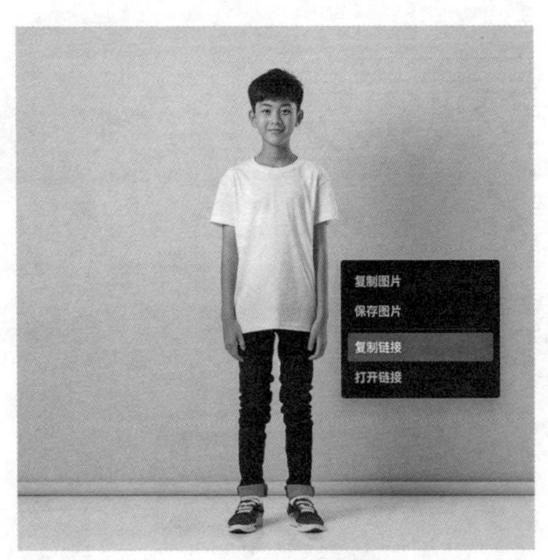

图 4-22　选择“复制链接”命令

3. 在图片基础上输入提示词，生成图片

在对话框中输入 /imagine，然后在提示词窗口中先粘贴图片链接，接着按空格键，再输入提示词，最后提交，如图 4-23 所示。

图 4-23　生图之前的操作

这里我们输入的提示词如下。

提示词：a Chinese boy wearing a red T-shirt, a school corridor background, half-length portrait

翻译：身穿红色 T 恤的中国男孩，背景是学校走廊，半身像。

生成的结果如图 4-24 所示。

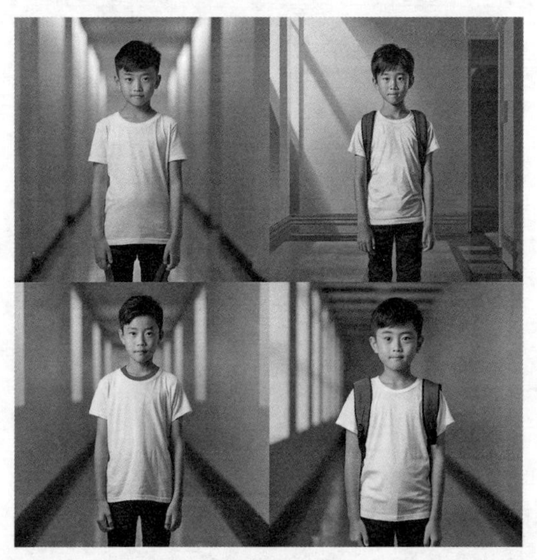

图 4-24　通过 /imagine 生成的图

检查生成的图片时发现，男孩的相貌、体态与我们提交的图片高度一致，尤其是左上角的图，对学校走廊、半身像这些要求体现得很好，但是红色 T 恤完全没有体现。左下角的图只有领圈是红色的。这时就要用到 --iw 参数了。

如果在提示词中没有写明 --iw 的数值，那么 Midjourney 就会默认给我们一个。显然这里默认给出的数值不合适，导致图片权重偏大了。下面我们把它设为 0.6 再次生图，如图 4-25 所示。

图 4-25　调整 --iw 参数后生成的图

由图 4-25 可以看到，图片的权重减小了，原图中白色 T 恤的影响明显降低了，提示文本中的红色 T 恤的权重显著增大了，这次生成的图中男孩穿的都是红色 T 恤，实现了我们的目的。

第 4 节　在 Midjourney 中保持角色的一致性和可控性

细心的读者可能会发现，图 4-24 所示的男孩的相貌相比原图有较大变化，不太像我们上传图片中的男孩了。这个问题涉及角色一致性和可控性问题，本节就来讲解这两个问题。

在营销内容中除了产品、背景，还有一个非常重要的元素——角色，它可能是一个“真人”形象，可能是一个卡通人物或动物。若是角色不一致，会带来非常大的问题。

产品的一致性问题可以通过实拍照片或者导出 3D 模型来解决。背景可以复用，需要变换时略微调整一下生成背景的提示词就可以生成风格一致的图片。另外，大多数营销对象对背景都不敏感，但对角色很敏感，因为角色往往是视觉焦点，稍有不一致就可能被营销对象察觉。上一节中男孩的相貌就是例子。我们希望这个男孩能换上不同服装展现产品，但要求不同图片中他的相貌是一致的。

要想在营销场景中用好 Midjourney，就需要解决角色一致性的问题。在 Midjourney 中控制角色一致性有 5 种方法，下面分别介绍。

垫图法

所谓垫图法就是用一张图作为模板，后面生成的图片都以这张图为基准。为了使效果更明显，我们用一个动物形象来说明。

提示词：blind box style, a cute fox, red cloak, full body, looking at the camera, simple background, chiaroscuro, edge lighting, C4D, octane rendering, ultra details, --niji 5 --s 600 --ar 1∶1

翻译：盲盒风格，一只可爱的狐狸，红色斗篷，全身，看着相机，简单的背景，明暗对照，边缘照明，C4D，octane 渲染，超细节，--niji 5 --s 600 --ar 1∶1

生成的结果如图 4-26 所示。

图 4-26　生成的狐狸图

图 4-26 中虽然都是狐狸，但是因为我们的风格化参数设为较高的 600，所以形象差异较大。我们选中大尾巴的狐狸作为以后持续使用的角色形象（见图 4-27），把它作为垫图，以它为基础再生图。

图 4-27　选中的大尾巴狐狸

将所选图作为垫图，提示词和之前完全相同，只是增加了 --iw 参数，并将该参数值设为最高的 2，生成的结果如图 4-28 所示。

图 4-28　通过垫图法生成的图

我们会看到，图 4-28 中所示的 4 只狐狸特征高度一致。

本例中的提示词指定了全身、面向镜头，因此生成的狐狸在姿态、动作方面变化不大。如果我们不指定这些，生成的图片就会有更多变化，也可适用于更多场景。

基于 seed 值的微调

生成的每张图都有 seed 值，我们可以对提示词微调，在调整后的提示词的末尾附上与原图一致的 seed 值，这样 Midjourney

就会生成既符合提示词要求又与原图形象高度一致的新图。

在选定的角色形象图片区右击，然后在弹出的快捷菜单的顶部单击信封图标，如图 4-29 所示。

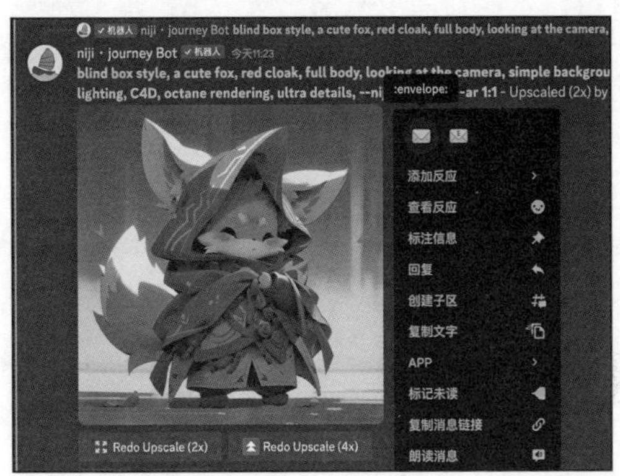

图 4-29　信封图标

然后打开机器人收到的私信，如图 4-30 所示。

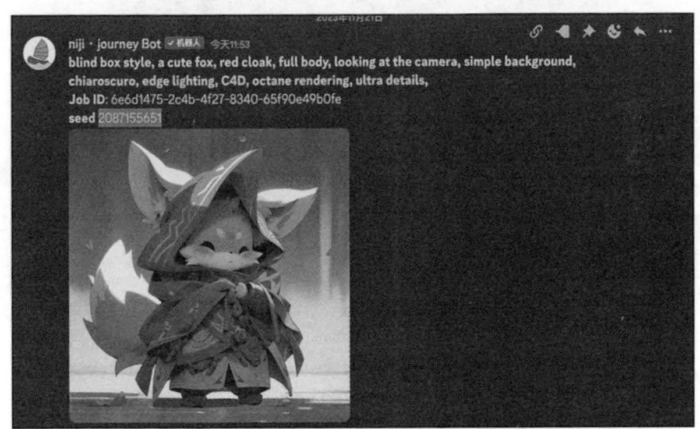

图 4-30　阅读收到的私信

图中文字最后一行就是 seed 值，把 seed 后面的数字复制下来备用。

接下来对原先的提示词做微调，例如改变斗篷颜色、从正面换成侧身等，最后在参数部分加上 seed 值。这里不要加 --iw 参数。这样就会在尽量保持原有形象的基础上对原图进行调整。用这个方法可以让小狐狸摆出不同姿势，做出很多动作，这在营销场景中的作用非常大。

多状态、多角度提示词

我们在很多时候都需要针对同一个形象生成不同姿势、不同侧面的图。可以在提示词中直接加入相关的指令，一般加在提示词开头。图 4-31 所示是几个常用指令。

生成不同的动作：N panels with different poses
生成连续的动作：N panels with continuous doing
生成多视角动作：character sheet
生成不同表情包：emoji + expression sheet
生成人物三视图：front side back three views

图 4-31　常用指令

下面是在原有提示词前面加上 front side back three views。

提示词：front side back three view, blind box style, a cute fox, red cloak, full body, side photo, simple background, chiaroscuro, edge lighting, C4D, octane rendering, ultra details, --niji 5 --ar 1∶1

翻译：正面后三视图，盲盒风格，一只可爱的狐狸，红色斗篷，全身，侧面照片，简单的背景，明暗对照，边缘照明，C4D，octane 渲染，超细节 --niji 5 --ar 1∶1

生成的结果如图 4-32 所示。

图 4-32 生成的三视图示例

因为没有提供垫图，也没有指定 seed 值，所以尽管后面的提示词一样，但 Midjourney 重新生成的图片的狐狸形象与前面差别较大。

我们可以将方法 1 或方法 2 与方法 3 结合起来使用，也就是提供垫图或提供 seed，然后在原有指令前加上多状态、多角度指令。

命名微调法

对于命名微调法，我们以案例形式来讲解（提示词中的 Bangbang 是我给角色取的名字）。

提示词：blind box style, Bangbang is a cute fox, red cloak, full body, side photo, simple background, chiaroscuro, edge lighting, C4D, octane rendering, ultra details, --niji 5 --ar 1∶1

翻译：盲盒风格，Bangbang是一只可爱的狐狸，红色斗篷，全身，侧面照片，简单的背景，明暗对照，边缘照明，C4D，octane渲染，超细节，--niji 5 --ar 1∶1

生成的结果如图4-33所示。

图4-33 生成的Bangbang图

我们利用名字对角色调整一下。

提示词：blind box style, Bangbang is a cute fox, red cloak, full body, side photo, Bangbang is dancing, simple background, chiaroscuro, edge lighting, C4D, octane rendering, ultra details, --niji 5 --ar 1∶1

翻译：盲盒风格，Bangbang是一只可爱的狐狸，红色斗篷，全身，侧面照片，Bangbang在跳舞，简单的背景，明暗对照，边缘照明，C4D，octane渲染，超细节，--niji 5 --ar 1∶1

提示词做了微调：Bangbang在跳舞。生成的结果如图4-34所示。

图 4-34　Bangbang 跳舞图

对比图 4-33 和图 4-34 我们发现，Bangbang 的姿势变了，但形象基本保持一致。

我们同样可以结合前面的方法，采用垫图 + 命名微调的方式来生成图，这样前后生成的图片一致性会更好。

Vary(Region) 局部重绘

Vary(Region) 的意思是“改变局部”，v5 及以后的 Midjourney 都支持该功能。先在 Midjourney 中生成 4 张图，放大其中的一张图片，对应的 Vary(Region) 选项就会出现。Vary(Region) 按钮的位置位于放大图片的下方。

在 Midjourney 中生成图片并放大。

提示词：a young Chinese male, smiling, drinking coffee, in a starbuck, photographic, high quality, 4K --ar 2：3

翻译：一个年轻的中国男性，微笑着，喝着咖啡，在星巴克，摄影，高质量，4K --ar 2：3

在生成的 4 张图中选一张进行放大，放大后的界面如图 4-35 所示。

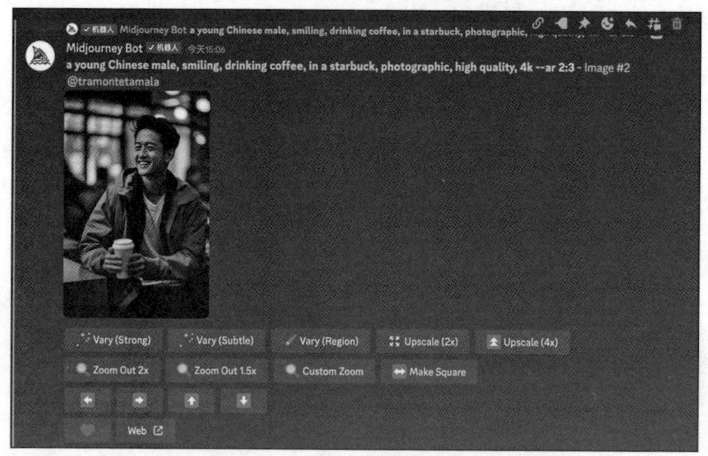

图 4-35　放大图片后的界面

图片底部第一排第三个按钮就是 Vary(Region) 按钮，单击它会出现重绘界面，如图 4-36 所示。

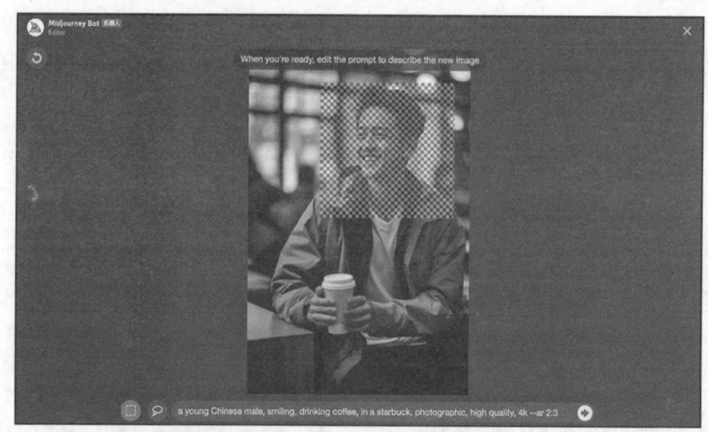

图 4-36　重绘界面

在重绘界面左下角有两个用于选取的小工具，分别是矩形框选取和自由形状选取。

- **矩形框选取：** 允许你在图片中选择一个矩形区域。
- **自由形状选取：** 允许你用手绘制一个任意形状的选择区域。

界面左上角有撤销按钮，通过该按钮可以撤销已选区域然后重新选取。选取之后提交就会回到主界面，此时可以查看局部重绘之后的图，如图 4-37 所示。

图 4-37 选取后生成的图

由图 4-37 可以看出，我们选取的部分发生了变化。采用这种方式，可以在环境不变、角色不变的情况下，生成同一个人的多种表情图。很明显，局部重绘功能在营销场景中很有用。

要想获得更好的效果，**需要注意选取区域的大小**。选取区域的大小会直接影响图片生成的结果。较大的选取区域会给 Midjourney 提供更多的参考信息和发挥空间来生成新的创意和细节；精准的选取区域则会带来更小、更细微的变化，但可能导致生成的内容与周围不契合。官方建议在图片总面积的 20% ～ 50% 范围内使用 Vary(Region)。

上面的示例没有改动任何提示词。下面我们来尝试改变提示词。修改提示词需要在设置中开启 Remix mode 模式，可以通过 /settings 命令开启这个模式，开启后的界面如图 4-38 所示。

图 4-38　开启 Remix mode 模式的界面

Remix mode 模式开启后，再次进入局部重绘界面，保持选取的区域不变，只在提示词里把 male（男性）改为 female（女性）。重绘之后的效果如图 4-39 所示。

如果图片中修改的区域比较多，最好的办法是逐一处理。比如，要把微笑的穿棕色夹克的男性改成哭泣的穿粉色夹克的女性。第一次只选取一个区域，调整提示词做一点改变。然后在新图的基础上选取另外的区域，对这个区域再做一点改变。如此往复，直到得到想要的效果。这往往比一次做多处改变得到的效果更好。

图 4-39　改为女性后的效果

第5章 CHAPTER Stable Diffusion 及其使用功法

Midjourney 的设计方向就是便利、快捷，高度的可控性并不是它的强项。这就好比同样是图片处理，美图秀秀和 Photoshop 因为出发点不同导致在可控性方面有非常大的差异一样。如果对角色一致性和可控性要求特别高，那就需要使用更强大的工具了，例如 Stable Diffusion（简称 SD）。Stable Diffusion 的地位类似于文本类 AIGC 工具中的 GPT-4、图形处理工具中的 Photoshop，所以有必要单独用一章的篇幅来讲 SD。

第 4 章所讲内容同样适用于 SD，所以本章主要讲用好 SD 特有的部分。

第 1 节 全面认识 SD

SD 是一种强大的图片类 AIGC 工具。图片类 AIGC 工具有多种，那么为什么要专门安排一章来讲 SD？因为相比其他工具，SD 对营销而言价值更大，更适用于营销场景。

SD 对营销的高价值

营销对出图的要求，除了快、质量高外，还有高度可控、前后一致、灵活变化。

1. 高度可控

高度可控，就是能对图片的各个方面进行精细控制。这就像傻瓜相机和专业相机的区别，它们虽然都能拍照，都可以拍出好照片，但职业摄影师只会选择掌控能力更强的专业相机，因为他们要自主设置快门、光圈以掌控景深等效果。我们只要对比一下常用的图片类 AIGC 工具的界面，就能感知 SD 的强大，SD 界面中包含大量的选项、设置项，这些选项就像专业相机控制盘上的调节按钮一样，给了使用者更好的掌控感。当然，这也提升了操作难度。很多买了专业相机的用户，一直在使用 Auto 模式，就是因为他们没有熟练掌握专业设置方法。

2. 前后一致

在营销场景中，无论是数字模特还是品牌 IP 形象，甚至是平面设计，我们都希望保持前后一致。**一致并不是一成不变，而是内在的一致，**目的是让消费者一看就想起这是哪个品牌的产品，这对营销意义重大。比如，我们希望品牌有一个数字模特，这个模特的五官、身材要有较强的识别性，而不只是漂亮。夏天时，这个数字模特穿着夏装，在户外使用产品 A。冬天时，这个数字模特穿着冬装，在室内使用产品 B。无论是着装还是使用的产品，区别都很大，但通过把控好一致性，消费者依然能识别出这是同一个模特，所使用的是同一个品牌的产品。

Midjourney 有一些保持一致性的方法，但与 SD 比差了不少。

3. 灵活变化

用于营销的图片有适当的变化是必不可少的。例如不同的节日，模特的穿着、妆容会有变化，模特也有站、坐、跑等姿势的变化和喜、怒、哀、乐等表情的变化。再例如背景图，在保持风格不变的前提下，画面元素可以有变化。在做到灵活变化的情况下还要做到前后一致，这难度就相当大了。

我们来看营销场景中的两个实例。先看一个“真人”模特（生成的虚拟人）的例子，如图 5-1 所示。

图 5-1 “真人”模特

图 5-1 所示模特非常写实，但其实是用 AIGC 生成的。我们

看到两张图片中背景不同，穿的服装不同，拍摄角度不同（后一张是仰拍），姿势不同（一个双手插兜，一个单手插兜），发型也不同。但从身材、面孔上，消费者依然能认出这是同一个模特。长期应用下来，消费者就会形成从模特到品牌的自然联想，这有助于提升营销传播效率。

再看一个虚拟卡通形象的例子，如图 5-2 所示。从左到右三张图，我们发现 IP 形象的穿着不同，表情不同，动作不同，背景也不同，但是 IP 形象却保持了高度一致，消费者能轻易识别出三张图中的 IP 形象是一致的，从而能联想到这是同一家公司的 IP 形象。

图 5-2　虚拟卡通形象

上一章我们讲到 Midjourney 有一些方法来保持一致性，但 SD 在这方面做得更专业，效果也更好。

SD 通过 LoRA 等诸多方式，可以同时做到高度可控、前后一致和灵活变化，所以非常适合作为营销场景中的主流 AIGC 工具，尤其是对设计师这样的专业人士。即便它与其他同类工具相比在使用上有一些难度，但也是非常值得掌握的一款工具。

SD 的用户界面

SD 的源代码是以开源形式发布在网上的，这意味着任何人都可以免费下载、安装并使用它。有开发者在SD的基础上，制作了易于使用的图形用户界面（GUI）。WebUI和ComfyUI是两大GUI。

- WebUI上手更容易，用户更多。本书介绍的SD就是通过WebUI来使用的。
- ComfyUI是一个节点流程式的GUI，实现了更加精准的工作流定制和完善的可复现性，但使用门槛略高。

SD的使用途径

SD的使用途径有3种。

- **直接使用SD云服务**。模型实际运行在云端服务器上，用户通过计算机远程使用。因为服务成本很高，通常是收费的，例如网易云端SD。也有免费的，例如https://www.liblib.ai/，但免费的通常功能较少且限制较多，可以在尝试阶段使用。这种途径的好处是对本地计算机的配置要求不高，而且避免了自己安装、配置SD的麻烦。
- **本地部署，本地使用**。这种途径对计算机尤其是显卡的配置提出了很高的要求。能够满足要求的计算机价格高达1万～2万元，有些甚至更高，而且需要自己安装和配置，且只能在安装了应用的计算机上使用。
- **云端部署，远程使用**。个人或公司购买云GPU，然后自己在云GPU上部署SD，供个人和公司远程使用。这种途径需要一定的IT运维能力。比如一个广告公司，需要用SD的人很多，于是购买了一定的云端资源，然后部署私有的 SD，内部的众多设计师通过远程方式使用 SD。当然，多人使用可能需要排队。这样可以提高资源利用率，适当降低出图成本。这种途径通常适用于企业内部有多人需要使用 SD 的中大型企业。

SD 的安装和部署又可分为两种方式：**自主分步骤安装和使用整合包安装**。因为这部分内容不是本书的重点，网上可以方便地找到相关资源和操作指南，所以就不在此展开了。

推荐用第一种使用途径来上手，到了高级阶段为了获得更强的可控性，再采用本地部署的方式。

SD 的适用人群

一般来说，SD 适合以下两种人使用。

- **专业设计师**：本身有美术、设计功底，还有熟练应用其他设计软件的能力。
- **有很强图片想象力的非专业设计人员**：经过专业美术训练和有图片想象力并不能画等号，有些人有很强、很独特的图片想象力，能在大脑中构建一个神奇世界，但表达不出来。新的工具给了这类人表现的机会。

SD 的操作界面和基本操作流程

特别提醒：本节所讲内容的实操性非常强，仅靠阅读无法完全掌握，一定要在阅读的同时上手实操。建议大家先通读一遍本节，对整个过程有所了解，再用阅读配合实操的方式进行学习。

我们先来看看 SD 的操作界面，如图 5-3 所示。

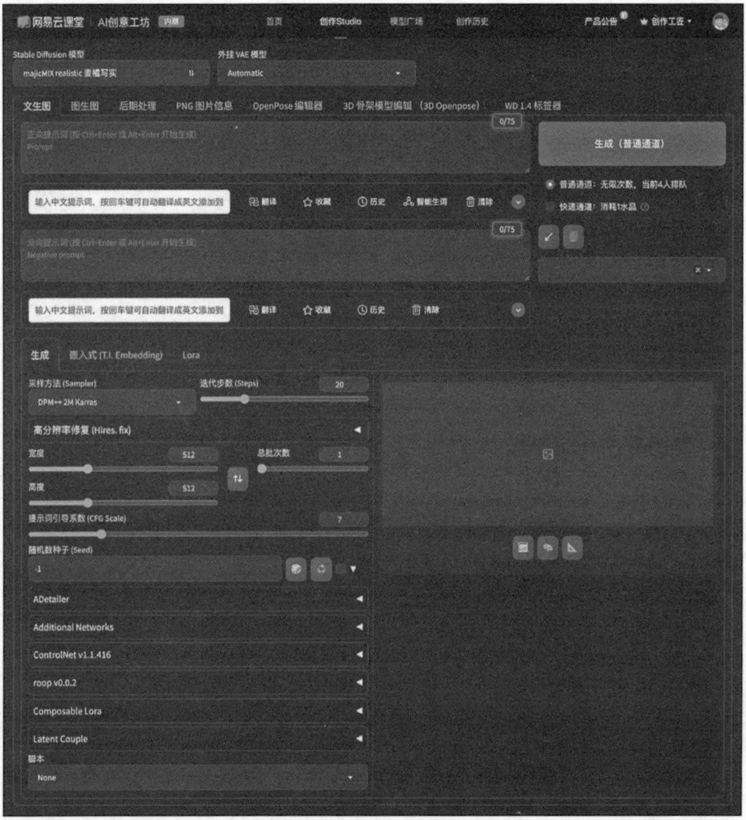

图 5-3 SD 的操作界面

SD 界面有较强的定制性，具体界面可能略有差异。接下来，我们参考图 5-3 所示界面来讲解如何操作 SD。

可以将 SD 界面从上到下划分为三个操作区域，这对应了操作的三大步：

1）选择大模型，位于界面的顶部。

2）写提示词，位于界面的中部。

3）设置参数，在提示词框的下方。

我们在第 3 章学习的文生图知识，在 SD 中也适用。SD 提示词要使用英文。现在的词典、翻译工具功能强大，我们可以借助工具把中文提示词翻译成英文。提示词要使用分隔符号“,”进行分隔。SD 的提示词是一个个关键词，而不是自然语句。

第 2 节　理解和选用 SD 中的模型

在 SD 中，模型的选择对出图效果影响很大，所以我们必须系统地理解模型。SD 的模型有多种，最重要的是 Checkpoint 大模型、LoRA 模型。模型市场上最多的也是这两种，读者掌握这两种模型就够了。

Checkpoint 大模型和 VAE

Checkpoint 大模型是通过大规模训练获得的，优点是出图效果好，但是训练消耗的时间和算力多，模型的文件很大。绝大多数企业没有能力去训练大模型，更多的只是单纯使用大模型。

图 5-4 所示是部分优质的 Checkpoint 大模型。

每个模型都有自己的特点，有的擅长生成人像，有的擅长生成建筑物，有的擅长“画”二次元图片……我们需要通过了解模型生成的图片的特点，确定模型是否可以满足我们的需求。

我们举几个 Checkpoint 大模型的例子。

图 5-4　部分优质的 Checkpoint 大模型

1）麦橘写实（majicMIX realistic），示例如图 5-5 所示。

图 5-5　麦橘写实示例

2）Deliberate，可以胜任多种风格，可以创建任何想要的东西，我们也将它称为万能模型，示例如图 5-6 所示。

3）ReV Animated，特别适合进行动漫人物或者场景的 2.5D/3D 绘制。

还有一种配合 Checkpoint 大模型使用的特殊模型——VAE（Variational Auto Enconder，变分自编码器），它的选项在 SD 界面中紧跟在大模型选项之后。VAE 类似于图片生成后使用的滤镜。一般情况下，每个基础大模型都自带了一个 VAE。大模型内的 VAE 出问题或者不能满足需求时，才需要手动选用外部 VAE。图 5-7 展示了不加载 VAE 和加载不同 VAE 的图片效果。

图 5-6　Deliberate 示例

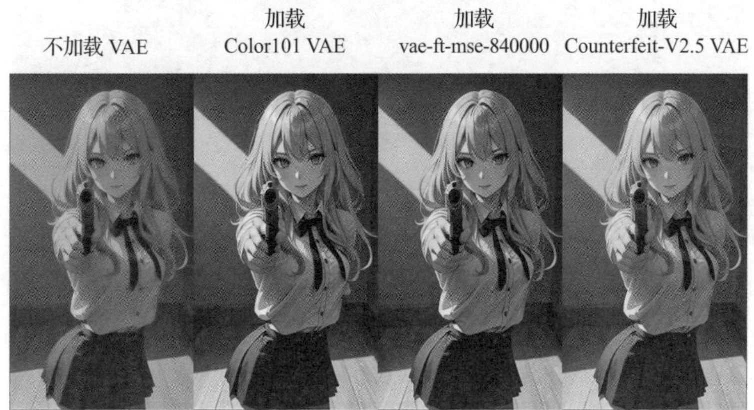

图 5-7　不加载 VAE 和加载不同 VAE 的图片对比

不加载 VAE 和加载不同 VAE 对画质影响很大。我们可以简单理解，VAE 相当于给图片加了有一定效果的滤镜，对图片会有影响，但不会从根本上改变大模型的特点。

LoRA 模型

简单理解，**LoRA 模型就是大模型的补丁，可以用于修改图片风格，增加细节**。因为效果很好并且训练较为快速和简单，所以 LoRA 模型的性价比最高，也是目前最常用的微调模型。本章第 8 节会介绍企业如何训练自己的 LoRA 模型。使用 LoRA 模型的方法如图 5-8 所示。

图 5-8　使用 LoRA 模型

在模型市场上，与大模型相比，LoRA 模型的数量要多得多。表 5-1 所示是一些主流 LoRA 模型。

表 5-1　主流 LoRA 模型

模型名称	主要功能	配图	备注
3Drender 风格	将图片修改成 3D 渲染风格		触发词推荐：3dmm style, 3D, realistic, high-quality, 3D realistic works, ultra-high details, 4K，real skin materials

（续）

模型名称	主要功能	配图	备注
AsianMale 亚洲男性	生成亚洲男性，会增加更多的细节且更加写实		配合 Henmix_real 大模型使用效果更好
Blindbox 盲盒	生成盲盒风格的图片		配合 rev Animated 大模型使用效果最好
儿童插画风	将图片改为儿童插画风格		配合任何大模型都可得到不错的效果

LoRA 模型需要在安装之后使用，使用时需要用到触发词，这就像编程时使用变量名调用某个变量一样。触发词在对应的模型说明里可以找到。

多个 LoRA 模型可以叠加使用，这就如同利用美颜修图软件修图时，大眼、瘦脸、美白等选项是可以同时选取的，而且每个选项的影响程度都可以设置一样。要在一张图上应用多个 LoRA 模型，需要借助 Additional Network 插件，它可以控制多个 LoRA 模型发挥作用的比重。

Embedding 模型

除了上述两个重要的模型，还有一种 Embedding（嵌入）模型，也叫 textual inversion（文本反转）。它的作用是通过训练少量的图片，让大模型快速学会一个新的概念。可以简单地把它理解为打包好的提示词组合。

比如，你想生成一张包含《海贼王》中路飞这个角色的图片。你选择了一个动漫风格的大模型，你虽然在提示词中包含了与这个角色相关的关键词，并对这个角色进行准确描述，但生成的图片与人们熟悉的路飞形象还是不符。

这时我们可以用路飞的图片训练出一个 Embedding 模型，这个模型可以在大模型生成路飞形象的时候，将对应的特征关键词嵌入大模型的词汇库中，从而让大模型“知道”路飞长什么样，这就是 Embedding 模型的作用原理。比如我们可以将路飞的模型命名为“Lufei”，在写提示词的时候加上这个模型名称，SD 就能自动生成准确的形象。

使用这种方式，我们无须重新训练大模型就能生成个性化的图片，如特定的人物形象、画风、姿势、动作等，成本很低，而且一款 Embedding 模型只有几十到几百 KB。但正因为训练数据量小，所以生成的图片精度有限，在个性化特征表现上远不如 LoRA 模型稳定。

从模型市场获取模型

SD 构建了强大的生态，在模型市场上我们可以看到很多模型，从中可以选择我们需要的。尤其是LoRA模型，数量非常多，如果能善于利用，事半功倍。

图5-9所示的LEGO LoRA模型就来自模型市场，它可以把任何东西变成乐高风格。我们可以利用它创造企业专属的乐高风格的模特，生成乐高风格的场景。LEGO LoRA模型通过900多张LEGO MiniFigures系列、BrickHeadz系列和Creator系列产品图片训练而成。

图5-9　乐高风格模型

LEGO LoRA模型推荐触发词或参数设置如下。

- LEGO MiniFig, {prompt}：人仔风格，适用于人物形象和拟人的动物形象。
- LEGO BrickHeadz, {prompt}：方头仔风格，适用于人物形象和拟人的动物形象。
- LEGO Creator, {prompt}：乐高创意系列风格，适用于物

品、动物、植物、建筑等。

- LoRA 权重（weight）：取值范围为 0.6 ～ 1.0，推荐使用 0.8。
- 放大重绘幅度（Denoising）：推荐使用 0.3。

实现 LEGO LoRA 模型要用到的基础模型，建议使用 V2.0_SDXL1.0 版并配合 SDXL 1.0 系列。其中涉及的 SD，建议使用 1.5 版本并与 Realistic Vision 系列基础模型配合，也可尝试与其他基础模型配合以探索不同的风格。

第 3 节　精确控制效果的 SD 提示词实战功法

SD 是比 Midjourney 更强大的工具，所以在 Midjourney 中写提示词的方法都适用于 SD，但是在某些地方 SD 有自己的独特要求。

正面提示词和负面提示词

SD 的提示词分为正面提示词和负面提示词。正面提示词就是你想要的，负面提示词就是你想尽力避免的。这就好比我们在餐馆点菜，我们会说“多放辣椒，不要放香菜”，此时“辣椒”就是正面提示词，“香菜”就是负面提示词。

我们对比一下只填写正面提示词以及填写正面提示词 + 负面提示词的不同。生成图 5-10 和图 5-11 所示图片所用的模型、正面提示词、参数设置都完全一样，唯一的区别是生成图 5-10 的提示词中没有负面提示词，生成图 5-11 的提示词中有下面这段负面提示词。

图 5-10 没有负面提示词

图 5-11 有负面提示词

提示词：(multiple people), low-res, bad anatomy, bad hands, text, error, missing fingers, extra digit, fewer digits, cropped, low quality, normal quality, jpeg artifacts, signature, watermark, username, blurry, freckle

翻译：(多人)，分辨率低，解剖结构不好，手不好，文本，错误，手指缺失，多余的数字，更少的数字，裁剪，低质量，正常质量，JPEG 伪影，签名，水印，用户名，模糊，雀斑

上面这段负面提示词是告诉 AIGC，生成的图片里要避免出现多个人、低分辨率、不正常的身体、不正常的手、文字等。

我们发现两张图的区别比较明显。图 5-10 中有不少错误，例如握篮球的手指不正常，出现了 bad hands，所以在 SD 里，负面提示词要认真写。

在 Midjourney 中，没有专门的负面提示词输入窗口，而是在提示词中用 no 来引导，no 后面的提示词本质上就是负面提示词。

我们看一个包含了正面、负面提示词的简单例子，这里选用 RealCartoon-Realistic 大模型。

正面提示词：1 girl, purple hair, yellow suit, street background, looking at viewer, ultra-detailed, perfect lighting, realistic, solo

翻译：一个女孩，紫色头发，黄色套装，街道背景，看着观众，超强细节，完美灯光，写实风格，单人

负面提示词：low-res, bad hands, missing fingers

翻译：低分辨率，手不好，手指缺失

参数选用默认值，生成的结果如图 5-12 所示，由图可以看到，生成的图片质量很高，符合我们的要求。

图 5-12　正面 + 负面提示词示例

合理设置提示词权重，优先保障重要特征的表现

当我们需要准确表述对象时，需要针对一个对象列出众多的描述。比如，针对头发有长短、颜色、造型、装饰品等众多描述

词。当针对一个对象有多个描述词时，AIGC 对特征的理解可能与我们想的不一样。

如果在多个描述词中要优先保障某些特征的表达，或者希望更突出某些特征，就需要专门为这些描述词设置更大的权重。

常用的提示词权重书写格式有两大类：

- **加括号**，就是用括号把提示词括起来，例如（black curly hair）代表黑色卷发的权重为 1.1 。括号可以嵌套，嵌套一次就是做一次平方运算，即提升到之前的 1.1 倍。一般不建议做多层嵌套。
- **冒号 + 数值**，例如（black curly hair:1.5）。注意，（black curly hair）和（black curly hair:1.1）是等效的。

AIGC 在生成图片时，会优先选择权重高的特征。同时，在同一组中，描述词出现的顺序也会影响权重。在权重设置相同的情况下，一般来说，越靠前的描述词权重越高。

我们看下面的正面提示词：

> **提示词：** 1 girl, (purple curly hair), blue eyes, sunglasses, lipstick, (dark blue business suit:1.4), slim body, (walking), street_background, looking at viewer, best quality, ultra detailed, perfect lighting, detailed background, realistic, solo, perfect detailed face, detailed eyes
>
> **翻译：** 一个女孩，(紫色卷发)，蓝眼睛，太阳镜，口红，(深蓝色商务套装：1.4)，苗条的身体，(行走)，街道背景，看着观众，最好的质量，超强细节，完美灯光，详细的背景，逼真，单人，完美而精致的脸，精致的眼睛

为了描述清楚需要生成的女孩形象，我们用了大量的关键词，还特别提高了以下几个关键词的权重：

- dark blue business suit，权重 1.4
- purple curly hair，权重 1.1
- walking，权重 1.1

生成的画面如图 5-13 所示。

图 5-13　正面提示词生成的女孩

由图 5-13 可以发现：

- dark blue business suit、purple curly hair 特征都得到了很好的体现。
- sunglasses（太阳镜）这个特征，尽管权重只有 1，但在 4 张图中都得到了体现。
- walking 这个特征尽管指定的权重是 1.1，但只在两张图中有明显体现。这是因为，sunglasses 这个词靠前，而 walking 这个词比较靠后，AIGC 认为它的重要性不高。

理解了这个例子，我们以后在指定一个对象的多个特征时，就会特别注意多个特征词的顺序和权重了。

用好精细表达方法，帮助 AIGC 准确理解主体的多特征

SD 提示词是一个接一个的关键词，对于模型来说是一个个独立的标签，相互的关联性依赖于模型自身的理解。这个理解很可能与我们想的不一致，尤其在提示词很长或提示词很多的情况下。

比如，针对一个人物，我们指定了头发的颜色、上衣的颜色、裤子的颜色，就会在提示词里出现多个颜色词。从人的角度看，可能表达得已经很清楚了，但 AIGC 可能有自己的理解，导致生成的图片里包含了指定的几种颜色，但颜色之间有“污染”，不一定每个对象都是我们指定的颜色。这时我们就需要精确表达我们的意图，尽量避免多个词之间产生干扰。这就要用到 SD 提示词的高级写法了。

高级写法：主体 \(描述词 1, 描述词 2, …\)

提示词举例：1 girl\(purple curly hair, dark blue suit\)

前面的“ \(”与结尾的“ \)”把中间的多个描述词包裹起来，共同描述一个主体。这相当于对 AIGC 说“一个女孩，她的特征如下：紫色头发，深蓝色套装”。

也可以采用下面的方法指定描述词的权重，向 AIGC 更精确地表达需求。

提示词：1 girl\((purple curly hair:1.2), blue eyes, sunglasses, lipstick, (dark blue suit:1.4)\)

翻译：一个女孩，她的特征如下：紫色卷发（权重 1.2），蓝眼睛，太阳镜，口红，深蓝色套装（权重 1.4）

这样一来，就把众多关键词的归属对象、权重都描述清楚了。当同一个画面中有多个主体时，用传统描述方法容易造成“污染”，用这种方法效果更可控，可提升一次成功率。

用好 BREAK，给关键词准确分组

有一个大多数人都没有注意的情况，即 SD 对提示词是分段理解的。我们在 SD 界面输入提示词时会看到，输入框右上角有提示数字，如图 5-14 所示。

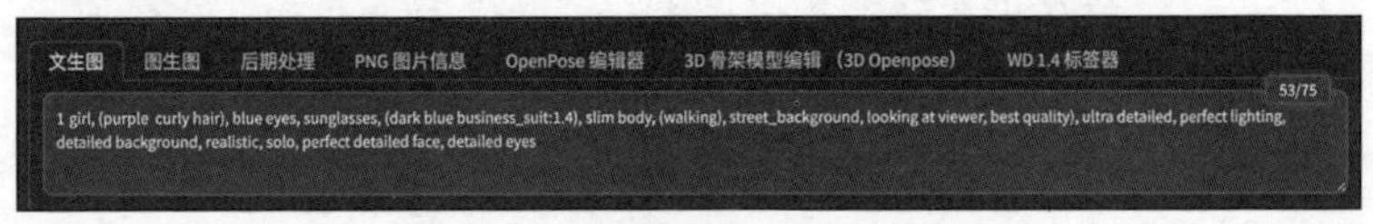

图 5-14　输入框右上角的提示数字

图 5-14 所示的数字是 53/75。53 代表我们已经输入的 token[⊖]数。75 代表什么呢？ SD 会强制将提示词按每 75 个 token 分为 1 组。SD 会把每一组作为一个整体来理解和处理。

我们在描述同一个对象时，如果超过了 75 个 token 的限制，那么同一组提示词会被系统强制切分为两组，生成的画面就可能与预期不符。

我们可以使用 BREAK 来手动分组，让针对一个对象的描述词尽量集中在一个组里面，从而避免两组元素的特征相互“污染”，更好地生成图片。

举例如下。

⊖ 简单理解，token 就是输入的字符个数，1 个字母、1 个符号、1 个空格都对应 1 个 token。

正面提示词：1 girl, (purple curly hair), blue eyes, sunglasses, lipstick, (dark blue business_suit:1.4), slim body, (walking), looking at viewer

BREAK

1 man, (black hair), black eyes, sunglasses, white shirt, tall, strong, take suitcase, (walking), looking back

BREAK

street_background, best quality, ultra detailed, perfect lighting, detailed background, realistic, solo, perfect detailed face, detailed eyes

翻译：一个女孩，(紫色卷发)，蓝眼睛，太阳镜，口红，(深蓝色商务套装：1.4)，苗条的身体，(行走)，看着观众

BREAK

一个男人，(黑头发)，黑眼睛，太阳镜，白衬衫，高个子，强壮，拿着手提箱，(行走)，回头看

BREAK

街道背景，最好的质量，超强细节，完美灯光，详细的背景，逼真，单人，完美而精致的脸，精致的眼睛

上面的提示词中，我们用了两个BREAK，将提示词划分成三段。第一段描述画面的主体——1 girl，第二段描述画面的另一个主体——1 man，第三段描述画面的背景、画质要求等信息。

这种表达方式，更便于SD准确理解复杂的信息，从而更好地生成画面。

在一组提示词中，BREAK 的使用不能太多，一般不要超过

3 个。分段过多会使大模型出现混乱，影响出图效果，适得其反。

第 4 节　参数设置和调节

SD 在操作上的难点是设置和调节参数。进入 SD 的界面就会发现，可以设置和调节的参数众多，这往往会让初学者望而却步。但是，理解并合理设置、调节参数，是用好 SD 的基础。

图 5-15 所示是 SD 文生图模式下的部分参数。

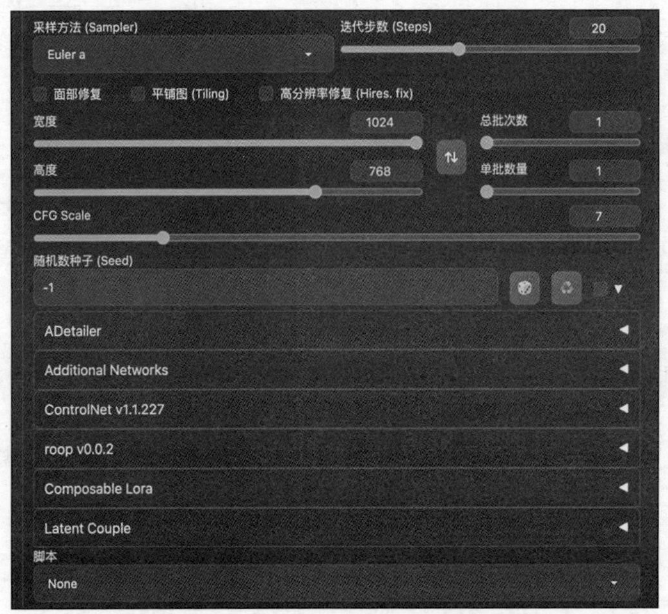

图 5-15　SD 文生图模式下的部分参数

在图 5-15 所示的界面中，除了宽度、高度、总批次数、单批数量比较容易理解外，类似采样方法（Sampler）、迭代步数

（Steps）、相关性（CFG Scale）、随机数种子（Seed）等参数就让人感到费解了。下面我们就来介绍这几个不好理解的 SD 参数。

采样方法和迭代步数

在 SD 的界面中，采样方法的选项很多，如图 5-16 所示。

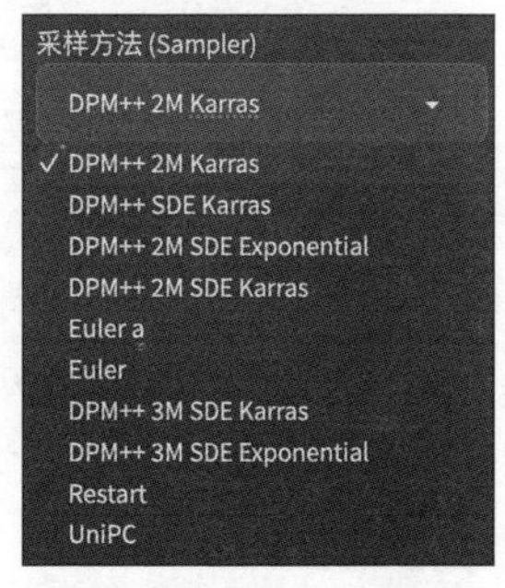

图 5-16　采样方法的选项

要理解采样方法，需要具备一些 SD 生图的基本知识。SD 生图分为两个过程：**前向过程**，**后向过程**。前向过程会不断地向输入数据添加噪声，而采样方法主要在后向过程中负责去噪。模型会首先生成一个完全随机的图片，然后噪声预测器开始工作，从图片中减去预测的噪声。不断重复这个步骤，最终我们会得到一个清晰的图片。采样方法的工作原理如图 5-17 所示。

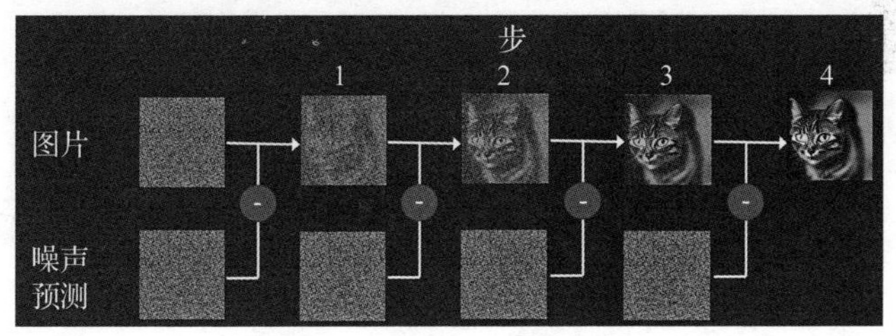

图 5-17　采样方法的工作原理

SD 在每个步骤中都会生成一张新的采样后的图片，整个去噪的过程即为**采样**。使用的采样手段，即为**采样方法**。图 5-18 所示是不同采样方法生成的图片。

图 5-18　不同采样方法生成的图片

由图 5-18 可以看到，有些采样方法生成的图片差别不大，但有些差别明显，例如 PLMS 和 Euler a。这是迭代步数这个参数造成的。迭代步数与采样方法选项密切相关。

图 5-19 所示是噪声变化。横轴是迭代步数，纵轴是图片的噪声水平。噪声水平越低，图片越清晰。我们可以看到：随着迭代步数的增加生成的图片质量在提高（噪声在下降），但到了一定

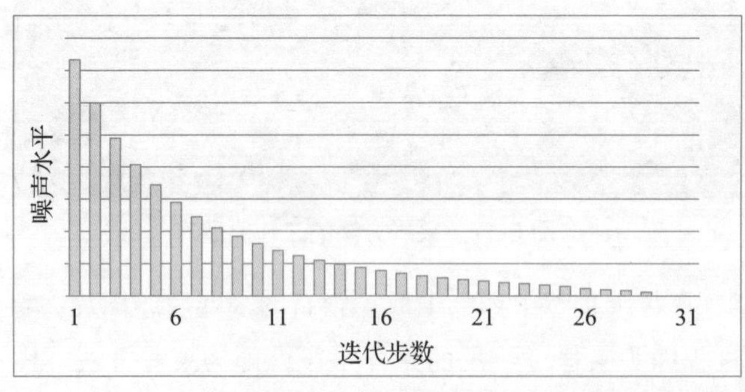

图 5-19　噪声变化

步数后，图片质量就很难再提升了。所以**迭代步数这个参数不是设置得越高越好，而是合适就好。**

相关性

相关性是用来调节提示词对扩散过程的影响程度的。通俗来讲，该参数的值越小 AIGC 生成的图片自由发挥空间越大，该参数的值越大则越贴近提示词的要求。不同的相关性数值，会对图片产生不同的影响，下面是一些参考值，我们可以以此为参考，在合适的范围里设置和调节相关性的值。

- 0 ～ 1：图片崩溃。
- 2 ～ 6：生成的图片可想象空间大。
- 7 ～ 12：图片效果较好，既有创意又能体现提示词的要求。
- 13 ～ 15：提示词对出图影响更大，图片对比度和饱和度增加。
- >16：图片逐渐崩溃。

随机数种子

每张图片都有自己的 seed（种子）值，seed 值是 AIGC 生成图片的起点。起点不同，会明显影响最终生成的图片。如果把 seed 值设置为 -1，SD 将使用随机 seed 值。如果设置为一个固定的值，那么可以通过改变关键词来既保证前后生成的图片有变化，又保证特征的高度一致。这部分内容前文介绍其他图片类 AIGC 工具时讲解过，这里就不展开了。

第 5 节　SD 文生图基本流程举例

前文我们学习了很多关于模型选择、提示词撰写、参数设置的内容，本节用一个案例把所学内容串起来，也就是在 SD 里生成一张图片。

这里采用的大模型是 henmixReal_v40。

正面提示词：(handsome boy,:1.3), blue shirt, (Bokeh:1.1), (photorealistic:1.4), look to the side, (intense and warm sunshine:1.3), blue sportswear, solo, laugh, basketball uniform, realistic, sleeveless, jersey, shirt, basketball, open mouth, teeth, sleeveless shirt, short hair, messy hair, sweat, basketball court, portrait, indoors, ray tracing

BREAK

(best quality), ((masterpiece)), (highres), original, extremely detailed 4K wallpaper, (an extremely delicate and beautiful), incredibly_absurdres, colorful, intricate detail, 1 man, masterpiece, best quality, <LoRA:LoRA-Custom-ModelLiXian:0.4>, <LoRA:FilmVelvia3:0.6>

翻译：(帅气男孩：1.3)，蓝色衬衫，(背景虚化：1.1)，(逼真度：1.4)，看向侧面，(温暖的阳光：1.3)，蓝色运动服，单人，大笑，篮球服，逼真，无袖，球衣，衬衫，篮球，张开嘴，牙齿，无袖衬衫，短发，凌乱的头发，汗水，篮球场，肖像，室内，光线追踪

BREAK

(最好的质量)，((杰作))，(高层)，原创，非常精细的 4K

壁纸，(非常精致和美丽)，极端，丰富多彩，复杂的细节，1人，杰作，最好的质量，<LoRA:LoRA-Custom-ModelLiXian:0.4>，<LoRA:FilmVelvia3:0.6>

负面提示词：(multiple people), low-res, bad anatomy, bad hands, text, error, missing fingers, extra digit, fewer digits, cropped, worst quality, low quality, normal quality, jpeg artifacts, signature, watermark, username, blurry, freckle

翻译：(多人)，低分辨率，解剖结构不好，手不好，文本，错误，手指缺失，多余的数字，更少的数字，裁剪，质量最差，低质量，正常质量，JPEG伪影，签名，水印，用户名，模糊，雀斑

选好模型，填好提示词后，SD界面如图5-20所示。

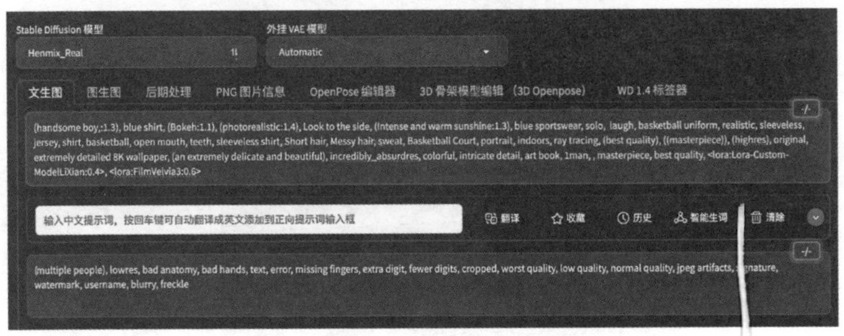

图5-20 示例SD界面

参数设置如图5-21所示。

生成的结果如图5-22所示。图片的质量非常好，看上去就是一张实拍照片。我们将这张图片导入Photoshop或Illustrator等软件，加上LOGO、文案，就是一份合格的营销物料。

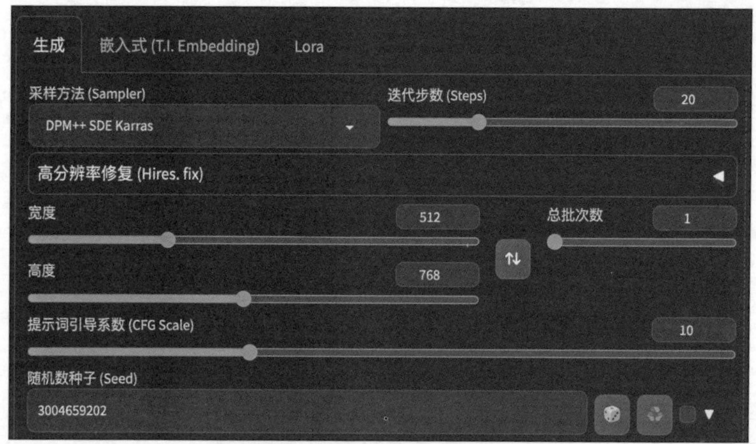

图 5-21 参数设置

图 5-22 生成的结果

第 6 节　SD 的图生图功能

如果我们有一张或多张图片，希望 SD 在现有图片的基础上生成新图，怎么办？这就需要用到图生图功能了。

图生图功能可以分为两类。

- **基本图生图：**上传图片，写提示词，在原图基础上做调整生成新图。
- **局部重绘图生图：**包括涂鸦、局部重绘、涂鸦重绘、上传重绘蒙版。

基本图生图功能

给 SD 参考图片，然后选择模型，输入提示词，设置参数，让 SD 在参考图片的基础上生成新的图片。如图 5-23 所示，将左图提交给 SD，然后输入指令，就生成了右侧的新图。

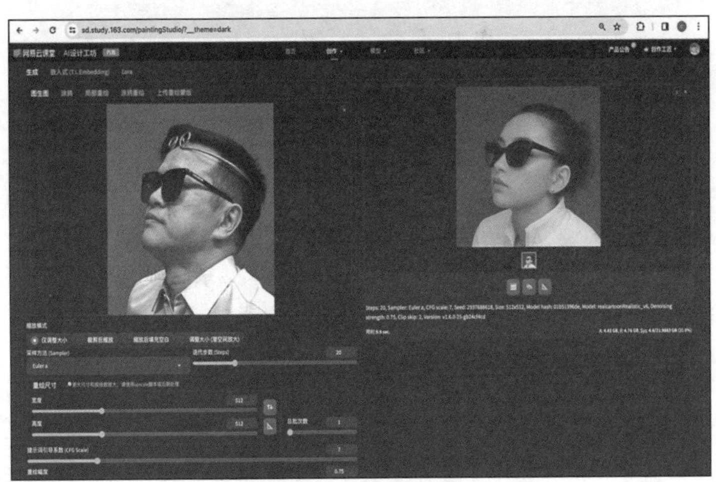

图 5-23　图生图示例

局部重绘图生图的参数设置

图生图的参数众多，并且根据所选方式的不同，还会有相应变化。图 5-24 所示是局部重绘模式下的参数。

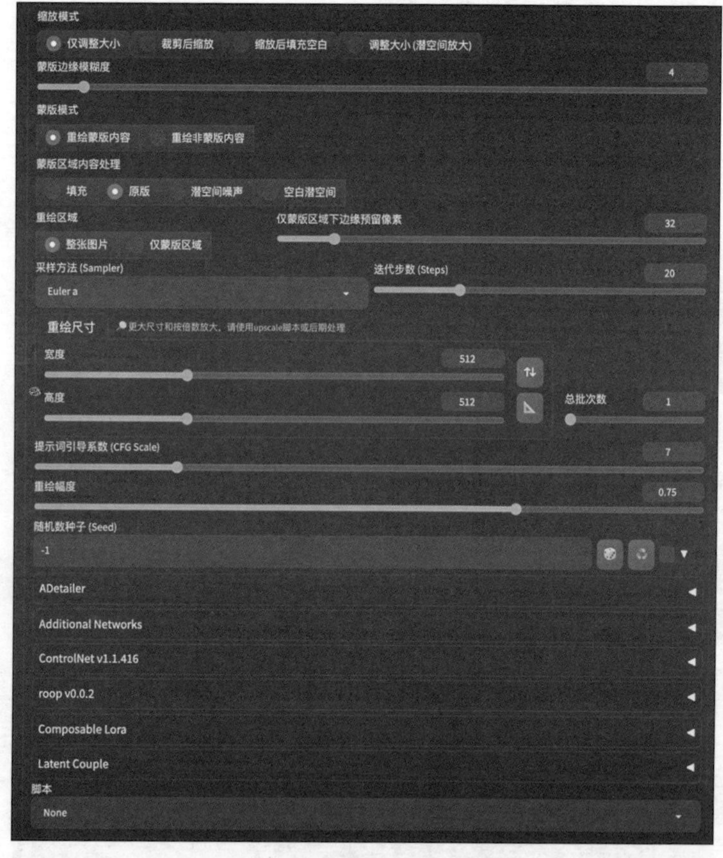

图 5-24　局部重绘模式下的参数

- **缩放模式：**包括仅调整大小、裁剪后缩放、缩放后填充空白、调整大小（潜空间放大）。当原图与要生成的图的宽和高不一致的时候需要选择缩放模式，一般选择用裁剪后缩放方式对图进行缩放，如果原图与生成图的宽和高一致，那么可以选择任意参数值。

- **蒙版边缘模糊度：**取值范围是 0 ～ 64。这个取值影响涂抹区域，随着取值的增大将从边缘向中间透明过渡，数值越小，边缘越锐利。选择一个合适的值会让图片看起来更真实。该参数值一般采用默认即可。
- **蒙版区域内容处理：**取值包括填充、原版、潜空间噪声、空白潜空间。这是一种预处理方式，其中填充是指使用蒙版边缘的颜色填充图片，颜色被高度模糊；原版是同原图一样不改变任何细节；潜空间噪声是使用噪点进行填充；而空白潜空间就是噪点值为 0 的状态。可以看到只有原版保留了原来的画面，所以一般选择原版即可。
- **仅蒙版区域下边缘预留像素：**其实就是蒙版的透明度，一般默认为 0，即不透明，因为透明度越高，AIGC 发挥的空间越小，当透明度大于 60 时，预处理就会失去作用。
- **蒙版模式：**包括重绘蒙版内容、重绘非蒙版内容，这很好理解，选择重绘蒙版内容就是只在蒙版区域重绘，选择重绘非蒙版内容则相反，一般默认使用重绘蒙版内容。
- **重绘区域：**包括整张图片、仅蒙版区域。整张图片重绘是指在原图大小的基础上绘制蒙版区域，优点是内容与原图融合得更好，缺点是细节不够；而仅蒙版区域重绘是指处理的时候将蒙版区域放大到原图的尺寸，画完之后再缩小到原图相应的位置，优点是细节足够，缺点是细节太多，与原图融合得不够好。

- **重绘幅度：**默认为0.75。该参数值越大表示重绘程度越高，融合越不好。建议选择默认值。

第7节　ControlNet的概念与应用

SD有两个特别重要的功能—— ControlNet和LoRA，两者结合能实现强大的功能。LoRA负责把事物提炼成模型，ControlNet负责控制模型。本节先来介绍ControlNet，下一节介绍LoRA。

ControlNet的作用是通过添加额外控制条件，来引导SD按照创作者的思路生成图片，从而提升图片生成的可控性和精度。

ControlNet对营销场景的意义很大。例如我们希望一个著名雕塑穿着某个服装款式，摆出我们希望的姿势。此时可以先让真人穿上衣服，摆一个指定的姿势拍一张照，然后导入SD，接着使用ControNet提取姿势，最后把雕塑的照片导入，就可以生成想要的图片了。

在使用ControlNet前，需要确保已经正确安装了ControlNet插件。ControlNet有不同的版本，更新的版本通过更好的数据训练获得了更优的性能，新增了更多预处理器。

ControlNet的使用方式非常灵活，既可以单模型使用，也可以多模型组合使用。ControlNet的功能比较复杂，如图5-25所示。

ControlNet的操作界面可以分为上、中、下三个部分。上面部分用于上传和展示图片，中间部分是控制类型选择区，包含Canny（硬边缘）、MLSD（直线）、Scribble（涂鸦）、深度、Normal（法线）、OpenPose（姿态）、Seg（语义分割）等多个选项，选择其中一个选项，下面部分的控制选项就会跟着变化。下面以一个实例来说明 ControlNet 的使用。

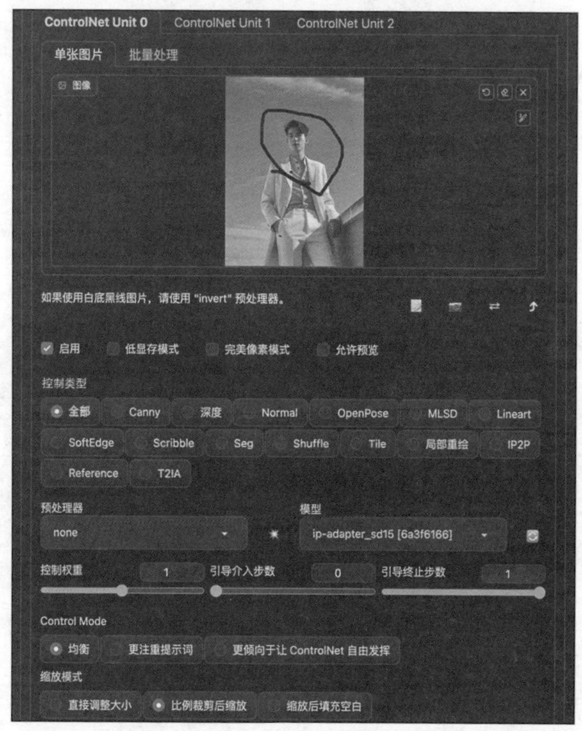

图 5-25　ControlNet 的界面（首次打开界面）

我的一张实拍照片如图 5-26 所示。

我想把插在兜里的右手垂下来，把头发改成金色，把白衬衣改成蓝 T 恤。这样的需求用基本的以图生图功能很难满足，可以用 ControlNet 中的 OpenPose 来实现。

在 SD 界面中打开 ControlNet 界面，将照片上传，在控制类型中选择 OpenPose（姿态），如图 5-27 所示。

图 5-26　作者照片

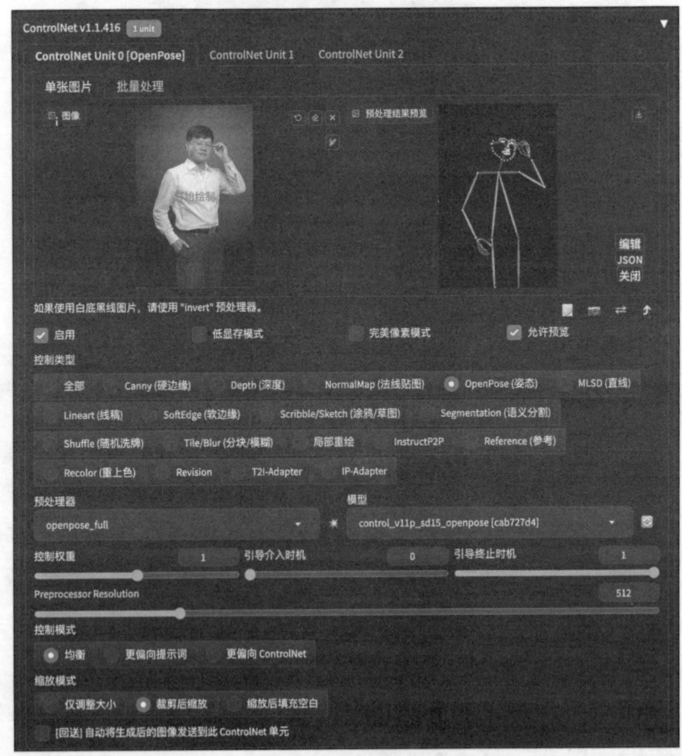

图 5-27　上传图片并选择 OpenPose（姿态）

因为画面中有身体、手、脸，所以在预处理器中选择 openpose_full，然后单击爆炸图标，界面右侧会出现一个火柴人图形，这就是 OpenPose 从左侧照片提取的人物姿态，包括了身体、手、脸。接下来单击火柴人，进入人物姿态编辑界面，如图 5-28 所示。

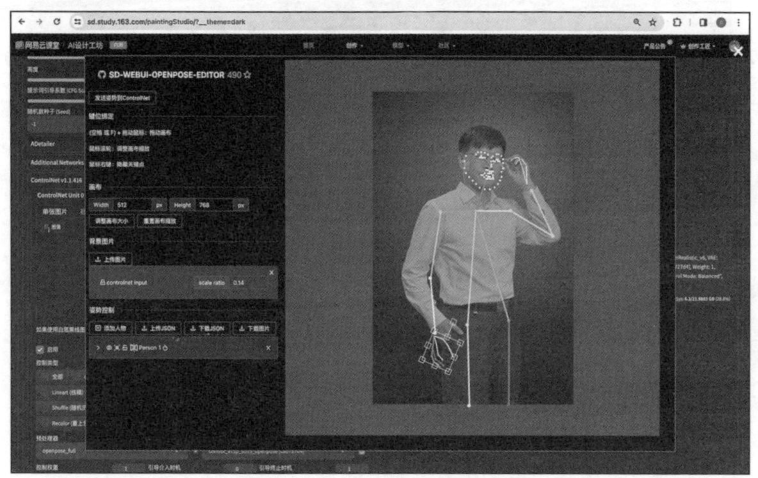

图 5-28 人物姿态编辑界面

在人物姿态编辑界面，选择相应节点并拖动，就可以改变人物姿态了，这就像摆弄模型一样简单。我们可以看到，通过拖动右手的节点和右肘的节点，可将人物的右手从衣兜里“拽”出来，整个右臂也变成了自然下垂的姿态。

人物姿态编辑完成后，不要忘了单击编辑器左上角的“发送姿势到 ControlNet”。最后回到主界面，选大模型，输入正面提示词和负面提示词，设置出图参数，生成图片，如图 5-29 所示。

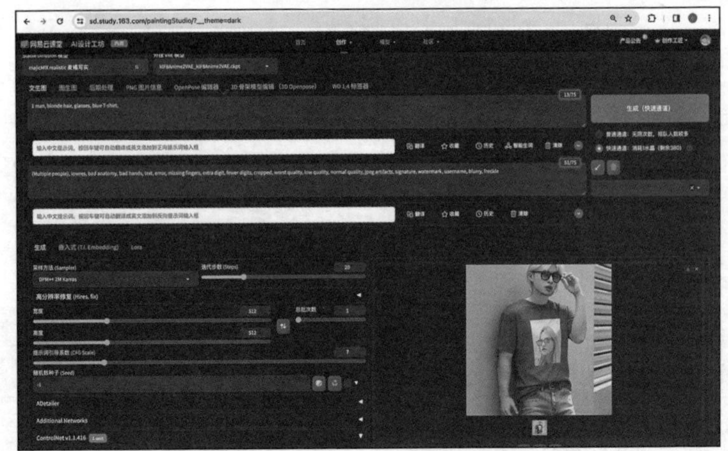

图 5-29　主界面的设置

在生成的图片的基础上，可通过对提示词的微调，或结合其他方法，改进效果直到满意为止。例如，可以通过“图生图”中的局部绘制来去除或调整人物的蓝色 T 恤上的图片。

通过上面的实例，我们初步了解了 ControlNet 的使用方法。

通过选用不同的 ControlNet 选项，可以实现多种不同的效果，例如：

- 通过 ControlNet 的 Scribble 选项可以提取涂鸦图（可提取参考涂鸦图或者手绘涂鸦图），再根据提示词和风格模型对提取的涂鸦图进行着色和风格化。
- 通过 ControlNet 的 MLSD 选项可以提取建筑的线条结构和几何形状，构建出建筑线框（可提取参考图线条或者手绘线条），再配合提示词和建筑 / 室内设计风格模型来生成想要的图片。通过这样的方式，可以快速将毛坯房变成精装房。

- 通过 ControlNet 的 Pix2Pix（ip2p）选项，可以对图片进行指令式变换。比如，空调厂家可以将城市夏天的街景快速改成下雪天的样子。

ControlNet 还支持组合使用多个选项，从而对图片进行多条件控制。这就相当于给演员做造型，化妆师、发型师、服装师可以轮番上阵。例如，我们希望同时改变图片中的人物姿态和背景，就可以设置两个 ControlNet 选项，通过 OpenPose 选项控制人物姿态，通过 Seg mentation 或 Depth 选项控制背景。还可以调整 ControlNet 各选项的权重，如让 OpenPose 选项的权重高于 Depth 选项的权重，以确保人物姿态被正确识别。

ControlNet 对于 SD 来说非常重要，它甚至是我们选择 SD 而不是其他图片类 AIGC 工具的重要原因之一。熟练应用 ControlNet，是高水平使用 SD 的重要标志。专业的图片工作者一定要掌握 ControlNet。

第 8 节　训练 LoRA 模型

顾名思义，LoRA 模型就是仅用少量的素材就可以训练的模型。在生成图片时，LoRA 模型与大模型结合使用，可实现对输出图片结果的调整。假如一张图片由背景和人物（涉及服饰、脸型、躯干、姿态等）组成，我们可以训练 LoRA 模型对这些组成要素进行微调，然后借助大模型生成我们自己想要的图片。

LoRA 模型在营销场景中的应用主要包括如下几个方面。

- **应用于产品**。典型代表是服装类产品，因为这类产品的外形会随着模特的动作而有很大变化，所以特别适合使用 LoRA 模型来实现。像电子产品之类具有固定形态的产品，一般不使用 LoRA 模型，这类产品使用 Photoshop 等软件更合适。
- **应用于专属虚拟模特、IP 形象**。专属虚拟模特在营销场景中是非常常见的，专属虚拟模特一旦通过 LoRA 模型训练好，使用成本会非常低。IP 形象根本没有实体，通过 LoRA 模型可以生成各种动作，从而大大提升 IP 形象的价值。
- **应用于图片风格**。典型代表有摄影风格、手绘风格等，也就是通过训练 LoRA 模型，生成我们想要的对应风格的图片。

LoRA 模型有两种获取方式：一种是**在模型市场选用其他人做好的**，这种方式的缺点是所获取的 LoRA 模型不一定能完全满足我们的需求，优点是省时省力；另一种是**企业训练自己的 LoRA 模型**，这样可以更方便地生成符合本企业需求的图片，能让自己的图片脱颖而出，但是需要一定的投入（包括时间成本和人力成本）。

企业要训练专属 LoRA 模型，先要确定 LoRA 模型的生成目标（比如生成某个人物、某种物品、某种画风等），之后就可以按下面的步骤来操作了：**素材集准备，环境训练，模型训练，模型测试**。

素材集准备

1. 准备素材集

素材集中素材的质量直接决定了模型的质量，好的素材集要满足以下要求：

- 不少于 15 张高质量图片，一般可以准备 20 ～ 50 张图片。
- 图片主体内容清晰可辨，特征明显，构图简单，无杂乱元素。
- 如果是人物照，其中一张要尽可能以脸部特写为主（多角度、多表情），再放几张全身像（不同姿势、不同服装）。
- 不存在或仅存在少量重复或相似度高的图片。

素材集准备完毕后，需要对其中的图片做进一步处理。

- 对于低像素的素材图，可以用 SD 的 Extra 功能进行高清处理。
- 对素材图的分辨率做统一化处理，注意分辨率要为 64 的倍数，显存低的可设置为 512×512 帧，显存高的可设置为 768×768 帧。

2. 图片预处理

这一步的关键是对训练素材进行打标签操作，目的是辅助 AIGC 学习。这里介绍两种打标签的方法。

- 把用于训练的素材文件夹路径填写到 SD 训练模块中的图片预处理选项的对应位置，勾选生成 DeepBooru，然后就能进行打标签操作了。
- 安装 tagger 标签器插件（网址：https://github.com/toriato/stable-diffusion-webui-wd14-tagger），进行打标签操作。

要想批量进行打标签操作，可以在输入目录的选项中填写处理好的图片目录，然后设置标签文件输出目录，阈值设置为 0.3（生成尽可能多的标签来描述图片内容），就可以自动批量进行打标签操作了。预处理生成的打标签文件需要进行优化处理。

环境训练

数据集准备完毕后，开始进行环境训练。训练一般有本地和云端两种。

- **本地训练：** 要求有较高端的 NVIDIA 显卡，训练可以用一键训练包或者安装 Stable Diffusion WebUI 训练插件（网址：https://github.com/liasece/sd-webui-train-tools）来完成。
- **云端训练：** 如在 AutoDL、Google Colab 等云平台上训练，推荐使用 kohya-ss 训练脚本。云端训练的好处在于不占用本地资源。

模型训练

环境训练完成后就可以开始训练 LoRA 模型了。这部分是自动完成的，所以这里就不过多介绍了。

模型测试

模型训练完成后，要对训练好的模型进行测试，选出最终要使用的模型。如果测试效果都不佳，那就需要重新调整，比如调整素材、环境参数等，调整完成后需要重新进行模型训练和测试，直到得到预期效果。

LoRA 模型的训练步骤和细节很多，限于篇幅就不详细展开了。如果自己训练遇到困难，可以寻求专业机构的帮助。

第 9 节　高效学习和应用 SD 的方法

以下是高效学习和应用 SD 的方法。

1）**实战驱动，任务驱动**。带着真实的任务和明确目标直接上手，尽快出图，发现问题通过看书、网上搜索来找到解决问题的方法。不要想着把 SD 的所有功能都学完了再出图。

2）**学习、借鉴他人作品**。网上有很多分享出来的优秀作品，我们要从欣赏者变成学习者，尝试着做具有类似效果的好图。有些创作者会直接分享自己的模型、提示词、设置参数，我们可以先直接拿过来用，在得到同品质的出图后，再根据自己的需求进行局部调整，直到做出满足需求的图。

更普遍的情况是，网上只能找到分享的作品，却没有提示词、设置参数等内容。这时就要用到 WD 标签器了，也就是进行反推。WD 标签器在 SD 界面模型选项下方的一行中，和最常用的“文生图”“图生图”选项在同一行。

如图 5-30 所示，按提示把需要学习的图片提交上去，然后单击“反推图像”按钮，右侧就会反推出提示词。仔细研究一下，就能理解为什么它能做出这样的效果。接下来就是用这些提示词去生成自己的图。

3）**充分利用 SD 模型市场**。SD 不是孤立的，它构建了一个生态，模型市场就是其中的重要组成部分。企业用户可以充分挖掘生态价值，获取众多的模型资源。以下是部分模型市场。

图 5-30　反推提示词

- C 站：https://civitai.com/。
- 吐司：可在线生图的 AIGC 模型分享社区。
- Pixai：https://pixai.art/。
- AIBooru：https://safe.aibooru.online/。
- AIGODLIKE：开源 AI 冒险社区。
- 哩布哩布 AI：中国领先的 AI 创作平台。

在不影响企业独特性、识别率的前提下，可以合理使用第三方模型。

|第 6 章| C H A P T E R

其他类 AIGC 工具及其使用功法

AIGC 非常强大，人类能生成的任何形式的内容，AI 都能生成。本章就来介绍除了文本、图片外，AIGC 生成其他内容的工具和功法。

第 1 节　视频类 AIGC 工具及其使用功法

生成视频的方式和工具

生成视频的方式有如下 3 个。

- 文本：给出文本指令，获得生成的视频，通常是较短的视频片段。
- 图片：给出一张图，让 AIGC 在静态图的基础上生成视频。
- 视频：在已有视频的基础上生成新的视频，可以做风格转换、视频延长等处理。

以上 3 种方式可以结合使用，比如通过图片 + 文本来生成视频。

视频生成工具有很多，这里仅以几个知名度较高的产品为例。视频生成工具的操作方式大同小异，掌握了其中一两种工具的使用方法，其他工具都能很快上手。

1. runway 的基本使用

runway 的官网是 https://runwayml.com，图 6-1 所示是 runway 的官网首页，首页的背景图就是 runway 生成的视频截图。

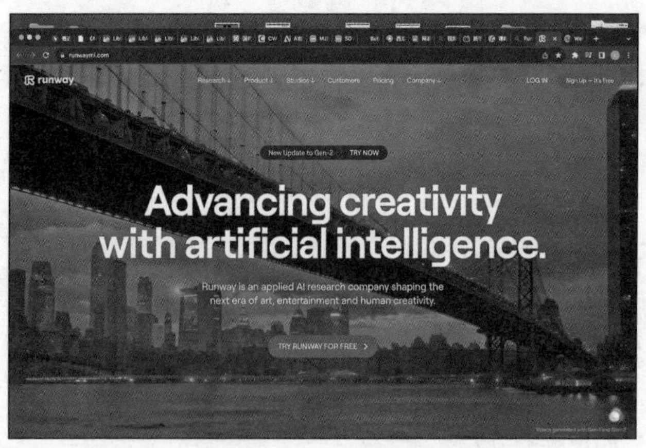

图 6-1 runway 官网首页

注册、登录 runway 后可以免费试用，但在分辨率、视频时长、水印方面有诸多限制，所以试用只能让我们初步了解这个产品。要想将 runway 用于企业场景，必须付费。图 6-2 所示是 runway 生成视频的操作窗口。

图 6-2　runway 生成视频的操作窗口

由图 6-2 可以看出，runway 生成视频有 3 种途径：文字、图片、图片 + 文字。有了图片工具的使用基础，我们可以快速上手生成视频。

提示词：a fox is running in the snowy forest

翻译：一只狐狸在白雪皑皑的森林里奔跑

图 6-3 所示是生成的视频截屏，画面相当逼真。

图 6-3　生成的狐狸视频截屏

2. Moonvalley 的基本使用

除了 runway，比较知名的视频生成工具还有 PIKA LABS 和 Moonvalley，这两个工具都和 Midjourney 一样需要在 Discord 平台上使用。这两个工具推出的时间都晚于 runway，成熟度也略低。本书完稿时这两个工具虽然都处于公测阶段，但是已经显现出过人之处，值得关注并尝试。图 6-4 所示是 Moonvalley 生成的多种类型的视频截屏。

图 6-4　Moonvalley 生成的多种类型的视频截屏

Moonvalley 能生成多种类型的视频风格，如实拍风格、动画风格等。

进入 Moonvalley 官网（https://Moonvalley.ai/），单击 Try the Beta 按钮，会跳到 Discord 的授权页面，按照提示往下进行就行。创建自己的服务器、频道，以及添加机器人等操作和 Midjourney 是一样的。

在命令框中输入 /create 指令，然后按回车键。按要求填写或选择图 6-5 所示的内容就可以生成相应的视频。

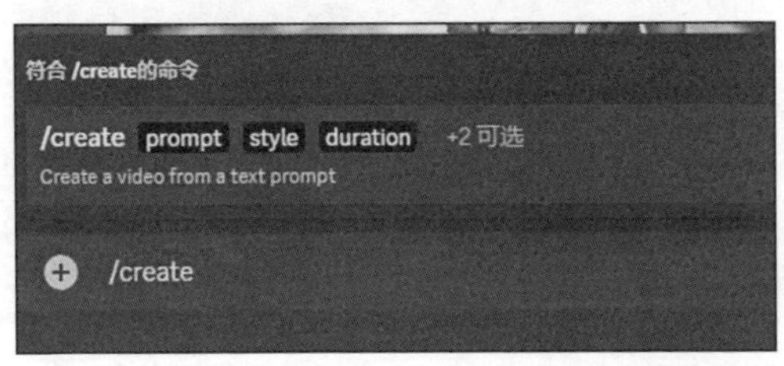

图 6-5 用 Moonvalley 生成视频要填写的内容

- prompt：提示词。就是对你想生成的视频的描述，需要使用英文。
- style：风格。有 5 种风格可选，即 Comic book（连环漫画）、Fantasy（幻想）、Anime/Manga（动漫 / 漫画）、Realism（现实主义）和 3D Animation（3D 动画）。
- duration：持续时间，视频播放的时长。有 3 种时长可供选择，即 Short（1 秒）、Medium（3 秒）和 Long（5 秒）。

除了以上的默认参数外，还可以添加负面提示词（negative）和种子（seed）。

- negative：负面提示词，和 SD 中的一样，就是不希望出现在视频中的事物。
- seed：相同的提示词和风格生成的视频也会不一样。如果使用相同的 seed 值，那就可以保持视频的一致性。

PIKA LABS 的使用与上述方法类似，这里就不再重复了。

3. pika 的基本使用

和 Midjourney 一样，pika 也要在 Discord 平台上使用。

首先登录 https://discord.com/invite/pika，加入 pika。随后使

用 /create 命令来添加图片和提示词，添加完毕之后按回车键即可生成相应的视频。

可以通过输入丰富的提示词来充分发挥 pika 的创造能力。

生成视频的文本提示词功法

虽然生成视频有 3 种方式，但是在实际工作中最重要的还是文本生成视频的方式，所以本节介绍文本提示词功法。

生成视频的文本提示词功法可以简单概括为“图片工具的功法 + 运动词”，如图 6-6 所示。

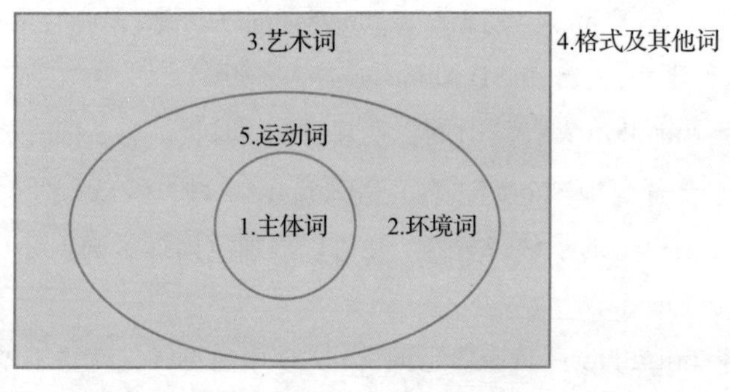

图 6-6 “图片工具的功法 + 运动词”示意

我们发现，生成视频的文本提示词功法包含 5 个部分，其中前 4 个部分与生成图片的功法是相同的，第五部分是新增加的一种词——运动词。这部分对视频特别重要，因为视频是动态的。

如果没有非常明确的运动词，那么 AIGC 会根据自己的理解让画面动起来，但很可能与人的想法和需求不一样，所以一般都要主动给出运动词，例如 running（奔跑）、dancing（跳舞）等。

运动词可以细分为 3 种：

- **描述主体运动的运动词**，例如狐狸的奔跑、女孩的跳舞。
- **描述环境的运动词**，例如天空下雪、大海波涛汹涌。
- **描述摄像机的运动词**，例如推、拉、摇、移。注意，这里的摄像机是虚拟的。

前两种运动词可以直接写在提示词中。与静态图片的功法类似，提示词描述得越清楚，越有利于 AIGC 准确生成视频。描述摄像机的运动词，除了可以写在提示词中，还可以在工具中直接设置。

继续上文利用 runway 生成狐狸奔跑的视频的案例，我们在 runway 界面中单击 IMAGE+DESCRIPTION 选项卡，切换成图片 + 文本的生成方式。在界面中上传照片，本例上传了我本人在公园拍摄的一张刺猬照片。

> 提示词：a hedgehog is running
> 翻译：一只奔跑的刺猬

在 runway 界面中可以找到一个专用于设置摄像机运动的选项，如图 6-7 所示，在输入框底部有一个 Camera Motion 选项，打开这个选项可以看到多个摄像机运动设置项。本例中的设置是：摄像机向右横向移动，同时变焦拉远，运动速度为 5.0。设置好之后单击生成按钮，我们会发现不仅刺猬在跑，相应的镜头也在变化。

前面介绍的图片生成工具可以和本章的视频生成工具配合使用。我们可以根据整体规划，先用图片工具生成多张图片，然后在视频工具中以图片或者图片 + 文本的方式生成多段视频。

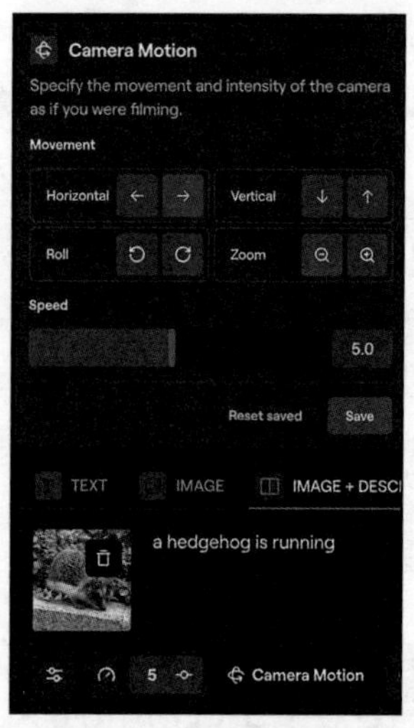

图 6-7 具体设置

视频生成工具比较适合生成较短的视频片段，太长容易失控。我们可以将生成的多个片段导入视频剪辑工具进行拼接或其他处理，最终加工成我们需要的视频。

实拍视频转 CG 动画工具

除了前面讲过的视频生成工具，还有一类工具是基于已有的视频进行风格转换的，例如 wonder studio（官网：https://wonderdynamics.com/）。通过这些工具，可以让视频的内容、长度不变，但是画面风格发生很大变化。

下面以将视频中的人物替换成 CG 角色为例。以往要在视频中实现这个效果，需要非常昂贵的设备，例如动作捕捉器。几乎只有大制作的院线电影才会这么做，企业营销，尤其是中小微企业的营销根本用不起。但是有了 AIGC，不再需要昂贵的设备和复杂的流程，一个工具就可以实现类似的效果，如图 6-8 所示。

图 6-8　将视频人物替换为 CG 角色的示例

在营销场景中，使用这样的视频，会产生很大的作用。比如，我们营销团队中的一个员工曾结合某个营销热点实拍了一段搞笑短视频，然后利用这个工具把视频中的自己替换成卡通形象，取得了非常好的营销效果。

视频素材采集、组装类生成工具

很多视频生成类工具只能生成几秒的视频片段，而有些视频生成类工具可以直接生成长达几分钟甚至几十分钟的视频，例如 Pictory。你只需要输入文字，它就会帮你创作脚本，自动匹配素材。其中，很多素材是从素材库提取出来的，不一定是 AI 生成的。这类产品的目标是直接为你生成最终视频，而不是为最终视频提供几秒的素材。

Pictory 是一个很棒的免费视频生成工具，它提供了一组强大的视频处理功能。

- 根据脚本生成视频。

- 通过 URL 将博客文章转换为视频。
- 基于文字编辑视频。
- 创建视频集锦。
- 为视频添加自动字幕。
- 将视频转换为文本。
- 基于长视频创建视频摘要。

除了 Pictory，类似的视频生成工具还有 FlexClip、Elai、InVideo、剪映等。

单击剪映专业版首页顶部“开始创作”按钮之下的“图文成片”按钮，就可以启用生成完整视频的功能，如图 6-9 所示。

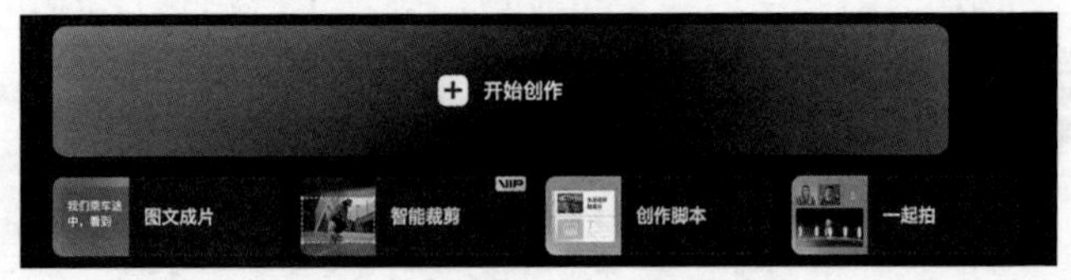

图 6-9　用剪映生成视频的界面

视频类 AIGC 工具众多，企业可以在实测之后根据需要选用。

第 2 节　数字人工具及其使用功法

数字人也可以用于生成视频，但它和上一节讲的视频工具不同。数字人是以真人为基础，依据采集的信息构建的模型。它可以代替真人出镜，生成视频或进行直播。一些带货直播间里不知疲倦的主播，其实是数字人。相比真人主播，数字人更便宜，也不用担心主播有了人气会跳槽。

数字人及其应用场景

数字人的主要应用场景是生成视频和进行直播。有些企业用一个数字人产品覆盖这两个场景，有些企业则针对这两个场景分别推出了不同的数字人产品。

数字人虽然不是真人，但给用户的感知却是真人。早期由于技术不成熟，视频和直播中的数字人显得比较假，用户看久了就会厌烦。随着技术的进步，现在头部企业的数字人对普通消费者而言已经达到了真假难辨的地步。

数字人在营销中具有很高的应用价值。我们来看一个例子：某跨境电商企业需要面向国外市场直播带货。直播场景搭建的成本不算高，但请带货主播的成本非常高，尤其是国外主播，因为国外多数地方的人力成本都比较高。而且国外市场并不是都用英语，如果要开拓更广阔的市场，需要聘请多个主播。在这样的场景中，若是用真人，成本高，管理难，留人也难，数字人的价值就充分体现出来了。所以该企业训练了自己的数字人，一份直播脚本翻译成多种语言，驱动多个数字人进行直播。该企业最终以很低的成本在多个语言区域实现了业务的高增长。

当前有几十家企业可以提供数字人生成平台，包括百度、科大讯飞、硅基智能、风平智能、小冰、闪剪、元分身等。下面选择几家进行简单介绍。

- **硅基智能：**硅基智能针对短视频和直播场景分别推出了独立的数字人产品。其中短视频数字人产品叫“硅语”，直播数字人产品叫“小播秀”。用户在定制硅基智能的数字人产品时，即便使用的是同一套数字人形象，如果要分别用于短视频和直播平台，也必须分别购买。

- **风平智能**：风平智能的数字人产品叫“风平 IP 智造”，以计算机客户端的形式提供。风平智能的数字人产品可以同时用于短视频和直播两大场景。风平 IP 智造主要面向各类企业、机构、电商、主播和专业内容生产者群体，核心竞争力在于全套的 AI 能力，包括 AI 创作与 AI 交互。
- **小冰**：小冰脱胎于微软公司，其核心技术和团队源于微软亚洲互联网工程院。为加快小冰产品线的本土创新步伐，2020 年小冰从微软拆分出来，作为独立的公司运营，并很快成长为 AI 行业的独角兽企业。
- **闪剪**：闪剪算是数字人市场的后起之秀。闪剪针对短视频和直播两大场景推出了两款独立的产品，面向短视频的数字人产品叫“闪剪”，面向直播的数字人产品叫“闪剪智播”，两款产品均有自己独立的官网。闪剪的两款数字人产品都比较轻量化，对 C 端或者临时有需要的用户更友好，会员可以按月来购买，“闪剪”甚至支持按使用次数来购买。

数字人的训练和使用

要想使用数字人来生成视频或做直播，先要从数字人企业购买服务。一般数字人企业都会提供共用的数字人，但大多数用户需要用自己专属的数字人，这就要提供素材来进行模型训练了，只有训练好的数字人才能正常使用。

图 6-10 所示为小冰数字人训练和使用的整体流程。其他的数字人产品与此大同小异，所以不再展开。

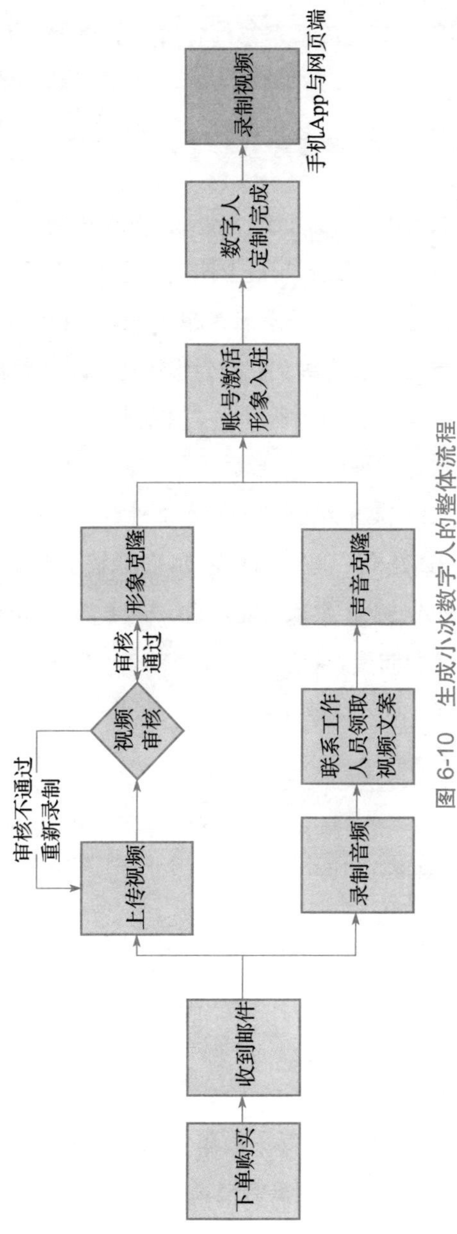

图 6-10　生成小冰数字人的整体流程

第 3 节　生成 3D 模型、CG 动画的工具

生成 3D 模型的工具——CSM

通过 CSM，用户只需上传一张 2D 图片即可获得对应的 3D 模型。CSM 可以在 Discord 频道上使用，也可在官网 https://www.csm.ai/ 上体验。使用邮箱登录后，单击 Image to 3D 按钮，上传本地图片，再单击生成按钮，训练会很快完成，之后就能看到 3D 模型效果了。推荐上传白色背景且立体感较强的图片，这样模型的生成速度更快、效果更好。最后，单击右上角的 download 按钮可下载保存 GLB 或 USDZ 格式的模型文件。

利用各种 3D 建模工具生成的模型，如果需要转成特定的格式，可以通过在线格式转换工具来实现，例如 https://3dconvert.nsdt.cloud/。

生成 3D 模型的工具还有 3DFY、Meshy、LeiaPix（将 2D 图片转为 3D 图片）等，这些工具虽然比较小众，但都有其独特价值，大家可以在适当的场景中使用。

根据角色图片生成动画的工具——Sketch

Sketch 的官网是 https://sketch.metademolab.com/。使用 Sketch，用户需要先上传一个角色图片，然后指定关节，角色就能动起来了。Sketch 支持大幅度动作，也支持精确控制。Sketch 使用演示如图 6-11 所示。

Sketch 可以让品牌 IP 形象做出一系列动作，生成的动画可以用于表情包、短视频等诸多营销场景。

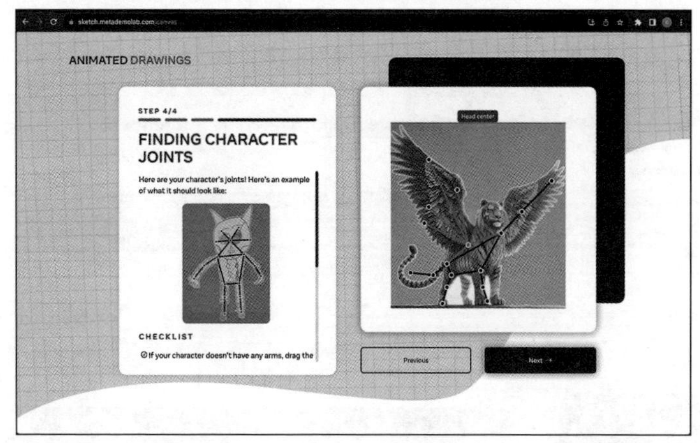

图 6-11　Sketch 使用演示

第 4 节　音频类 AIGC 工具及其使用功法

音频在营销场景中的用途很多，例如宣传视频、产品使用教程的配音和背景音，还有有声商标、企业个性化声音（比如 Intel 的开机音）等。

我们可以利用 AIGC 生成企业专属的音频，这样可以增加企业的辨识度。以往生成这类内容花费不菲，几乎只有大企业才有实力去做。现在有了 AIGC 工具，中小微企业都可以尝试了。

下面以 Mubert 为例来讲解音频类 AIGC 工具的基本使用方法：上传曲谱→ AIGC 进行风格分类→用户输入文本→ AIGC 组曲→生成个性化音频。即便输入相同的提示文本，生成完全相同音频的可能性也比较小。这和前面介绍的文本、图片类 AIGC 工具是一样的。

图 6-12 所示是 Mubert 官网的操作界面。

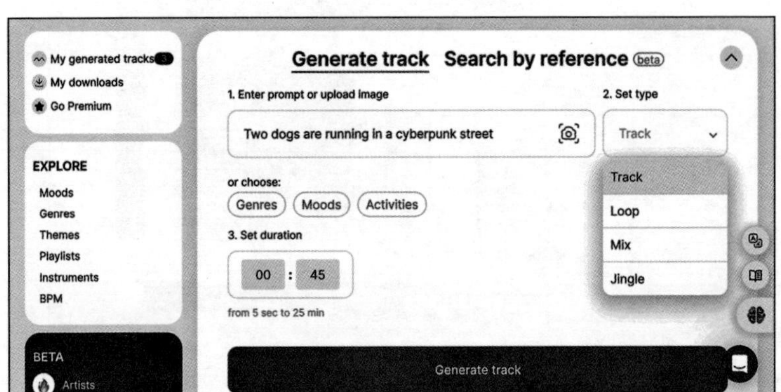

图 6-12　Mubert 官网的操作界面

可以通过文本、图片两种形式生成音频。这里选择文本形式，操作步骤如下。

1）输入提示词。

> 提示词：Two dogs are running in a Cyberpunk street
>
> 翻译：两只狗奔跑在赛博朋克风格的街道上

2）在图 6-12 所示界面中的 Set type 处选择生成的音频类型，有 4 个选项：Track 是常规音轨，用途最广泛；Loop 是首尾衔接的循环播放的音频；Mix 与 Track 相比，节奏更连贯、更简单，没有太多变化；Jingle 是短小但完整的曲目，例如广告音乐。

3）选择生成的时长。

4）单击 Generate track 按钮生成音频。

5）试听生成的音频，如果不满意可以继续生成。

6）将生成的音频下载到本地以供使用。每个音频都有对应的下载图标（见图 6-13 所示的每行倒数第二个图标），单击即可将生成的音频下载到本地。

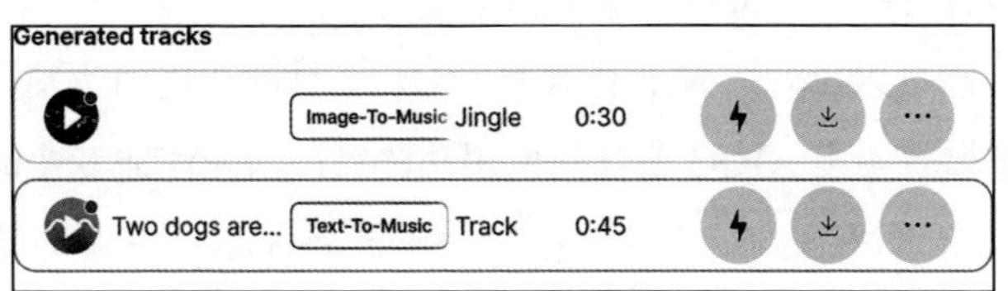

图 6-13　下载音频

除了用文本生成音乐，Mubert 还支持用图片生成音乐——上传图片和视频截图，让 Mubert 生成匹配的音频。第 1 步需要单击输入框右侧的照相机图标，然后在弹出的窗口中上传图片并单击 Continue 按钮，如图 6-14 所示。之后步骤与用文本生成音频的第 2 ~ 6 步一样，这里就不重复了。

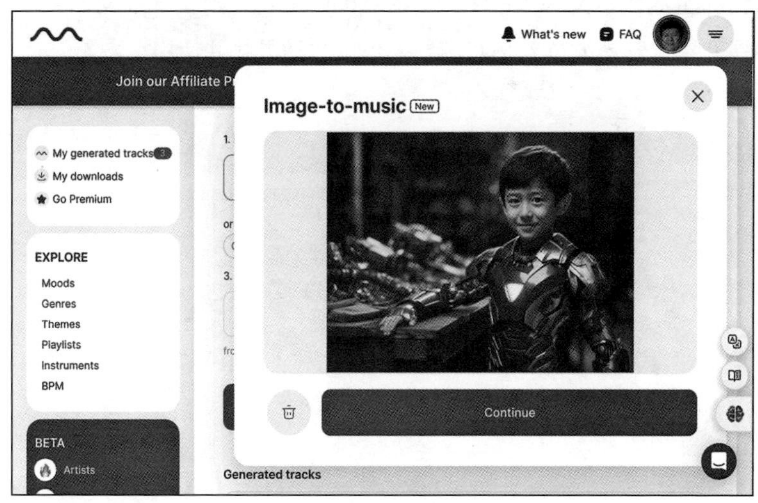

图 6-14　上传图片

第 1 ～ 5 步可以不注册直接试用，但要下载生成的作品则必须注册。如果不付费，生成的音频中会嵌入“Mubert”的音频水印，要想去除需要付费。

我们可以看到，有了文本类 AIGC 工具的使用功法基础，很容易掌握音频类 AIGC 工具的使用功法。广大非作曲专业的营销人员完全可以把类似工具用起来，不需要大家有专业的乐理知识，只要有一定的音乐鉴赏力就可以了。不满意可以一直生成，充分发挥 AIGC 的无穷创造力，直到得到满意的音频。建议结合自己的行业特点、品牌调性，生成标志性的音频，这样的音频在短视频、官网、广告中都可以使用。

除了我们刚刚介绍的 Mubert，还有很多音频类 AIGC 工具，例如 Amper Music、AIVA、Ecrett Music、Soundraw、Boomy、MuseNet。

除了以上类型的 AIGC 工具，还有其他类型的 AIGC 工具，例如生成演示文件（PPT 等）的 AIGC 工具，限于篇幅我们就不展开了，营销人员若是有需要，可以主动寻找并使用。

中　篇

AIGC 在营销全域、全链路的实操

通过对上篇的学习，我们已经对AIGC的常用工具有了系统理解，而且也会使用相应工具生成所需的各种形式的内容。中篇将利用这些工具，在营销全域、全链路中进行实战。

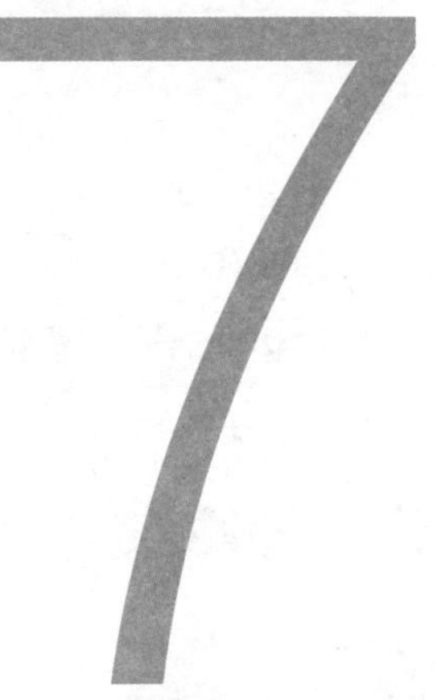

|第 7 章| C H A P T E R

营销全域、全链路中 AIGC 的重大作用

这里首先明确什么是营销全域、全链路。全域是指公域 + 私域。典型的营销工作全链路如下：

1）进行数据分析，实现营销洞察。

2）制订营销策略。

3）制订具体的营销工作计划。

4）实现营销计划。

5）根据数据反馈分析问题，实现迭代。

第 1 节　数字化环境塑造的营销全域、全链路

随着用户的迁移，线上渠道的重要性日益增强。营销离不开所处的时代背景，每个时代的营销都有其独特性。当今已经是高度数字化的时代，营销场景高度线上化已经成为无可争议的现象，如图 7-1 所示。

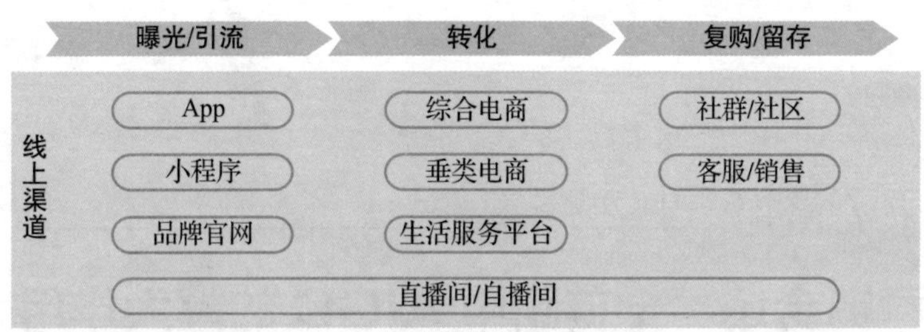

图 7-1　典型营销渠道中的线上渠道情况

虽然营销的主渠道正在向线上迁移，但是对于很多传统企业来说线下渠道依然非常重要。例如，需要现场提供服务的行业，最典型的就是餐饮。对这类企业而言，线下门店选址、团队建设、门店运营都非常重要。那么，这是不是意味着对于这类企业来说，线上渠道就没那么重要了呢？不是！即便企业高度依赖线下，成交在线下，交付在线下，线上营销的重要性依然不可忽视，那些尝试线上营销的企业会获得更多资源，会在最终的竞争中获胜。

相比线下，线上营销场景有其特殊性。

1）**线下营销通常有很强的地理围栏保护**。简单来说，由于地理位置的限制，只有很少一部分顾客可以接触、了解并最终与商家成交。相应地，竞争也只发生在很小的地理范围内。所以线

下营销和线下商业竞争其实是很有限的。举个简单例子，一个区域有一家湘菜馆，这家小微企业并不是和全城的餐馆竞争，只是和附近几条街有限的几家湘菜馆竞争，即便再扩大一点也只是和附近几条街价位相近的十几家餐馆竞争。只要菜品和价格差距不是很大，就可以生存。

但一旦到了线上，除了那些只提供现场服务的本地生活类企业，其他企业的地理围栏会被拆除。这就从根本上决定了线上营销的整体难度比线下大，也就要求企业具有更强的营销能力。但现实是，在当下这个数字化、智能化时代，大多数企业的营销能力并没有明显提升，所以企业普遍感觉现在营销太难做了，获客成本太高了！

2）线上营销平台高度集中。我国新媒体平台用户规模持续攀升，全网渗透率接近 90%。QuestMobile 数据显示，2023 年 9 月，五大新媒体平台去重活跃用户规模达到 10.88 亿，全网渗透率达 88.9%，如图 7-2 所示。也就是说，我国能上网的人，90% 都会使用这五大内容平台，这里还不包括被定位成社交平台的微信。

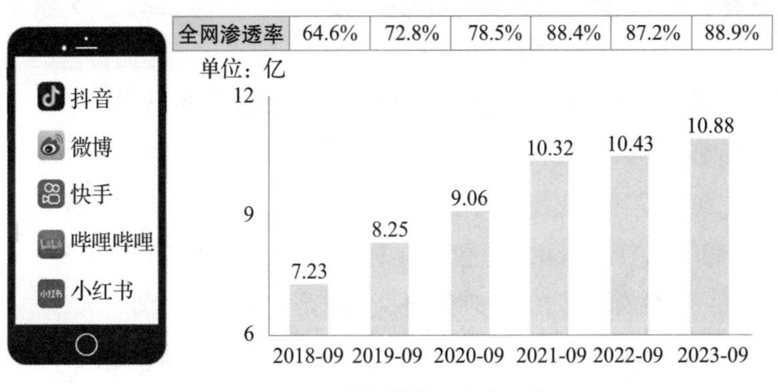

图 7-2　五大新媒体平台渗透率

图 7-3 所示是用户使用五大内容平台的单日时长（每天消耗在这些平台上的时间）。

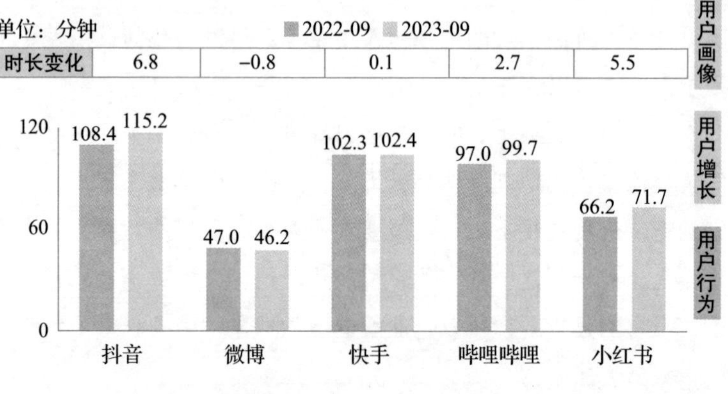

图 7-3　用户使用五大内容平台的单日时长

以上数据基本上勾勒出了当今的营销环境。营销线上化是大趋势，而线上用户的大部分时间花在了少数几个内容平台上，这就导致线上营销中内容变得特别重要。

营销环境的变迁与营销理论的进化

每一个时代都有自己的营销理论。传统营销时代产生了 4P、4C、4R 等多个营销理论，如图 7-4 所示。

我们看到，在传统营销理论中，内容的地位并不高。例如在 4P 理论中，Promotion 下包含有 PR（公众关系），而内容是比 PR 更低一级的存在。在 4C 理论中，内容是“沟通”中的一部分。

这些传统营销理论都曾经对营销实战发挥了很大的指导作用。但进入数字化时代，它们不再适用，因此新的营销理论出现了。下面介绍几种有较大影响力的新营销理论。

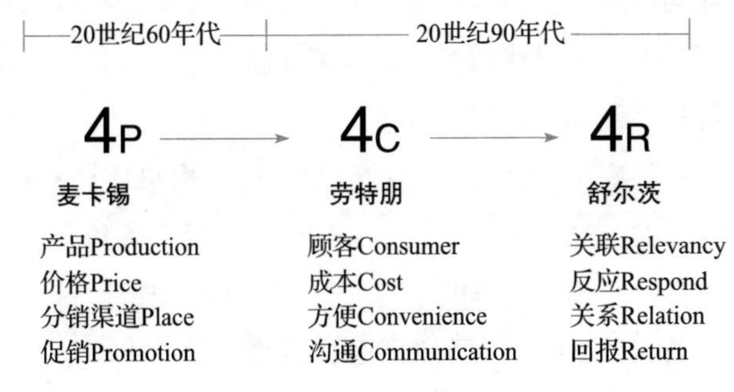

图 7-4　4P、4C、4R 示意

新 4C 法则

唐兴通在《引爆社群：移动互联网时代的新 4C 法则》中给出了新 4C 法则，如图 7-5 所示。

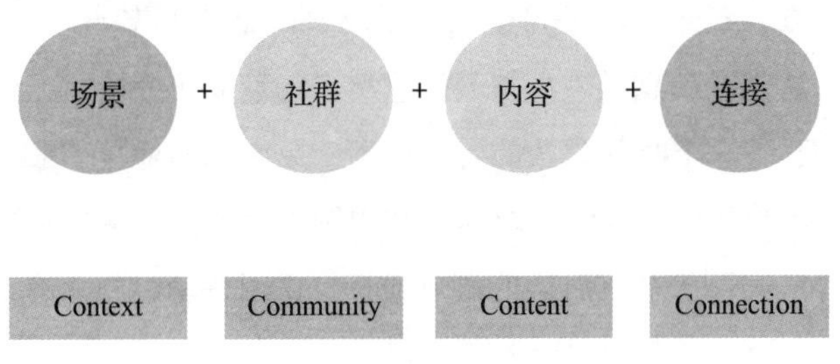

图 7-5　新 4C 法则示意

所谓新 4C 法则，就是在适合的场景（Context）下，针对特定的社群（Community），让有传播力的内容（Content）沿着人与人连接（Connection）的路径快速扩散与传播，最终获得有效的商业传播及价值。

- 场景：产品和服务都必须基于用户的使用场景来设计，企业间的竞争从信息入口之争转向场景之争。场景正在重构移动互联网时代的产品、营销及商业模式，我们正在进入场景感知的人工智能时代。
- 社群：在未来商业中，社群是企业与用户连接的新形态，企业必须从顾客、用户、合作伙伴、员工等角度构建自己的社群，理解社群的结构、行为、传播规律。
- 内容：未来每一家企业都是内容型企业，内容是企业与用户发生关系的抓手，如何生产出能引起受众共鸣和自发传播的内容，是衡量企业实力的一个重要标准。好的内容不只关注内容的受众和内容本身，还关注内容的场景，从二维上升至三维。
- 连接：引爆社群就是通过人与人的连接，快速引爆特定社群。通过对社群网络结构的分析，撬动社会网络的中心节点，赋予中心节点传播的动力，降低中心节点接受门槛，从而让信息随着人与人的连接进行裂变传播。

社群是这个时代公认的商业形态，原来的商业逻辑和方法被颠覆，新的基于社群的商业体系和规则亟待建构。唐兴通提出的“新 4C 法则”为社群时代的商业践行提供了一套科学、有效、闭环的方法论。在这个理论中，内容的地位非常高。

Inbound 营销方法论

Inbound 营销又称内拉式营销、吸引式营销、集客式营销，是一种通过与目标受众的需求保持一致来吸引忠实客户的营销方法。通过有价值的内容，创造量身定制的营销体验是 Inbound 营销策略的核心。Inbound 营销可以帮助企业推动客户参与，实现客户增长。

Inbound 营销也是随着营销环境的重大变化而兴起的，比传统营销更加适应当今的环境。

Inbound 营销专注于吸引客户，而不是强行打扰他们，重点是构建可以产生积极影响的良好体验。图 7-6 所示是 Inbound 营销实战方法论，从左到右分为吸引、转化、成交、热爱 4 个阶段。中间是用户的身份转化：从陌生人开始，逐渐转化成为访问者、销售线索、顾客、推广者。底部是每个阶段对应的典型营销载体和关键营销行为。很明显，内容创作是其中非常重要的工作。

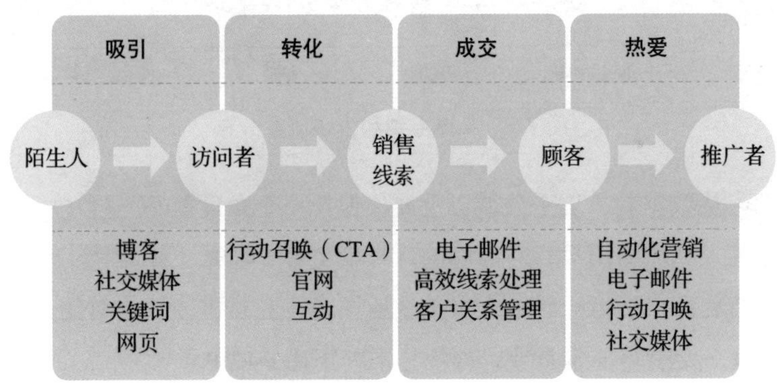

图 7-6　Inbound 营销实战方法论

线上营销的公域和私域

其实私域营销在线下同样存在，只是线上营销强化了公域、私域的概念。营销的全域已经明显分为公域和私域两个部分。很多企业到现在还在用上一个时代明显偏重公域的营销方式，营销效果自然是越来越差。

图 7-7 所示是 2023 年 8 月统计的几个具有代表性的企业的私域流量和公域流量分布。

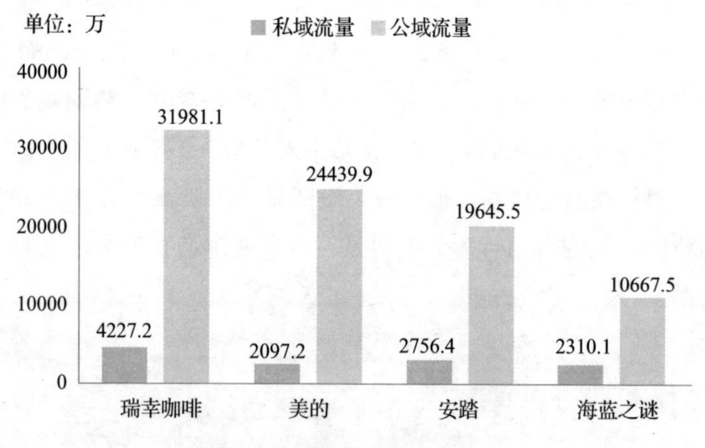

图 7-7　私域流量和公域流量分布

从数据看，似乎公域更重要，但换一个角度就不一样了：已经进入私域的用户，对品牌的认可度更好，联系更加紧密，单位价值更高。所以，对绝大多数企业而言，一旦进入线上营销，私域就一定变得非常重要，即便它不一定比公域更重要。

线上公域可细分为如下几类。

- **电商平台**：淘宝、京东、拼多多等。
- **社交平台**：微信、Facebook 等。
- **内容平台**：抖音、快手、B 站、微博、小红书等。
- **垂直平台**：大众点评、懂车帝等。

- **搜索引擎**：百度、搜狗等。

公域的优劣势都很明显。公域的优势是，它从源头上掌握着几乎全部的流量，通过公域可以实现品牌的快速曝光和人群的广泛触达。企业要想打造品牌和快速吸粉，公域是很好的选择。公域的劣势是获客成本很高，因为当前公域流量高度集中在少数几个大平台。

所谓私域流量就是企业或品牌自有的，可以反复利用，随时触达，能开展个性化运营的流量。相较于公域流量，私域流量的显著优势是获客成本低，更便于提升品牌形象，可以积累自己的客户资源，可以自己掌握用户数据，可以大幅增加客户黏性。借助私域生态，企业可以结合运营手段、用户数据（精准分析用户行为）实现精细化营销。

公域、私域并不是分割的，而是彼此打通的，而且可以循环互利，如图 7-8 所示。

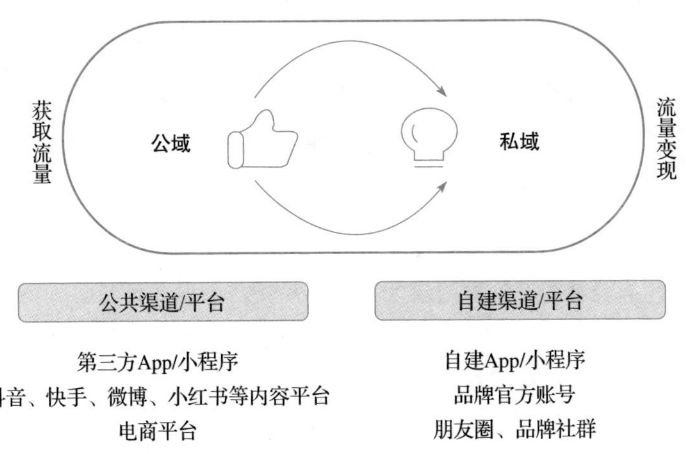

图 7-8　私域流量和公域流量的关系

全域双漏斗营销模型

数字化深刻改变了营销环境，为了适应新的营销环境，需要新的营销模型，否则就会被淘汰。我根据自己的企业运营实战及企业咨询经验，提出了“全域双漏斗营销模型”，如图 7-9 所示。

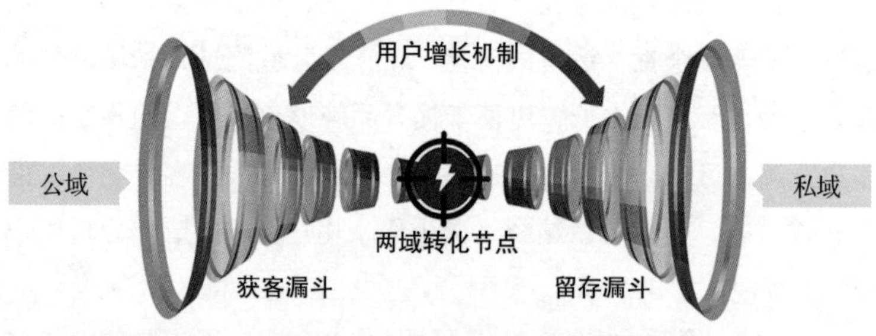

图 7-9　全域双漏斗营销模型

这个双漏斗模型主要由 4 个部分构成。

- **获客漏斗**：这个漏斗用于从公域获得新的流量。
- **两域转化节点**：这个节点可以根据企业和业务特点进行灵活界定，比如可以是第一次成交行为，也可以是其他关键行为（例如主动添加了企业微信）。
- **留存漏斗**：这个漏斗对应企业的私域流量，漏斗从小到大表示客户价值的放大，而不是用户数量的增长。
- **用户增长机制**：公域用户可以转入私域，私域用户可以带动更多的公域用户，公域和私域可以互动。

与以往的营销模型相比，全域双漏斗营销模型有以下改进之处。

- **在私域率先提出“留存漏斗”的概念。**传统营销时代，企业界普遍重视公域的获客漏斗，忽视私域的留存漏斗。后来随着营销进入数字化时代，私域开始受到重视，全域双漏斗营销模型提出留存漏斗的概念，正是顺应了这种变化。
- **将公域、私域的连接点从片面的“首次成交”，扩展为更广泛的“两域转化节点”。**因为行业的差异，两域连接点并不适合定义为“首次成交”。对于很多高价产品、非标产品来说，用户很可能是从公域进入私域，先与企业建立更紧密的联系，然后才实现第一次成交。如果片面地以首次成交为界，很容易忽视私域营销。
- **将用户增长机制扩展到两域。**以往的营销模型明显偏重于公域的用户增长机制，最典型的就是拼多多使用的帮砍价。而全域双漏斗模型将用户增长机制扩展到两域，这有两层含义：第一层，公域、私域的漏斗都存在各自的用户增长机制；第二层，存在跨越公域、私域的用户增长机制。如果设计得好，不仅私域用户可以促进公域用户增长，而且公域用户也可以促进私域用户增长。

数字化时代的营销全链路

数字化时代的典型营销全链路如图 7-10 所示。

营销全链路是跨越公域和私域的。全链路中，只要出现一个薄弱环节，整个营销链路就变得脆弱了。全链路营销时代，不允许有明显的薄弱环节。

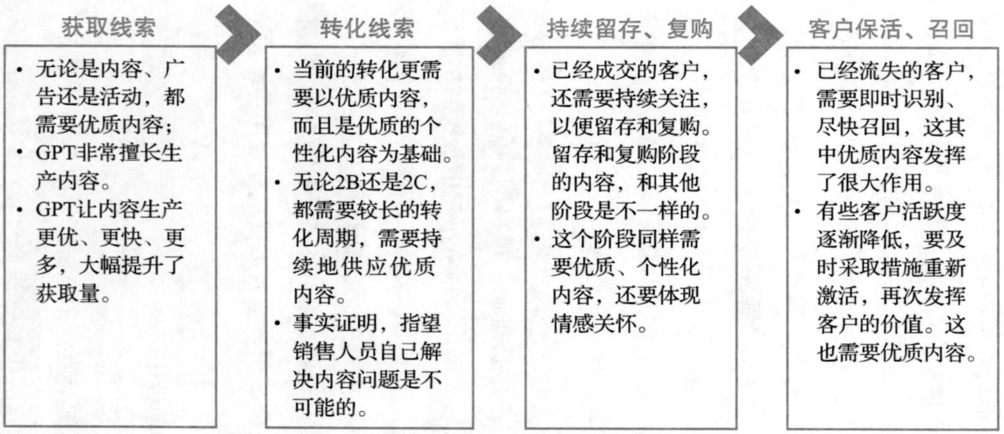

获取线索

- 无论是内容、广告还是活动，都需要优质内容；
- GPT非常擅长生产内容。
- GPT让内容生产更优、更快、更多，大幅提升了获取量。

转化线索

- 当前的转化更需要以优质内容，而且是优质的个性化内容为基础。
- 无论2B还是2C，都需要较长的转化周期，需要持续地供应优质内容。
- 事实证明，指望销售人员自己解决内容问题是不可能的。

持续留存、复购

- 已经成交的客户，还需要持续关注，以便留存和复购。留存和复购阶段的内容，和其他阶段是不一样的。
- 这个阶段同样需要优质、个性化内容，还要体现情感关怀。

客户保活、召回

- 已经流失的客户，需要即时识别、尽快召回，这其中优质内容发挥了很大作用。
- 有些客户活跃度逐渐降低，要及时采取措施重新激活，再次发挥客户的价值。这也需要优质内容。

图 7-10　数字化时代的典型营销全链路

第 2 节　营销全域、全链路中内容的地位

经过上一节的分析，我们基本厘清了当今营销环境中营销全域、全链路的基本情况。我们发现：

- 一旦营销场景到了线上，内容的重要性就有了明显提升。
- 无论是公域营销还是私域营销，内容都是基础与核心，而且不同域的内容不能简单复用，需要具备一定的专属性。内容的好坏，从根本上决定了营销全域的好坏。
- 内容发布平台，除了企业官网、App 等自有渠道，高度集中在少数几个超级大平台上。每个平台的用户画像、内容形式、内容环境都不同，要想在这些平台上吸引足够多的用户，内容成了核心竞争力。

由此可见，内容在营销中的地位越来越重要，营销的全域、全链路都需要好内容。下面从理论和实战两个方面来讲述。

内容营销理论

传统营销时代也需要内容，但是没有那么重要。在当前的营销环境下，内容在营销中的地位达到了前所未有的高度。在前面讲的几个新营销理论中，内容的地位都非常重要，明显高于内容在传统营销理论中的地位。而内容营销概念的提出，更是直接将内容提升到营销的核心位置。

早在互联网进入商用不久的 2001 年，内容营销之父乔·普利兹就提出内容营销这一概念。2007 年，乔·普利兹创立内容营销协会（CMI）后，内容营销这一概念开始在营销界流行起来。

CMI 认为：内容营销是一种通过生产并发布有价值的、与目标人群有关联的、持续性的内容来吸引目标人群，改变或强化目标人群的行为，以产生商业转化为目的的营销方式。

我们来看 CMI 发布的 2023 年 2 月的数据（如图 7-11 所示）：在触发需求的营销方式中，内容营销、SEO、付费广告、付费搜索显著领先。排名第二的 SEO，尽管没有被视为内容营销，但其核心就是内容——被搜索引擎收录的以网页为载体的内容。

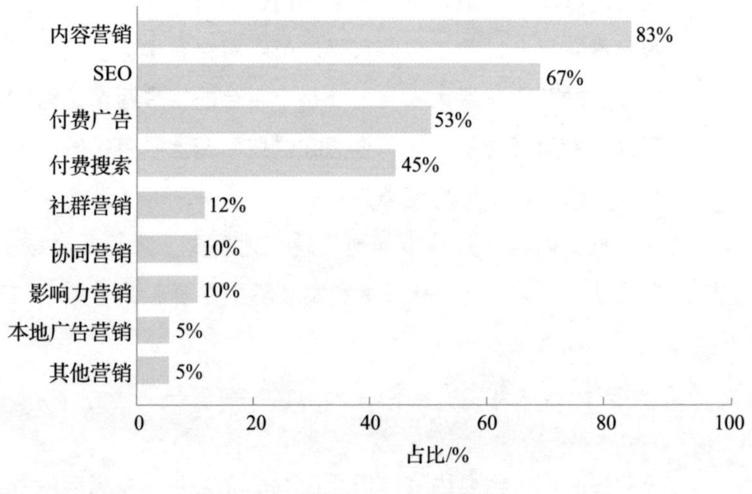

图 7-11　CMI 的数据

5A 模型——认知（Aware）、吸引（Appeal）、问询（Ask）、行动（Act）和拥护（Advocate）——是现代营销学之父菲利普·科特勒根据数字时代消费者特点提出的用户和品牌发生连接的链路，以此指导企业根据不同阶段的用户特点制定内容营销策略，优化营销行为，如图 7-12 所示。5A 也揭示了品牌和用户关系的远近。

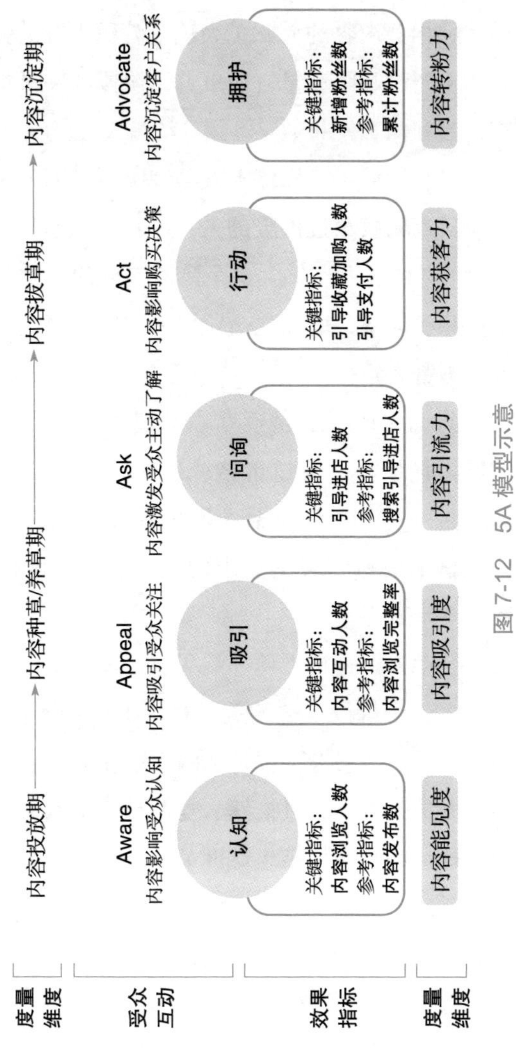

度量维度
受众互动
效果指标
度量维度
内容投放期
内容种草/养草期
内容拔草期
内容沉淀期
Aware
内容影响受众认知
认知
关键指标：
内容浏览人数
参考指标：
内容发布数
内容能见度
Appeal
内容吸引受众关注
吸引
关键指标：
内容互动人数
参考指标：
内容浏览完整率
内容吸引度
Ask
内容激发受众主动了解
问询
关键指标：
引导进店人数
参考指标：
搜索引导进店人数
内容引流力
Act
内容影响购买决策
行动
关键指标：
引导收藏加购人数
引导支付人数
内容获客力
Advocate
内容沉淀客户关系
拥护
关键指标：
新增粉丝数
参考指标：
累计粉丝数
内容转粉力

图 7-12　5A 模型示意

- **认知**：认知人群指的是在数字媒体上接触过品牌的人群，包括但不限于查看过品牌广告的人，搜索过品牌的人，浏览过品牌相关内容的人。扩大这个阶段人群的关键是扩大内容的生产量和曝光量，所以这个阶段的关键指标是内容浏览人数和内容发布数。
- **吸引**：吸引人群指在媒体上被品牌吸引进而产生互动的人群，包括近期收藏过广告的人，点赞、分享、有效阅读相关内容 / 直播的人。扩大这个阶段人群的关键是提升内容的质量和互动率，所以这个阶段的关键指标包括互动人数和内容浏览完整率。
- **问询**：问询人群指的是近期主动搜索并且产生问询、预约，进入详情页了解过价格或者在社区发布或问答的人群。这是一个和店铺交易关联度很高的人群。扩大这个阶段人群的关键是吸引更多的人进店，关键指标是进店人数。
- **行动**：行动人群是指下单、购买、投诉、试用过产品的人群。扩大这个阶段人群的关键在于提供更加合适的产品、价格以及优惠，关键指标是加购人数和支付人数。
- **拥护**：拥护人群指有过推荐、复购且希望成为品牌大使的人群，这是和复购、高忠诚度关联最强的群体。扩大这个阶段人群的关键在于通过好的内容和产品体验，让用户产生复购或者推荐的行为，关键指标是复购率、推荐率和通过裂变得到的新增粉丝数。

5 个阶段分别考验的是内容能见度、内容吸引度、内容引流力、内容获客力和内容转粉力。

内容营销

早在互联网时代之前，内容营销就已成为和广告投放并存的营销方式。只是很长时间以来，内容营销只能起辅助作用，比如形成品牌认知、构建美誉度等。

进入互联网时代，内容营销的价值明显提升，因为用户可以通过互联网从内容页直接进入产品渠道购买。移动互联网时代，除了跨站、跨平台的转化，更强化了平台内部的直接转化。随着几个超级流量平台生态的完善，内容营销与最终成交的链路更加顺畅了，这更增加了内容营销的价值。

1. 全域营销与内容营销

在公域中，获得流量的最主要方法就是广告投放。广告投放的问题显而易见，即价格高、转化难。而好内容可以在很大程度上解决这个问题。好的内容更容易降低用户对广告的戒备心理，更容易让用户主动了解品牌信息。

从某种程度上说，广告投放的物料其实也是内容。好的广告物料，可以带来更高的转化率。这是广告投放人员反复证明过的。

2. 私域营销与内容营销

在私域中，用户已经与我们有了比较深入的关系。私域中的内容与公域不同，这主要体现在如下方面。

- 用户对内容的需求增加，希望更频繁地获取相关内容。
- 用户对内容的个性化需求变强，更希望获取适合自己的内容。
- 用户对品牌有了情感需求，而这需要通过情感属性强的专属内容来满足，比如一封专属的感谢信、问候信。

3. B2B 营销与内容营销

罗兰·贝格在《B2B 销售的数字化未来》中提到，为提前了解产品，90% 的 B2B 买家会在网上搜索关键词，70% 的 B2B 买家会在线观看相关视频内容。在正式接触企业销售人员之前，买家已经独自走完了整个购买流程的近 57%。由此可见，在 B2B 营销中，内容更加重要。

当今的环境下，B2B 营销的普适做法应该是：内容营销 + 人员销售（自有销售或代理商）。内容营销主要负责前半段，人员销售主要负责后半段。可惜的是，B2B 企业普遍重视人员销售，而忽视内容营销，大多数 B2B 企业不善于生成营销内容，尤其是持续生产优质的营销内容。市场上做内容营销的人，多数来自 2C 企业。

4. 广告与内容营销

内容营销的崛起有一个重要背景，就是传统的以广告投放为主的营销价格日益高涨。既然广告投放这条路走起来越来越难，那就只能寻找一条新路，这就是内容营销。虽然内容营销也有自己的难点（比如无论是之前的电商平台，还是当下大火的短视频平台，都对内容质量有较高的要求，在移动互联网时代，对内容质量的要求被进一步放大了），但做好内容营销确实可以降低获客成本。注意，广告投放和内容营销不是非此即彼的互斥关系，它们是相互协作的关系。

站在全域、全链路的高度看就会发现，广告投放只是营销链路中的一个环节。最终决定效果和 ROI 的是整个体系，而整个体系中少不了内容。所以，如果只偏重广告投放，而忽视了与营销紧密配合的内容，最终广告的效果会大打折扣。而若是只注重内容而忽视了广告投放，会导致好内容无法实现价值最大化。

很多企业已经在广告、内容的配合上做了很多尝试。图 7-13

消费品牌中国传统二十四节气营销案例

茅台二十四节气系列文化产品

每季度推出6款产品，已推出春、夏、秋系列产品

春系列矩阵：
立春、雨水、惊蛰、春分、清明、谷雨
夏系列矩阵：
立夏、小满、芒种、夏至、小暑、大暑
秋系列矩阵：
立秋、处暑、白露、秋分、寒露、霜降

“　“天人共酿”让贵州茅台与二十四节气生生相息，成为篆刻在基因中的联系，这也是贵州茅台推出二十四节气系列产品最为重要的内核因素。

茅台的文化内涵，就是顺应二十四节气的农耕文明，酿造讲究顺时而为、应时而作、天人共酿，紧扣二十四节气，稍有一些偏差都会影响生产。　”

蕉下推出二十四节气主题【惊蛰】系列

在二十四节气惊蛰（3月6日）当天，品牌蕉下与歌手×××合作发布名为《惊蛰令》的宣传片，同时推广命名为【惊蛰】的新款踏野鞋

“　这个音乐不仅表达出中国人骨子里的洒脱浪漫，更是展现了户外运动的魅力，直接当场入坑啦。

被“天上雷，一声吼”给喊醒了！这首蕉下新发布的《惊蛰令》真的非常特别，从音乐到画面，充满了鲜活的，关于自然，关于春天，关于生命的无限的想象空间　”

图 7-13　《惊蛰令》

（来源：QuestMobile 品牌研究院，2023 年 9 月）

所示为蕉下与歌手合作发布的《惊蛰令》，从用户的角度看是内容，用户可以从中得到快乐，而实际这是一种广告投放。用户通过《惊蛰令》对该品牌产生好感，就有可能产生购买产品的冲动。

再看一种较新的内容形式——品牌定制短剧。以前的广告片都是精心制作的，但目的都仅是击中、打动用户，在用户脑海中留下品牌印象，用户本身并没有获得什么收益。现在的品牌定制短剧，更多采用的是做内容的逻辑。品牌方花很大力气编剧、拍摄，是为了以内容带给用户收益，让用户因喜欢内容而喜欢品牌。

第 3 节　持续做好营销内容非常难

在当今的营销中，内容的地位越来越高，企业要做好营销，必须做好内容，但做好营销内容难，持续做好营销内容难上加难。

难点 1：人类不擅长持续生成好内容。

能生成好内容的人是少数，而这少部分人在大多数情况下也是偶然才会表现出很强的创造力，只有极少数的人具有持续生成好内容的能力。灵感枯竭，是内容生产者最大的烦恼。持续生成好内容的问题，即便是预算充足的大型企业也很难彻底解决，更不要说实力更弱的中小微企业了。

难点 2：营销对内容的要求非常高。

对于营销来说，好内容要满足 4 个条件：对目标用户的洞察，对产品的理解，对媒体形式的理解，对发布平台调性的理解。要想同时满足这几个条件非常难。

我在调研的时候发现，几乎所有的企业都有负责新媒体运营的人。这些人都在新媒体运营机构工作过或者在其他企业做过内容相关工作，但他们生成的内容大多数仅能做到文通理顺，至于上述 4 个条件，能满足其中一个就不错了。这也就不难解释为什么大多数企业发布的内容只有极少的阅读、播放量了。

有些企业为了解决不了解产品、用户的问题，选择从内部选拔人员来做内容。这些人对客户、产品还算了解，一般文笔也不错，但是普遍不了解内容平台的调性，缺乏网感，产出的内容只适合发布在公司官网上或者给员工做培训，无法打动和吸引潜在顾客。

难点 3：营销需要大量的好内容。

我们用数据说话，图 7-14 所示是 QuestMobile 发布的新媒体相关数据。

由图 7-14 左侧可知，对于当今 5 个主流内容平台，仅使用 1 个的比例下降到不足 25%。也就是说，75% 以上的新媒体平台用户都使用两个或多个新媒体平台。这就意味着，除非你不想充分影响目标用户，否则就要同时在两个或多个平台上持续输出好内容。

由上可知，做好内容营销真的非常难，尤其是对中小微企业来说。

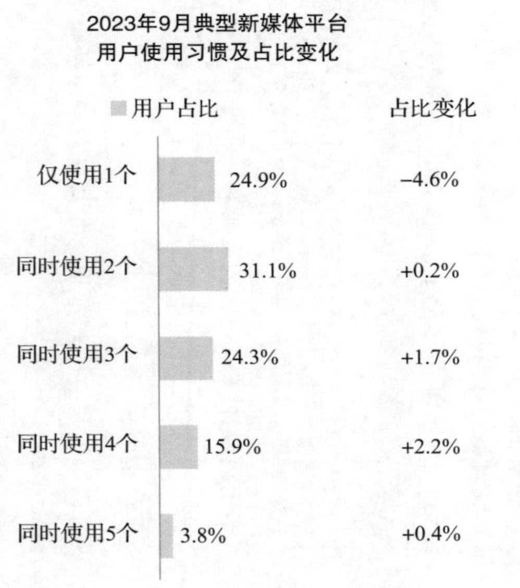

2023年9月典型新媒体平台用户使用习惯及占比变化

	用户占比	占比变化
仅使用1个	24.9%	−4.6%
同时使用2个	31.1%	+0.2%
同时使用3个	24.3%	+1.7%
同时使用4个	15.9%	+2.2%
同时使用5个	3.8%	+0.4%

2023年9月典型新媒体平台用户整体重合率

平台	2023年9月整体重合率	2023年9月重合用户占前者	2023年9月重合用户占后者
抖音&微博	36.4%	44.1%	67.7%
抖音&快手	33.2%	40.2%	65.4%
微博&哔哩哔哩	24.2%	27.9%	64.4%
哔哩哔哩&小红书	24.1%	37.9%	39.9%
抖音&小红书	21.5%	22.4%	83.7%
抖音&哔哩哔哩	20.4%	21.8%	77.1%
微博&小红书	20.2%	23.7%	57.6%
微博&快手	17.7%	29.3%	31.0%
快手&小红书	11.1%	14.3%	32.9%
快手&哔哩哔哩	9.2%	12.3%	26.9%

用户画像　用户增长　用户行为

图 7-14　QuestMobile 发布新媒体相关数据

注：整体重合率 =A 与 B 的重合用户规模 /（A+B 去重用户规模）

（来源：QuestMobile TRUTH 中国移动互联网数据库，2023 年 9 月）

第4节 AIGC对营销全域、全链路内容生成的重大价值

内容营销正是体现AIGC价值的方向，除内部沟通这个企业内部的共性挑战之外，“为购买者全程创作有吸引力的内容”是内容营销的最大挑战。从营销角度看“购买者全程”就是营销全链路。由此可见，内容营销的最大挑战就是为营销全链路生成内容。

我们会发现当今的营销需要的内容又多又好，还要求有个性，对内容生产的要求比以往高了很多。如果采用传统的生成方式，需要招很多人，支付很高的人力成本，很多企业无法承担这样的成本。而使用AIGC能又快又好地生成个性化的内容，而且只需要支付很低的使用费。

当然，AIGC不能完全取代人，少量优秀的营销人员+强大的AIGC工具=数字时代全域营销的内容解决方案。

实际上，AIGC已经在营销中得到了快速应用。以B2B营销人员为例，他们已经在多种任务中应用AIGC：进行新主题的头脑风暴占比51%，研究标题、关键词等占45%，写方案占45%。而B2B营销人员中不使用AIGC工具的只有28%。

AIGC对公域内容的重大作用

公域内容的特点如下。

- 公域内容面向的用户群体非常大，类型非常多。

- 公域内容涉及的内容平台众多，每个平台都需要个性化的内容。
- 公域内容要追热点，但是热点变化非常快，这对内容生产的速度提出更高的要求。

企业要想做好公域内容，就需要满足公域内容的上述特点。企业并非不知道这些，但是限于人力和能力，很难做到。现在有了 AIGC，只需要用前面学到的方法为每个平台或人群定制相应的内容模板，然后通过核心内容 + 平台调性模板，就可以快速生成适合各平台的内容。至于追热点，有了 AIGC 之后效率会大幅提升。内容生产者只要有了基本思路，然后通过和 AIGC 协作，就能很快做出好的热点内容，而且是符合特定人群或者平台调性的内容。

AIGC 对私域内容的重大作用

相对公域，私域用户量更少，但对内容的要求更高。

1）私域内容要求持续、稳定输出，尤其是转化链条较长的业务。从用户进入私域到第一次成交，可能长达数月甚至超过一年。在这个时间段内，营销人员只有持续输出好内容，才能保持和用户的连接。

2）私域内容对个性化的要求大幅提升，到了某个阶段甚至要做到一对一的个性化。传统的内容生成方式，对于这个要求基本上是无能为力的。

营销人员通过合理使用 AIGC，可以为每个细分群体在每个阶段持续生成针对性的内容。

AIGC 对 B2B 营销内容的重大作用

前面讲到在当今的 B2B 营销中，内容的地位显著提升，用户对 B2B 营销内容的要求也高了很多，市场缺少能生成优质 B2B 营销内容的人才。

现在有了 AIGC，这个局面有了明显改观。懂产品、懂客户、懂业务，且有一定写作能力的人，借助 AIGC 可以快速创作出高质量的 B2B 营销内容。这已经得到了验证。我的线下学员企业中，就有不少 B2B 企业因为招不到合适的人才，所以内容营销没有做起来。它们也曾尝试雇佣代运营公司，结果发现代运营公司懂内容、懂内容营销，但不懂业务、不懂目标客户，效果很差。有了 AIGC 之后，它们让内部人员学习 AIGC，快速生成符合业务特点、用户特点、公域平台调性的营销内容，内容营销很快走上正轨。

AIGC 对 A/B 测试等高级方法的重大作用

是否有 A/B 测试，A/B 测试的频率有多高，这是我判断企业数字化营销水平的重要依据。A/B 测试的基本原理如图 7-15 所示。

图 7-15 所示仅是示意，实际操作中不一定只有 A 和 B 两个对比方案，可能有多个对比方案，流量的分配也不一定是完全平均的，但是基本原理是很清楚的，就是不做主观判断，把备选方案直接上线，在真实环境中进行测试，让最终数据说话，从而选出最佳方案。

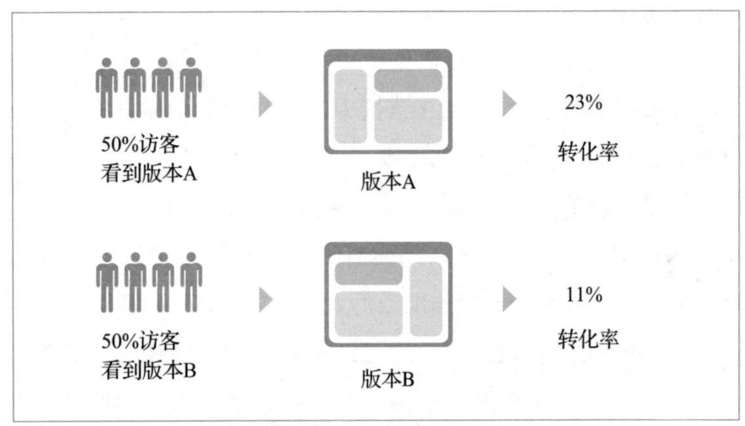

图 7-15　A/B 测试示意

互联网企业往往会同一时间进行众多的 A/B 测试，以求从中“挤压”出足够多的价值。但是，中小企业以前很难在营销中做 A/B 测试，因为每一个对比方案都需要一套优质的营销内容，要生成这么多内容是难且慢的。有了 AIGC，就可以在很短时间内生成多套方案进行测试。

第 5 节　AIGC 时代营销内容生成的通用思路和流程

我们要使用 AIGC 在营销全域、全链路中生成内容，需要有新的思路和流程。下面是一些普遍适用的原则。

1. 人机协作，以人为主

这是非常重要的一条，也是刚刚使用 AIGC 的人很容易忽视的。AIGC 工具确实强大，但这个工具的诞生依靠人，改进依靠人，用好也依靠人。工具本身并不能自动生成内容，内容是人应用工具得到的。

2. 多工具协作，AIGC、传统两不误

AIGC 非常强大，有很多传统工具不能比拟的能力。但 AIGC 也有缺点，传统工具也有不可取代的价值。将两类工具协作应用，是更好的方法。例如，要查找有价值的参考信息、创作素材，依然需要依靠搜索引擎；要写文档，依然要用好 Word；要做出精美的图片，依然要用好 Photoshop、Illustrator；要做视频，依然要用好 Premiere Pro、剪映（对剪辑、字幕、调色、转场等精确控制）。

尤其是在收尾阶段，往往需要使用传统工具。例如营销场景中，我们往往会给图片加上 LOGO、文字等。而 AIGC 生成带有文字的图片并不完美，有些很难正确生成文字，有些能生成但对字体、字号等细节控制不精准。而传统软件在这方面具有优势。

3. 借力 AIGC，探索先行

内容创作者最害怕的就是灵感枯竭，所以他们会采用很多方法去激发灵感。而 AIGC 在探索思路、激发灵感方面非常强大。我建议大家在开启营销任务之初，先花一点时间进行探索。探索的方法很简单，就是尽量不要给 AIGC 太多的约束条件，让 AIGC 充分展现自己的创造力。要创作一个品牌故事，若我们已经确定了品牌故事结构和大体思路，并要求 AIGC 按照这个结构

和思路生成内容，就会约束 AIGC 的创造性。我们可以先进行探索。

提示词：我的餐厅以真羊肉烧烤和精酿啤酒为特色，我想为餐厅创作一个品牌故事。你知道品牌故事有哪些常见的结构吗？

AIGC 会给出它知道的多个品牌故事结构，这些结构有我们知道的，也可能有我们不知道的。这就可以激发我们的灵感，或许能打破过去的思维局限，产生更好的品牌故事。

如果没有进行探索，AIGC 的价值就少了一半。

4. 人与 AIGC，双向激发

在应用 AIGC 时，我们给 AIGC 投喂的内容或进行的反馈可以激发 AIGC，让 AIGC 不断校准，越做越好。而我们告诉 AIGC 要做什么，并要求 AIGC 给我们提供参考，也就是上面所说的探索，我们基于 AIGC 的回答打开思路，这就是 AIGC 激发人。这种相互激发可以进行多轮，就像我们进行头脑风暴一样。

5. 鞭打快牛，多生优选

这一条比较好理解。AIGC 有两个主要特征：生成内容很快，生成内容有一定的随机性。在方向基本正确的前提下，我们可以充分利用这两个特征，让 AIGC 生成大量内容，我们从中优选出最好的。这种多生优选的做法，也被形象地称为“抽卡”，是一种以数量换取质量的思路。

本篇接下来的几章主要介绍在营销全域、全链路中如何应用AIGC，其中会涉及不少上篇介绍的工具，但中篇和上篇介绍工具的角度和方式有很大的不同，上篇是为了让读者快速掌握工具本身，中篇是为了教会大家在具体场景中如何通过工具生成特定内容。另外，中篇会用到多种工具，其中除了 AIGC 工具，还有 Photoshop、Premiere Pro 和剪映等传统工具。

|第 8 章| CHAPTER

借助 AIGC 设计产品、品牌名和包装

品牌名、LOGO、音频标识、产品包装，都是进行营销所需要的基础物料。这些物料做不好，就会一直损害营销效率。以前要做好这些物料，通常需要花钱请专业机构来完成，不仅耗时长而且费用高。中小微企业因为资金问题，在这方面往往都做得不到位，所以在营销起步阶段就与大型企业拉开距离了。

AIGC 大大降低了基础物料的制作门槛。在 AIGC 的帮助下，中小微企业内部人员就可以做出优质的物料，为企业赋能。对专业设计机构而言，专业人士加上 AIGC 的辅助，可以更快、更好地为客户服务，从而让他们有更多精力去为更多客户服务。同样都是使用 AIGC 工具，虽然专业人士生成的内容可能依然比普通企业员工生成的内容质量更高，但是这种差距明显缩小了。

上篇已经详细介绍了AIGC的使用技巧和方法，包括提示词相关的功法，为了避免内容重复，本章主要以案例形式进行讲解。

第1节　与AIGC协作探索品牌名和Slogan

长期以来，大量企业，尤其是中小微企业，在拟定品牌名和Slogan时普遍缺乏创造性，我认为这是因为大家被很多传统套路限制了。通过AIGC，我们可以突破原有认知，获得更好的品牌名和Slogan。比如，利用我们已经学过的文本类AIGC工具和SWIFT雨燕功法，再结合企业、业务的特点，就可以取一个好的品牌名。

需要特别提醒的是，我们不是让AIGC为我们取名，而是我们利用AIGC，通过人机协作“创作”出好的品牌名。好名字要符合行业特点、品牌调性，还要便于记忆和传播，这么多要求，如果人不能充分发挥主观能动性，完全依赖AIGC是很难有好结果的。

下面通过一个小微企业的例子来介绍如何用AIGC创作品牌、Slogan和品牌故事。通过实例进行讲解，读者更容易理解思路、掌握方法，然后应用到自己的营销场景中。

创作品牌名、Slogan和品牌故事的实例

背景信息：这是一家烧烤店（小微企业），经营特色是保真纯羊肉和精酿啤酒，定价在烧烤店中属于较高的。连续经营三

年，回头客很多，生意不错。现在该企业想对生意进行升级，扩大规模，成为一家连锁企业。

本案例中使用的 AIGC 工具是 GPT-4，但方法是独立于工具的，读者使用其他 AIGC 工具也可以。

1. 取品牌名

提示词：我连续经营一家烧烤店多年，我店的特色是：保真纯羊肉 + 精酿啤酒。定价在烧烤店中属于较高的。我店以年轻人为主要消费群体，以日常餐饮、朋友聚会为主要消费场景。请帮我取一个合适的店名，并给出相应的解释。

GPT-4：

店名：羊醇烧烤

解释：店名“羊醇烧烤”融合了你店的两大特色，即“保真纯羊肉”和“精酿啤酒”。羊取自保真纯羊肉，突出了你店的主打产品，让人一听就知道是烧烤店，且主打羊肉。醇有两层含义，一是指醇厚，暗指你店的羊肉烧烤口感醇厚，二是醇酒，暗指你店的精酿啤酒，同时醇也有高品质的含义，符合你店定价较高的定位。整个店名简洁明了，既体现了店铺特色，又符合年轻人的口味和审美。

提示词：不错，再帮我取 10 个店名。

GPT-4：

羊醉烧烤：羊醉，取自羊肉和酒的组合，同时也寓意着顾客在这里可以尽情享受美食，仿佛醉了一般。

精酿羊语：精酿代表了店里的精酿啤酒，羊语则代表了纯正的羊肉烧烤，同时也寓意着在这里，美食和酒水可以让人畅所欲言。

羊肉醇酿：羊肉代表了店里的主打产品，醇酿则代表了精酿啤酒，同时也寓意着店里的食物和酒水都是精心制作的，品质上乘。

醉羊小筑：醉羊代表了羊肉和啤酒的完美结合，小筑则给人一种温馨舒适的感觉，寓意着这是一个可以让人放松、享受美食的地方。

羊酒烧烤坊：羊酒代表了羊肉和啤酒，烧烤坊则代表了店铺的主营业务，整个名字直接明了，让人一看就知道是一家烧烤店，同时也寓意着店里的羊肉和啤酒都是一流的。

羊醉精酿：这个名字直接将你店的特色羊肉和精酿啤酒结合在一起，简洁明了，易于记忆。羊醉也有一种让人放松、尽情享受的意味。

羊饮烧烤：这个名字中的羊饮取自古代饮酒文化，寓意饮酒尽兴，同时也暗含了你店的羊肉特色。

醉羊小筑：这个名字有一种小资情调，符合年轻人的消费心理。醉羊表达了羊肉和啤酒的特色，小筑则给人一种舒适的感觉。

羊醉人间：这个名字寓意在这里可以尽情享受美食，忘记人间烦恼，同时也暗含了你店的羊肉和啤酒特色。

羊跃精酿：这个名字寓意羊肉的美味和啤酒的精酿，让人心驰神往，期待在这里有美好的体验。

经过初选，我们认为“羊醉人间”不错。为了提高备选密度，我们除了可以让 AIGC 继续生成以供我们挑选外，还可以把对已有名字的想法反馈给 AIGC，让 AIGC 更好地给我们取名。

> 提示词：取店名时请不要把精酿两个字放到店名中。因为这很可能让陌生顾客误以为我的店是精酿啤酒馆，很多精酿啤酒馆喜欢命名为“ ×× 精酿”，我的店其实是烧烤店，只不过卖的啤酒是精酿啤酒。
>
> 如果你理解了，请帮我再取 10 个名字。这次只需要给出名字，不需要做解释。
>
> GPT-4：羊醉烧烤，醉羊烧烧，羊醉人间，醉羊烤肉坊，羊醉烤肉馆，醉羊烧烤坊，羊醉烤肉界，醉羊烧烤界，羊醉烤肉轩，醉羊烧烤轩

检查后我们发现，AIGC 掉进了一个旋涡里，名字不是“羊醉”，就是“醉羊”。我们当然可以继续给出反馈，让它调整方向。我们要注意通过 AIGC 生成的内容来激发我们自己的想法，然后把想法投喂给 AIGC。

> 提示词：你觉得“醉羊羊”这个店名怎样？
>
> GPT-4：醉羊羊这个名字非常好，它简洁明了，一听就知道是烧烤和酒的结合，非常符合你店的特色。醉字既表达了酒的元素，也寓意着顾客们在你的店里可以尽情享受美食，忘记烦恼。羊羊则明确指出了你店的主打产品是羊肉，让人一听就知道你店的特色。同时，醉羊羊这个名字也很有趣，符合年轻人的口味，能够吸引他们的注意。

AIGC 和人彼此激发，是一种非常有趣的内容生产方法，希望大家多多实践。

实战中，无论是企业名还是产品名，都是可以用很久的，值得我们多投入一点精力，不宜追求速战速决。若是 AIGC 给出了很多名字，我们一时难以消化，可以暂时放一放，隔一天再和 AIGC 互动，可能会有新的发现。

2. 创作 Slogan

提示词：帮我给烧烤店拟定 Slogan，要能打动年轻消费者。给我 10 个方案。

GPT-4：

烤出你的热情，醉在这一刻

羊肉与啤酒，你值得拥有

烤出生活的滋味，醉在美好的瞬间

热烈如我们的烧烤，独特如我们的精酿

烧烤人生，醉美时光

烤出热爱，醉在此刻

烧烤与啤酒，年轻就是无限可能

烤出年轻，醉在热爱

烧烤的热情，精酿的浪漫

烤出热爱，醉在生活

同样，除了继续“压榨”AIGC，我们还要在 AIGC 的激发下，提出自己的方案并反馈给 AIGC。

提示词：你觉得烤一烤，醉一醉，吹一吹这个 Slogan 怎么样？烤是烤羊肉，醉是喝精酿啤酒，吹是指朋友聚会聊天吹牛。

GPT-4：这个Slogan非常好，既简洁又直接，很好地表达了你店的特色和消费场景。

AIGC在我的启发下又给出了略有变化的Slogan：

烤出热情，醉在快乐

羊肉烤香，精酿醉人

烤羊肉，醉生活

烤一烤，醉一醉，生活就是这么简单

烤羊肉，醉精酿，享受生活

烤羊肉，醉精酿，这就是生活

烤羊肉，醉精酿，让生活更美好

烤羊肉，醉精酿，生活就是这么美

烤羊肉，醉精酿，享受生活的美好

烤羊肉，醉精酿，这就是我想要的生活

我们可以从中选择合适的。

3. 创作品牌故事

故事天然契合营销，营销需要好故事。先提问，确保GPT理解品牌故事。

提示词：你知道品牌故事的结构吗？

GPT-4：品牌故事的结构通常包括以下几个部分：

背景：这是品牌的起源故事，包括品牌为什么存在，以及品牌的使命和愿景。

冲突：这是品牌面临的挑战或问题，可以是市场上的竞争，也可以是品牌自身的挑战。

解决方案：这是品牌如何解决这些挑战或问题的部分，包括品牌的产品或服务，以及品牌的核心价值。

结果：这是品牌解决问题后的结果，可以是品牌的成功，也可以是品牌带给客户的价值。

未来：这是品牌的未来愿景，包括品牌的长期目标和计划。

这个结构可以帮助品牌构建一个有吸引力和影响力的故事，从而吸引和保留客户。

结果已经不错了，但不要满足，要继续“压榨”。因为绝大多数人都没有品牌故事的创作经验，所以需要再扩展一下。借助AIGC，我们也可提升对这个陌生领域的认知。这是和AIGC协作的好方法。

提示词：除了上面这个结构，还有其他的品牌故事结构吗？

GPT-4：

当然，品牌故事的结构可以有很多种，以下是一些常见的结构：

英雄之旅：这是一种非常常见的故事结构，主要讲述品牌如何克服困难，最终实现目标的过程。这种故事结构可以激起人们的共鸣，让人们对品牌产生情感上的认同。

问题—解决方案：这种故事结构主要讲述品牌如何解决消费者的问题，提供解决方案。这种故事结构可以让消费者看到品牌的价值，增加消费者对品牌的信任。

转变：这种故事结构主要讲述品牌如何从一个状态转变到

另一个状态，例如品牌的创新、品牌的改变等。这种故事结构可以让消费者看到品牌的进步，增加消费者对品牌的好感。

人物传记：这种故事结构主要讲述品牌创始人或者重要人物的故事，让消费者了解品牌背后的人。这种故事结构可以让消费者对品牌产生更深的理解，增加消费者对品牌的信任。

使命：这种故事结构主要讲述品牌的使命，品牌为什么存在，品牌想要实现什么。这种故事结构可以让消费者看到品牌的远大目标，增加消费者对品牌的尊重。

提示词：请用“背景、冲突、解决方案、结果、未来”这个故事结构，再结合“使命”结构，帮我创作一个品牌故事。

GPT-4：

背景：在繁华的都市中，有一家烧烤店，它的名字叫“醉羊羊”。这里的羊肉是纯正的，啤酒是精酿的，每一口都是真实的味道，每一滴都是精心酿造的。

冲突：然而，尽管我们的食材优质，服务周到，但在众多烧烤店中，我们并不起眼，甚至有些被忽视。我们的价格相对较高，这让一些消费者望而却步。

解决方案：我们决定，不再仅仅是一家烧烤店，而是成为年轻人的聚会场所、他们的朋友圈。我们提供的不仅仅是美食，更是一种生活方式，一种享受生活的态度。我们开始举办各种主题活动，让消费者在享受美食的同时，也能感受到乐趣和归属感。

结果：我们的努力得到了回报，越来越多的年轻人开始光顾我们的店，他们在这里畅饮，畅聊，享受生活。他们的笑声，他们的欢乐，成为我们最大的动力。

未来：我们的使命是，让每一个来到“醉羊羊”的人，都能感受到家的温暖，朋友的陪伴，美食的魅力。我们将继续努力，不断创新，为消费者提供更多的美食和乐趣。

这就是我们——“醉羊羊”，一家让你烤一烤、醉一醉、吹一吹的地方。

经过检查，我们发现 AIGC 生成的故事完整且通顺，但比较平淡，缺乏吸引力。我们除了可以用最笨的办法——“再生成 3 个品牌故事”以外，还可以直接提出我们的想法，和 AIGC 共同创作。

提示词：这个烧烤店有一个特殊背景。爷爷的烦恼：店主的爷爷年轻时交友甚广，常常和朋友吃烤羊肉和啤酒。但后来，很多烧烤店的羊肉价格便宜了，但质量下降了，有些甚至根本不是羊肉。店里卖的工业啤酒，也寡淡似水，完全不是年轻时候的味道。听爷爷抱怨了多次后，本来从事其他餐饮业务的店主决定把生意转向做烧烤，主打纯真羊肉和精酿啤酒。请结合这个背景，再生成一个精彩的品牌故事。

GPT-4：

背景：店主的爷爷是一个热爱生活的人，年轻时交友甚广，常常和朋友们一起吃烤羊肉，喝啤酒，享受生活。然而，随着时间的推移，他发现市场上烧烤店的羊肉质量越来越差，价格虽然便宜，但很多都不是真正的羊肉。而店里卖的工业啤酒，味道寡淡，完全不是他年轻时候的味道。

冲突：听爷爷抱怨了多次，本来从事其他餐饮业务的店主，决定把生意转向做烧烤。他希望提供真正的羊肉和好喝的啤酒，让人们能够再次享受到真正的烧烤和啤酒的乐趣。但是，市场上竞争激烈，价格战无处不在，他如何能在这个市场中立足？

解决方案：店主决定，他要做的不仅仅是一个烧烤店，他要做的是一个有故事、有情感、有品质的烧烤店。他坚持使用真正的羊肉，坚持使用精酿啤酒，坚持提供最好的服务。他希望，当人们来到他的店时，不仅仅是来吃烧烤，喝啤酒，更是来享受一种生活，一种情感，一种回忆。

结果：经过店主的努力，他的烧烤店逐渐在市场上获得了一席之地。虽然价格比其他烧烤店高，但是顾客们愿意为了那份真实、那份品质、那份情感付出更多。他的店成为年轻人聚会、朋友聚餐的首选地点。

未来：店主希望，他的店能够成为一个传承的地方，传承他爷爷热爱生活的精神，传承真正的烧烤文化，传承那份对品质、对情感的坚持。他希望，无论时代如何变迁，他的店都能够成为人们心中的一个温暖的角落。

经过检查验收，这个故事已经不错了。我们可以再迭代一番，在营销中使用。

设计 LOGO 的实例

基础物料中除了文字内容，还有图形内容，最基础的就是LOGO。

LOGO 是一个公司的视觉表现，用途很广。LOGO 的传统设计方式是使用 Illustrator、Photoshop 等平面设计软件进行设计。这些软件的学习门槛较高，一般只有专业设计师才能胜任。现在通过我们上篇学过的图片类 AIGC 工具及相应的功法，非专业人士也可以设计 LOGO 了。LOGO 也是一个图形，所以基本的使用过程和功法与其他图形并无实质区别，只是我们要注意 LOGO 的特点，通过清晰的提示词告诉 AIGC 具体的要求。

应用 AIGC 工具设计 LOGO 分为如下 3 个阶段。

1. 探索创作灵感阶段

注意，探索创作灵感是目的，不必局限于 AIGC 工具，传统的搜索引擎、设计类垂直社区依然能发挥作用。如何使用传统工具，这里就不展开了，我们重点介绍如何使用 AIGC 工具进行灵感探索。我们可以先和文本类 AIGC 工具对话，寻找 LOGO 设计灵感，甚至可以让专业设计人员帮我们写提示词。

当然，我们也可以打开图片类 AIGC 工具，直接从生产的图片中寻找灵感。例如，我们要为自己的餐馆设计 LOGO，就可以在 SD 里写一个非常简单的提示词。

提示词：a LOGO of restaurant

翻译：餐厅 LOGO

SD 可以立刻生成多个 LOGO 方案。我们一定要充分利用 AI 的强大能力，让 AI 生成大量涉及多个方向的方案，以此激发我们的创造力。先从最简单的提示词开始，正是为了减少对 AI 的约束，让 AI 充分发挥创造性。

我们可以通过细化提示词从各个角度对LOGO进行探索。例如，可以尝试minimalism lines（极简线条）、woodcut（木版画）等LOGO设计风格；可以尝试abstract graphic（抽象图形）、tree（树）、fish（鱼）、ox（牛）等LOGO主体内容；可以尝试black and white（黑白）、colorful（彩色）、gradient color（色彩渐变）等LOGO颜色。不断探索各种要素及其组合，从而得出更多可能。图8-1所示就是笔者得到的部分餐厅LOGO方案。

图8-1　生成的餐厅LOGO

同样的提示词，多生成几次，或者不断调整提示词，就可以看到大量的LOGO，从而激发我们的灵感。还可以对不同风格进行探索，例如：

> 提示词：a gradient LOGO
>
> 翻译：一个渐变的LOGO

生成的结果如图8-2所示。

图8-2　渐变的LOGO

创作灵感探索阶段，最重要的是不要陷入自己的窠臼，一定要打开思路。我们的目的虽然是为餐馆设计 LOGO，但完全可以参考其他行业的 LOGO，比如服装公司甚至博物馆的 LOGO。

2. 创作 LOGO 素材阶段

这个阶段是在第一阶段的基础上进行的收敛。

LOGO 有文字、图案、吉祥物、徽章等类型，这些类型需要在提示词里表达清楚。如果所用工具要求提示词是英文，那就要清楚常见 LOGO 类型的英文单词。让 AIGC 确定 LOGO 的基本类型，才能生成符合要求的 LOGO。

1）字母 LOGO，提示词示例如下[㊀]。

> 提示词：letter G LOGO, flat round typography, simple, by Steff Geissbuhler–no shading detail, photo realistic, colors outline
>
> 翻译：字母 G LOGO，扁圆样式，简洁，Steff Geissbuhler 风格，无阴影细节，照片般写实，彩色轮廓

2）图形 LOGO，提示词示例如下。

> 提示词：vector graphic LOGO of fox, simple minimal, by Rob Janoff–no realistic photo detail
>
> 翻译：狐狸的矢量图形 LOGO，简约，Rob Janoff 风格，无逼真照片细节

提示词中的狐狸可以替换成其他动物。simple 和 minimal 常

㊀ 这里以 Midjourney 为假想使用工具，所以提示词以英文为主，下面均是如此。

用在要生成极简风格的图片时。罗布·詹诺夫（Rob Janoff）是苹果LOGO的设计师，我们想要一款和他设计接近的风格，所以用 by Rob Janoff。再来看两个类似的例子。

提示词：vector graphic LOGO of fish, simple minimal –no realistic photo detail

翻译：鱼的矢量图形LOGO，简约，无逼真照片细节

提示词：LOGO of a bumble bee, minimal, style of Japanese book cover

翻译：大黄蜂的LOGO，简约，日本书籍封面风格

3）几何图形LOGO，提示词示例如下。

提示词：geometric minimal diamond LOGO, line, simple

翻译：钻石几何图形LOGO，线条，简洁

geometric是“几何图形”的意思，我们希望设计一个钻石几何图形LOGO。

提示词：flat geometric vector graphic LOGO of geometric light bulb, radial repeating, simple minimal, by Ivan Chermayeff

翻译：几何灯泡的平面矢量图形LOGO，向心轴承，简约，Ivan Chermayeff风格

示例中的灯泡等可以替换成任意物品，比如花、太阳等。radial repeating是向心轴承的意思，所以生成的图有点像万花筒的感觉。伊万·切马耶夫（Ivan Chermayeff）是著名平面设计师、插画艺术家和拼贴画家，国家地理杂志、美孚石油、NBC、

Chase 这些知名公司的 LOGO 都出自他手。

4）徽章样式的 LOGO，提示词示例如下。

提示词：emblem for a youths basketball team, simple minimal–no shading detail ornamentation, realistic color

翻译：青少年篮球队徽章，简约，无阴影细节装饰，逼真色彩

emblem 代表徽章的意思，所以会生成带有徽章图案的极简风 LOGO。

5）IP 形象样式的 LOGO，提示词示例如下。

提示词：A basset hound, red cloak

翻译：一只巴吉度狗，红色斗篷

选中合适的巴吉度狗之后，就可以用我们前面讲的办法，在保持形象一致性的情况下，用于 LOGO、广告等众多场景。肯德基的上校、米其林的轮胎人、品客薯片的胡子先生都是这种 LOGO 的代表。IP 形象也可以直接用于 LOGO。

除了类型关键词，还有设计风格方面的提示词。我们接上一节的例子，给“醉羊羊餐馆”设计 LOGO。经过初步探索，我们决定为餐馆设计一个矢量风格的 LOGO，这个风格和产品特点与人群特点吻合。我们尝试了各种方案，发现还是把羊、啤酒这两个关键元素放在 LOGO 中比较好，这样就形成了基本的创作思路。

提示词：vector style LOGO, featuring a sheep is drinking beer

翻译：矢量风格的 LOGO，以一只羊正在喝啤酒为特色

Midjourney 生成的部分设计如图 8-3 所示。

a）方案一　b）方案二

c）方案三　d）方案四

图 8-3　Midjourney 生成的部分设计

方案一尽管羊没有喝啤酒，但注意到羊的头顶看上去是啤酒泡沫的样子，这有点意外，也比较有趣，或许可以沿着这个方向进行设计。

方案二的羊有点凶，但这很可能是一个独特的地方，可能很适合餐馆定位的年轻人的品味。

方案三加了一圈大麦装饰，不仅有美化作用，还能凸显精酿啤酒的原料。

方案四也很有意思，啤酒泡沫看上去是羊的胡子！

接下来，就可以用上一篇学到的功法，将我们的想法通过提示词反馈给 AIGC。AIGC 就能一步一步逼近我们的要求，最终生成满意的方案。

如果使用的是 SD，那么除了上面列出的提示词，还要注意模型的选择。

工具方面，除了通用 AIGC 图形工具，还有一些专门用于设计 LOGO 的 AIGC 工具，例如标小智、Looka。因为这类工具的应用场景较窄，所以我们在上篇没有介绍，大家不妨尝试一下。有了通用图形工具的应用基础，很容易上手这些专门的 AIGC 工具。

我们再举一个设计咖啡馆 LOGO 的例子，设计灵感是馆主养的沙皮狗。开业后，沙皮狗会和馆主一起看店，馆主还会专门为它运营账号。

> 提示词：a LOGO of coffee shop, line art of Shar-Pei in a cup --ar 1：1
>
> 翻译：一个咖啡馆的 LOGO，沙皮狗在杯子里，线条艺术

生成结果如图 8-4 所示。

挑选出第四张图并进行放大，如图 8-5 所示。

馆主对这个 LOGO 的整体设计比较满意，但也有一些问题，例如有些线条可以简化，杯身太空等。所以这只能作为 LOGO 设计的素材，不能作为最终的 LOGO。在 AIGC 工具中很难对这些细节做精细调整，因此我们有必要进入第三阶段了。

图 8-4　咖啡馆 LOGO

图 8-5　放大后的第四张图

3. 调整生成 LOGO 阶段

LOGO 需要精准的尺寸、颜色，有些还需要配上文字。而上述这些，恰恰是 AIGC 工具不太擅长的。所以，我们需要将第二阶段的成果导入设计软件（比如 Illustrator、Photoshop 等）进行微调。注意，将 AIGC 生成的图片导入传统工具进行精细调节后，要保存一份设计软件专用格式的文件，以后要使用 LOGO 时，可以导出为任意需要的文件格式，而且后期有修改时，也更便于操作。

图 8-6 所示就是沙皮咖啡 LOGO 在 Illustrator 中的设计稿。对比第二步获得的 LOGO 素材，细心的读者会看到很多变化：

- 原本杯子底部的线条被简化了，突出了沙皮狗和咖啡杯；
- 杯子左侧的线条也简化了，去掉了沙皮狗的尾巴，使得 LOGO 更简洁；
- 在咖啡杯上加了咖啡豆，不仅能直观表明咖啡馆的性质，还避免了杯身过空；
- 图形部分整体调成圆形；
- 加了咖啡馆的名字。

图 8-6　沙皮咖啡 LOGO 在 Illustrator 中的设计稿

至此，我们完成了 LOGO 的设计。

AIGC 让 LOGO 的设计门槛大大降低，虽然第三阶段需要使用传统设计软件，但难度并不大，上面的案例就是我用 Illustrator 完成的。对于前两个阶段，即便是不懂设计的人，也完全可以上手。

第 2 节　借助 AIGC 工具设计产品

提到产品设计，读者可能立刻会想到图片类 AIGC 工具，例如 Midjourney 等，这实际上是被局限了。要得到好的产品设计方案，更好的办法是将文本类 AIGC 工具、图片类 AIGC 工具、3D 工具结合起来。先通过文本类 AIGC 工具的智囊作用，打开产品设计的思路，确定产品设计的方向，然后借助文本类 AIGC 工具直接生成用于生图的提示词，再使用图片类 AIGC 工具生成产品设计图，最后使用 3D 工具生成 3D 模型，导入专业工业设计软件进一步处理。

下面我们以设计小家电产品为例讲解产品设计的思路和方法。注意，大家要学习的是思路和方法，而不是具体工具的使用方案。

下面是操作流程。

1）利用文本类 AIGC 工具获取产品设计提示词。首先通过固定的指令来给 AIGC 一个身份。这里的文本类 AIGC 工具以 GPT-4 为例。

提示词：你现在的身份是拥有多年小家电设计经验的工

业设计师，主打年轻人市场。如果你理解了你的身份，请回复“理解”。后面的对话中，希望你保持这个身份。

GPT-4：理解。

提示词：现在要为都市年轻人设计一款有竞争力的小型自动咖啡机，你有什么建议？

GPT 的回答如图 8-7 所示。

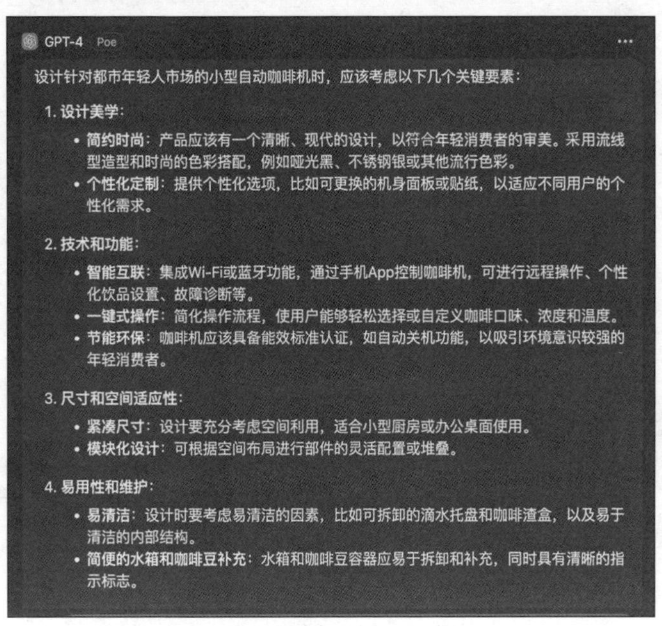

图 8-7　GPT 的回答（一）

这个回答已经有了整体思路，其中“紧凑尺寸”这个特点我非常认同。继续提问，让 AIGC 聚焦在具体的工业设计上。

提示词：现在你来设计这款小型自动咖啡机，请你描述一下这个产品的工业设计。

GPT 的回答如图 8-8 所示。

产品名称：CafeGo Urban Mini

1. 外观设计：
   - **形状**：采用圆润的矩形体，边缘过渡平滑，以符合现代审美且易于放置在任何厨房或办公环境中。
   - **材质**：使用哑光和金属质感的材料组合，如哑光ABS塑料和不锈钢装饰，为产品增添一丝高级感与耐用性。
   - **颜色**：基础款采用中性色调，如深灰、白色和黑色，提供限量版的明亮色彩或特殊图案，如粉色、薄荷绿或几何图案，可根据市场反应推出季节性或特别合作版。
2. 界面与操作：
   - **控制面板**：采用触摸式LED屏幕，界面简约，容易理解的图标和文字说明，确保用户即使是初次使用也能快速上手。
   - **自定义按钮**：用户可设定个人喜好（如咖啡浓度、温度等），一键快速呼出个人设定的咖啡风味。
   - **水箱设计**：水箱设计为透明，带有明显的最大/最小水位标记，便于检查并补充水量。。
3. 功能性：
   - **智能连接**：通过Wi-Fi或蓝牙与手机App连接，不仅可以远程操作，还可以接收维护提醒，记录咖啡消费习惯，以及下载更新的咖啡制作程序。
   - **快速加热系统**：利用先进的热阻加热技术，快速预热水温，确保在短时间内提供优质咖啡。
   - **自动清洗**：设有一键式自动清洗功能，保持设备内部卫生，延长机器使用寿命。
4. 维护与清洁：
   - **内部结构**：设计上考虑到易拆卸的酿造单元，方便用户定期清洁。
   - **滴水托盘和废渣盒**：均设计为可拆卸式，轻松清洗并迅速回位。
5. 尺寸：
   - **紧凑型**：尺寸设计为宽 20cm x 深 32cm x 高 28cm，适合小户型厨房或办公室桌面。

图 8-8　GPT 的回答（二）

下面就可以进一步收敛，得到具体的产品方案了。

提示词：思路没问题。现在需要你去除“如什么什么”的表述，明确给出一个具体的工业设计说明，以便建模师能精确还原出来。

GPT 给出了具体设计，如图 8-9 所示。

CafeGo Urban Mini自动咖啡机工业设计说明

尺寸与比例

- 宽度：200毫米
- 深度：320毫米
- 高度：280毫米

外观

- 机身形状：直角椭圆柱体，顶部和底部边缘略微弧形。
- 材质：主体采用哑光ABS塑料，侧边和操作面板区域使用不锈钢。
- 颜色：主体黑色，操作面板区为不锈钢自然色。

控制面板

- 类型：集成触摸式LED屏幕。
- 尺寸：宽度150毫米，高度50毫米。
- 位置：位于机身正面上部。
- 图标与文字：白色背景上黑色简洁图标和英文说明。

操作按钮

- 按钮类型：触摸式。
- 自定义按钮：预设三个"我的咖啡"快速选择键。

水箱

- 材质：透明BPA-free塑料。
- 容量：1升。
- 易拆设计：顶部开口，带便捷手柄。

图 8-9　GPT 的回答（三）

当然，还可以在此基础上做调整。完成之后，提交给 GPT，让它帮我们生成 Midjourney 提示词，如图 8-10 所示。

我们发现，AIGC 不是简单地将中文的产品描述翻译成英文，而是考虑了 Midjourney 提示词的特点进行了有效组织。相比人工撰写提示词，这种方式既高效又优质。

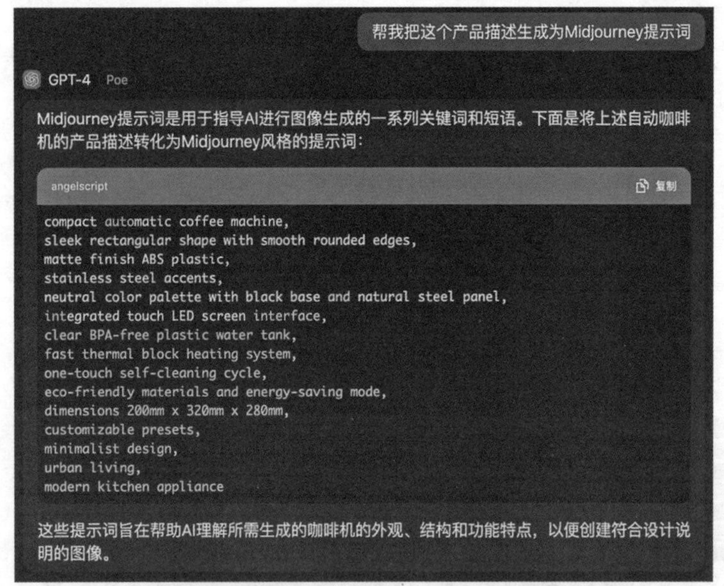

帮我把这个产品描述生成为Midjourney提示词
GPT-4 Poe
Midjourney提示词是用于指导AI进行图像生成的一系列关键词和短语。下面是将上述自动咖啡机的产品描述转化为Midjourney风格的提示词：
angelscript
复制
compact automatic coffee machine,
sleek rectangular shape with smooth rounded edges,
matte finish ABS plastic,
stainless steel accents,
neutral color palette with black base and natural steel panel,
integrated touch LED screen interface,
clear BPA-free plastic water tank,
fast thermal block heating system,
one-touch self-cleaning cycle,
eco-friendly materials and energy-saving mode,
dimensions 200mm x 320mm x 280mm,
customizable presets,
minimalist design,
urban living,
modern kitchen appliance
这些提示词旨在帮助AI理解所需生成的咖啡机的外观、结构和功能特点，以便创建符合设计说明的图像。

图 8-10　GPT 生成的 Midjourney 提示词

2）利用图片类 AIGC 工具生成产品设计图。将提示词复制下来提交给 Midjourney 等图片类 AIGC 工具就可以直接生成产品图片。当然，生图工具并不局限于 Midjourney，其他图片生成工具同样可以。图 8-11 所示就是利用上面的产品描述，在 DALL · E 3 中生成的产品图，质量很高。

如果使用功能更强大的 SD，可控性更强。在 SD 中，不调整提示词，仅换用不同的 Checkpoint 大模型，就会让生成的结果有明显区别，如图 8-12 所示。

在这个阶段，我们不能只是让 AIGC 生成更多的图片，还要基于 AIGC 生成的结果激发灵感。比如我在为本书做这个案例的时候，就被 AIGC 生成的产品设计激发了很多灵感：

图 8-11　在 DALL · E 3 中生成的产品图

图 8-12　在 SD 中生成的产品图

- 市场定位是年轻人，而年轻人的生活环境可能多种多样，产品的体积，尤其是底座的面积一定要够小。这一点可以直接反馈给 AIGC，甚至给出具体的尺寸。
- 市面上几乎所有的小型咖啡机都是有电源线的，但年轻人放咖啡机的地方不一定有方便的电源插座，所以可以设计为内置锂电池供电，当然插电也可以用，短时间不插电也能用——至少能做好几杯咖啡。
- 自动咖啡机分为带磨豆功能的和不带磨豆功能的。为了进一步减小体积，降低售价，咖啡机可以不带磨豆功能，而是直接加咖啡粉。市场上很容易买到知名品牌的灌装咖啡粉。

为了让咖啡机更简单好用，同时在设计上与其他咖啡机区别开来，除电源开关之外，一共只有两个按键，一个是 espresso，另一个是 americano，分别对应两种咖啡，这已经能满足目标用户的大部分需求。两个按键一起按下 3 秒，开始系统自清洗，又节省了 1 个自清洗的实体按键。

一旦我们有灵感，就可以通过提示词提交给 AIGC，让 AIGC 调整设计。

> 提示词：only two physical buttons on the panel
>
> 翻译：面板上只有两个实体按键

3）利用 3D 工具将 2D 设计图转成 3D 模型。可以利用我们上篇介绍的 3D 工具，先将 2D 图片转成 3D 模型，然后导入专门的工业设计软件（例如 SolidWorks、Rhino 中）做进一步处理。

第 3 节　设计包装

一个包装设计，从需求到落地，时间长、花费多，效果还不一定好。现在有了 AIGC，我们就拥有了无穷的创造力。这对企业，尤其是广大的中小微企业而言有特别重要的价值，因为这些企业一般请不起专业的设计师，而自己用传统的方法做出的包装水平不高。

包装设计的 3 个阶段

用 AIGC 设计一款包装，一般来说主要分为 3 个阶段。下面以一家生产彩色铅笔的企业为例，看看如何设计艺术家系列的铅笔包装。

1. 创意探索，确定设计方向

这个阶段非常重要，以前人工设计时也有这个环节，但往往会因为工期问题而草草了事。有了 AIGC，可以更从容地做创意探索，确保包装设计在起步阶段就有足够的创造性。

探索阶段的提示词可以开放一些，以便激发 AIGC 的创造力。本例使用的是 Midjourney，读者也可以使用其他工具。

提示词：packaging design of color pencil, flat iron box
翻译：彩色、扁平铁铅笔盒的包装设计

上面的提示词特别简单，只是指明了要进行的是彩色铅笔盒的设计，要用扁平铁盒。

图 8-13 所示是生成的部分方案，我们可用同样的提示词多次生成，也可以适当调整关键词再次生成。

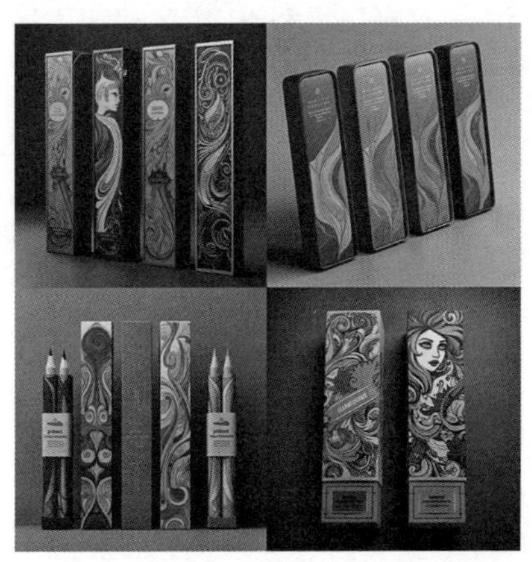

图 8-13　彩色铅笔盒的设计方案

经过 AIGC 的激发，加上设计人员（可以是非专业的）自己的想法，确定了一个方向：用多个知名艺术家的艺术风格。这样可以做出一个系列设计，名为“艺术家的艺术世界之旅”。这个设计方向与产品特点吻合，也能在竞争中脱颖而出，还具有一定的延展性——毕竟知名艺术家数量不少，可以在保证整体风格不变的情况下，具有相当高的延展性。

2. 实现设计

前面介绍的主流图片生成工具出图能力很强，但是包装设计要求有更高的独特性。这些主流图片工具对包装设计的独特性考虑不够，对我们精确指定的包装样式和尺寸的接受度不高，无论是使用上传垫图、Seed，还是直接输入包装型号的方式，都很难精确符合包装设计的要求。毕竟这些是通用的 AIGC 工具，不是专门的包装设计软件。我们可以做些变通，即充分利用 AIGC 工具之所长：将包装展开，确定整个画面的尺寸，让工具根据这个尺寸出图，然后人工将设计用到包装上。

有了这个思路，我们就可以开始设计创意图了。下面的示例使用的是 Midjourney。

> 提示词：Von Gogh and sunflowers in south France, oil painting, style of Von Gogh
>
> 翻译：凡·高和向日葵，法国南部，凡·高风格的油画

图 8-14 所示是生成的部分结果。

初步的效果还不错，画面是凡·高风格的，而且凡·高本人也出现在了画面中。可以多次生成，从中优选。也可适当调整提

示词，例如可以为了增加辨识度，让艺术家只显示半身，这样头部的占比会更大。

图 8-14　生成的凡 · 高风格图片

再来尝试毕加索风格的图片。

提示词：Picasso in Spain, style of Picasso art

翻译：西班牙的毕加索，毕加索艺术风格

图 8-15 所示是生成的结果。

图 8-15 所示的生成结果具有毕加索的风格和西班牙元素，但毕加索本人没有出现在画面中。我们需要做一些调整。在提示词里用毕加索的全名 Pablo Picasso，让 AIGC 知道我们想让毕加索这个人直接出现在画面中。调整后的生成结果如图 8-16 所示。

图 8-15　毕加索风格的图片

图 8-16　调整后的生成结果

图 8-16 中左上角的图生成方向是对的，我们可以在此基础上再生成几个，如图 8-17 所示。

图 8-17　再次生成的图片

这次对了！画面是毕加索风格的，毕加索本人也出现在了画面中，这正是我们的设计思路。

为了保证系列的一致性，我们还可以在上面的基础上对不同艺术家的画面进行统一安排。例如，都是头像，头像占画面的比例也大体相等。这些利用上篇所学知识都可以实现。

有艺术气息的包装设计和彩色铅笔的用户需求高度契合，可以增强产品的竞争力，而且这个设计思路是可以延展的。我们可以每隔一段时间推出一个新包装——新的艺术家，给老用户一个复购的理由。

3. 从 2D 图片到 3D 包装方案

在生成了满意的平面图后，可以利用建模软件生成 3D 效果图。这一步很可能需要与第二步交替反复进行，也就是说此阶段暴露的问题，有可能要返回第二步进行调整。包装材质、印刷工艺都会对最终呈现的效果产生明显影响。我们有可能要调整设计，甚至有可能根据包装特点分块设计——把一个包装盒分为几个部分，然后分别进行设计。

专业包装设计工具 Package Design AI

除了通用的 AIGC 工具，还有些 AIGC 工具是聚焦在包装设计上的，例如日本 PLUG 株式会社开发的 Package Design AI。这种专精于包装设计的 AIGC 工具可以在 1 小时内完成 1000 组商品包装的设计方案，并且能分析包装在市场上的受欢迎程度。图 8-18 所示是该产品的官网首页。

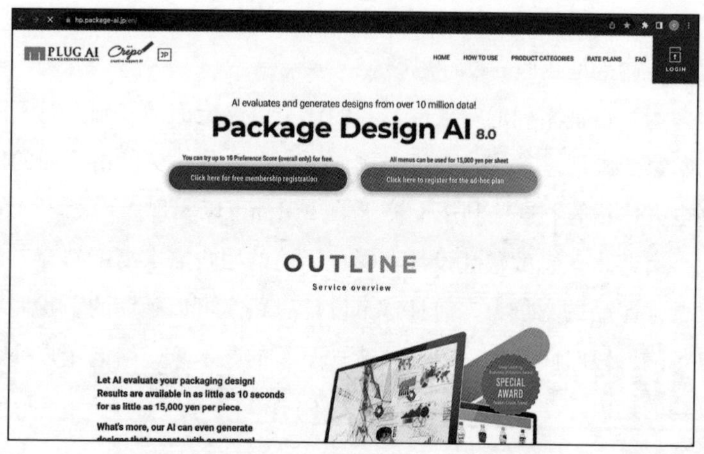

图 8-18　Package Design AI 官网首页

Package Design AI 在包装设计上相对专业，例如它会生成不同包装方案的热力图（见图 8-19），让设计师知道包装设计上的哪些部分吸引了用户，便于设计师有针对性地进行调整。

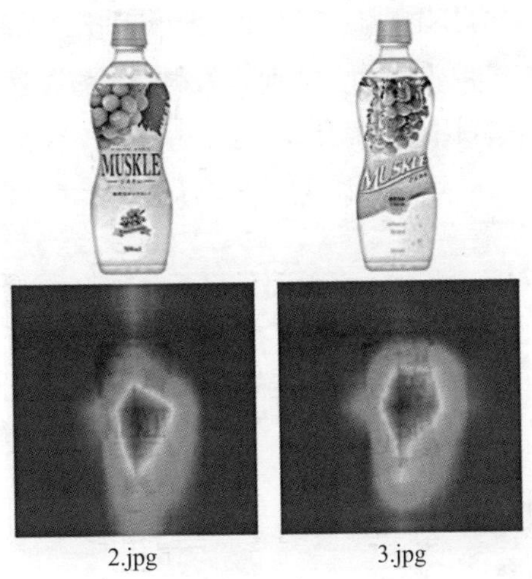

图 8-19　产品包装热力图

Package Design AI 还会对多种包装方案进行综合打分，如图 8-20 所示。

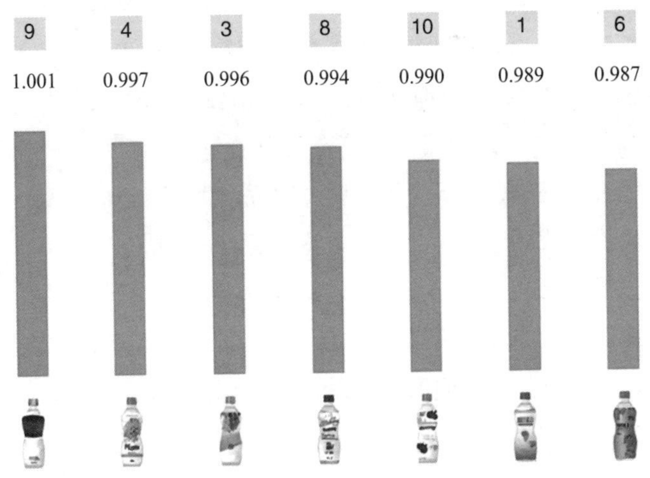

图 8-20　为包装方案打分

最后要再次提醒大家：尽管 AIGC 工具很强大，但人类在其中的作用是不可取代的：一方面，人类需要把控整个设计过程；另一方面，包装这个专业领域有很多是 AIGC 不擅长的，比如包装材料的特性、生产工艺对最终呈现效果的影响、价格等。

第 4 节　借助 AIGC 生成品牌专属声音和专属模特

现在越来越多的企业开始重视视觉之外的感官标识，例如独特的声音、独特的香味等。

设计声音标识

声音标识一般都很短，这和品牌名、Slogan 一样。但短并不意味着容易，以往不是专业人士根本无法从事这项工作。现在有了 AIGC，中小微企业都可以上手，做出独特的声音标识。

使用音频工具生成一段声音标识的基本流程是：根据品牌调性输入关键词，生成多个音频，试听，找到合适的方案。如果第一轮没有找到满意的，那就调整关键词，再把上面的流程走一遍。如果自己在多个方案之间犹豫不决，不妨进行低成本的真实用户测试：寻找真实用户，把多个方案通过微信发给对方，让对方只播放一遍，找出印象比较深的那一个。这部分内容上篇已经介绍过了，这里不再重复。

设计视频的背景音乐

视频除了画面还有声音，声音中除了人声还有配乐。好的配乐可以烘托气氛，强化品牌调性，吸引用户。但是声音标识太短，一般不适合直接用来做背景音乐。我们需要专门生成背景音乐，方法其实和生产声音标识类似：输入关键词，不断调整、尝试，直到找到那个可以打动你的音乐。和生成声音标识不同的是所用的工具和提示词。

背景音乐一般都会使用很长时间，所以多花一点时间是非常值得的。

生成专属模特

很多产品的营销都需要模特使用产品的视频，以往这都是真人实拍的，成本较高。我们可以借助 AIGC 生成专属模特。

> 提示词：a young beautiful Chinese model, full body, high perspective, smiling, clean and simple background--ar 9 : 16--v 5
>
> 翻译：一位年轻漂亮的中国模特，身材丰满，俯视，面带微笑，背景干净简单 --ar 9 : 16--v 5

背景简单的模特图，方便后面的应用。想要生成模特图，背景要尽量简单，这可以通过 clean and simple background 这样的提示词来实现。利用上篇学到的方法，我们可以对生成的模特进行调整，直到满意为止。

如果我们是一家服装企业，新款服装设计出来后，可以让这个模特“穿”上新服装。我们只需要把服装图简单叠加到模特身上，用 Photoshop 甚至 PowerPoint 就能很简单地实现这个效果。然后将叠图提交给 Midjourney，并复制图片链接。接下来，原封不动地输入之前的提示词，并加上该图片链接，调高权重，即将 --iw 设置为 2，AIGC 就会给模特换上新款服装。AIGC 会有一些随机性，我们可以多次尝试，从中选出最适合的生成结果。

提示词：a young beautiful Chinese model, full body, high perspective, smiling, clean and simple background--ar 16：9--iw 2

翻译：一位年轻漂亮的中国模特，身材丰满，俯视，面带微笑，背景干净简单 --ar 16：9--iw 2

不仅可以给模特换装，还可以利用上篇讲到的方法，让模特的发型、姿态、表情等产生变化，以充分满足企业的营销需求。

上面的例子使用的是 Midjourney，如果用功能更强的 SD，生成的图片效果更好。其他基础营销物料，例如统一风格的图标、表情包等，利用上篇所学知识都可以用 AIGC 快速生成。

第 9 章 CHAPTER

借助 AIGC 持续、高效地创作优质公域营销内容

与上一章的营销基础物料不同，公域营销内容需要持续地大量生产，不断更新。无论是图文内容还是短视频，都需要持续稳定地输出。注意，内容不能简单复用，至少需要“改头换面”，所以这部分工作通常会消耗营销团队最多的人力，是消耗成本最大的一部分。AIGC 可以大幅提升公域营销内容的产量和质量，并降低成本。

第 1 节　利用 AIGC 生成文字内容

很多平台的内容都是以图文为主的，包括微信公众号文章、小红书图文笔记、百家号文章等。虽然短视频和直播对图文内容冲击很大，但图文内容依旧有不可取代的作用，尤其是放在整个营销链条上来看。

以往完全靠人力生成优质图文内容，这种方式成本高、周期长，而且创作者很难一直保持高水平。有了 AIGC 的加持，我们可以做得更好。

基本流程

上篇讲过借助文本类 AIGC 工具，应用 SWIFT 雨燕功法，结合企业特点和整体的内容营销策略，就能高效生成内容。营销文字内容和其他文字内容的生成并没有本质不同。下面举两个例子来帮助大家理解。

A 公司有多种产品，小红书账号要在整体营销规划指导下做出配合。宣传产品、种草是小红书图文笔记的主要目的。

小红书图文笔记的结构是：标题、图片、文字。相比微信公众号文章，小红书图文笔记中图片的占比更大。我们借助 AIGC 来生成一篇小红书笔记。

1）**整体策划**。不要着急动手，要先定整体思路和方向。

2）**取标题**。我们在第 2 章第 4 节举了一个为内容取标题的例子，限于篇幅，这里就不再重复了。我们可以在那个例子的基础上进行完善，让标题更适合小红书的调性，比如在标题中适当加入表情，融合类似“任何人错过这个我都会伤心的好吗”这样的小红书式语言，不要明显的广告化语言。

提示词：请为标题“救命！我真的会低饱和度露丝风穿搭了，×××平替太棒了！”生成五段100字以内的小红书文案。

AIGC：以下是另外五段适合小红书的、各不相同的100字以内的文案。

“我真的不骗你，救命！我竟然会低饱和度露丝风穿搭了！×××平替太棒了，但我也能自信驾驭！时尚就是要秀出自己的风格，你也试试吧！”

“天呐！我真的get到低饱和度露丝风穿搭了，感觉自己变身时尚大咖！×××平替有了强有力的竞争对手！这一秋，我来了，你准备好了吗？”

“嘘，救命！我发现秋季的低饱和度露丝风穿搭竟然这么简单！×××平替也被超越了，我要扬起自信的风帆，迎接时尚的大海！一起加入吧！”

“天气转凉，救命！我居然真的会低饱和度露丝风穿搭了！×××平替，我也能驾驭！不用花大价钱，轻松get时尚感，秋天的魅力我hold住！”

“别闹，我竟然掌握低饱和度露丝风穿搭技巧了！×××平替的时尚秘密揭开，我也能光芒四射！跟我一起摆脱平庸，发挥自己的时尚态度吧！”

这些文案以不同的方式表达了主题，同时融入了小红书的调性，呈现出时尚、自信的氛围。如果您还有其他需要，请随时告诉我。

提示词：很好，根据我给你的这五个关键词，重新生成五个文案。（1）救命！我真的会……（2）居然有人会说……我真的会……（3）后悔没有早点……（4）任何人错过这个……我都会伤心的（5）这个……神器我怎么没早点发现！

因为每次生成的文本较长，为了节约版面，这里就不给出所有的中间回答了。最后不要忘记，让 AIGC 去除广告用语，以符合小红书的调性。

3）**生成一系列图片，把一个产品讲明白，把卖点体现出来。**之前使用的主要是实拍照片，成本高，限制多，现在采用 AIGC 生成这类内容又快又好又省钱。建议采用品牌专属数字模特 + 合作达人的模式来生成图片。

4）**生成笔记正文的文字。**小红书笔记内容有 1000 字的限制。别小看几百字的文字，要做好并不容易。

通过 SWIFT 雨燕功法，与 AIGC 合作，我们就会得到一篇符合要求的小红书笔记，配上图就可以发布在账号上了。这里限于篇幅，只给出了取标题的例子，其他几步与此类似，大家结合上篇的内容和取标题的案例自行尝试即可。

利用专属模板高效复用训练成果

若是认为某篇笔记的结构较好，那么完全可以复用。下面我们介绍如何应用 T 专属模板功法，将调教成果沉淀下来复用。

我们先把文本转化成模板。最简单的办法就是直接在会话中对 AIGC 提出要求。

提示词：请将“错过这个真的会让我伤心，谁能想到瑜伽服竟然可以这么时髦又显腰细！真的是 ××× 平替，颜色真的很绝，雾霾蓝的颜色穿上真的超温柔，露丝穿搭拿捏了！”命名为“HD 运动开衫笔记模板 1 号”。

AIGC：已经将上述文案命名为“HD 运动开衫笔记模板 1 号”。如果您还有其他需求或问题，欢迎随时告诉我。

AIGC 的回答表明它已经记住了这个专属模板的名字以及与模板对应的内容。但是 AIGC 会受会话上下文长度的影响，超过一定长度后，会忘记这个模板。为了解决这个问题，出现了类似 GPTs 这样的产品。

使用模板时，我们是让 AIGC 参考模板，而不是简单复制模板，这就需要相应的提示词。

提示词：请参考“HD 运动开衫笔记模板 1”，为石榴红色的瑜伽服生成 3 篇小红书笔记。具体的措辞既要与模板有所变化，又要体现石榴红的特点。

GPT 生成的文案开头文字是“别让自己后悔没有早点发现石榴红……”，与模板中的原文“错过这个真的会让我伤心……”结构相同，但又略有变化。这才是模板的正确用法。

尽管我们可以明确指定应用模板的方法，但 AIGC 始终具有一定的创造性和随机性，结果未必如我们所愿。好在 AIGC 的生成速度远超过人类，我们可以让它大量生成，然后从中优选。举例如下：

提示词：可以，再帮我生成5篇小红书笔记。

提示词：不错。这一次，可以在模板基础上多一点自由发挥，再生成3篇笔记。

上面的例子我们使用了直接在会话中提交文本的内容生成方式。为了方便以后使用，我们可以将模板内容保存为PDF文档。以后再使用时，只需要上传给AIGC，然后输入提示词就可以方便地使用专属模板了。还可以将相关内容定制为GPTs。

由于企业专属模板是生成内容的内容，要求高，影响大，营销团队领导必须高度重视，调动能力最强的人员来负责这件事。基本原则是：高手打造专属模板，领导检查模板质量，中等水平的人去应用模板。

当然，营销是一个变化很快的领域。即便是优质模板，也需要以一定的频率来更新和改变。所以我们会发现，一个优秀的营销领导，会在企业专属模板上花费很多精力。

我就曾应企业需求，为企业定制专属模板。我懂AIGC，又懂营销，只要针对企业进行适当的调研，就能帮助企业生成高质量的专属模板，以文档或GPTs的形式交付给企业。企业虽然为优质模板花了钱，但多次使用模板生成优质内容，反而降低了单个内容的成本。

为什么SEO内容特别适合用AIGC生成

SEO是经典的互联网营销方法，曾经是互联网营销的核心手段。即便受到更多新营销方式的影响，但它依然具有重要作用，尤其是对B端客户、海外用户来说。

要做好SEO，需要持续生成SEO内容，以便增加搜索的收录量，进而提高排名，提高客户通过搜索引擎找到自己的概率。

我们以一个做出口贸易的公司为例。该公司向海外出口PVC地板，Google搜索引擎是其最重要的推广手段，需要持续生成SEO内容，增加搜索引擎的收录量和权重。因为针对北美市场，所以需要生成英文内容。该公司负责内容的人达到了英语专业8级，但以往生成的内容依旧存在表达不够地道的问题，且生成内容很慢。而且时间长了，在同一个主题内，写的内容重复度很高，直接影响了公司业务官网在搜索引擎中的权重。在AIGC出现之前，公司只能加大人员投入成本，但是懂垂直行业、懂外贸、英文好的人，工资成本都很高，公司不可能大量增加人手。

通过AIGC生成英文文章，速度快、数量大、用语地道，而且可以快速结合市场热点。应用AIGC之后，该公司以很低的成本（AIGC工具的使用成本）实现了收入的大幅增加，搜索引擎对该公司网站的收录量、权重均有明显提高，获客效果显著。

至于用AIGC生成SEO内容的方法，这里就不介绍了，和前面生成其他内容类似。

公域内容当然不只有上面几种，学习上面的方法和思路，可以高效生成任何形式的公域内容。

第2节　借助AIGC创作营销视频

主流的短视频平台有抖音、视频号、快手等，这些平台已经吸引了巨大的流量，导致原先主要做图文内容的平台（例如小红书）也推出了视频相关内容。看视频比读图文更加轻松，因为观看时不需要那么集中精力，还可以满足听觉和视觉的需求。

我们来看看如何生成视频，因为企业营销实战中使用短视频的场景更多，所以本节以短视频生成为例，用相应的方法也可以生成长视频。

如今的营销中，短视频变得特别重要。产品介绍用短视频，操作指南用短视频，营销推广更是用短视频。如今人们在短视频上消耗的时间越来越长。

短视频营销涉及脚本策划、素材制作（分为实拍和AIGC生成）、剪辑生成、发布及运营。要做好短视频，需要结合使用多种工具。下面就来介绍如何借助AIGC进行视频制作，主要包括如下三步：利用文本类AIGC工具生成短视频脚本，进行素材制作，进行视频特效制作和剪辑。

利用文本类AIGC生成短视频脚本

我们在上篇专门介绍了视频类AIGC工具，但我们进行视频创作，并不是直接使用视频类AIGC工具。因为好的视频需要精心策划，就好像电影要提前撰写剧本一样。这一步非常重要。

下面我们通过一个实际案例介绍如何得到一个优质的短视频脚本。基本流程如下。

1）确定策划方向。

2）写提示词。

3）获得结果。

4）问题迭代，直到获得满意答案。

5）基于满意的答案再生成几个，并进行比较。

6）选定脚本，人工进行局部完善。

可以要求 AIGC 按分镜头用表格形式输出脚本，这样更方便使用。

进行素材制作

除实拍之外，很多素材都可以用 AIGC 生成，甚至可以不实拍，完全靠 AIGC 生成视频。

可以生成的素材类型包括：图片、视频片段、音乐、声音、配音。这些我们前面已经讲过了。一定要考虑到素材将来如何整合在一起，所以生成时要注意风格统一协调的问题。AIGC 生成视频素材的方式包括如下几种。

- 基于文本生成视频片段。
- 基于图片生成视频片段。
- 基于视频生成新视频片段（主要是视频风格迁移）。

针对不同方式，需要根据情况选用我们上一篇讲过的工具。

进行视频特效制作和剪辑

这个环节主要是人工借助剪辑工具进行操作，现在已经有了成熟且高效的特效制作和视频剪辑工具，例如 Premiere Pro、剪映专业版。如果不是有特别需求，剪映专业版足以满足广大中小微企业的需求。这个软件上手快，功能强，而且基本功能免费。

剪辑工具也在 AIGC 化，这值得关注。

1. 对已有视频进行风格转换生成新视频

视频素材可以实拍或者利用 runway 等工具生成。其实在此基础上，我们还可以利用 AIGC 对已有视频进行风格转换，生成新的视频素材。

合理利用 SD，也可以生成视频素材。前面我们一直认为 SD 只是图片类 AIGC 工具，其实借助一些插件，它也能处理视频。和 runway 不同，它不是直接生成视频，而是对已有视频进行加工，产生特效。首先要准备一段视频，可以是实拍的，也可以通过其他途径获得，以此为基础对它进行加工。可以用下面的插件。

- **EbSyth 插件**：可以对已有视频进行风格转换操作。
- **Deforum 插件**：这是一种基于 SD 的动画生成工具，它可以根据文本描述或参考视频生成连续的图片序列，并将它们拼接成视频。Deforum 插件使用了一种名为 image-to-image function 的技术，可以对图片帧进行微小变换，并用 SD 生成下一帧。由于帧之间的变化很小，因此会产生视频的效果。

插件是一个值得探索的空间，但不要陷入技术思维，应始终面向营销场景，让插件为我们服务。

2. AIGC 工具与剪辑工具配合得到好效果

上一篇讲工具，每个类型、每种工具都是单独讲的，中篇我们要面向工具整合。AIGC 工具和视频剪辑工具配合得好，可以快速做出好效果。所以，不要一提到视频就只想到前面讲的视频工具。比如，我们可以用 Midjourney 的 Zoom out 功能做出电影中酷炫的连续变焦效果。

Zoom out 功能是在 Midjourney 5.2 中推出的，它可以无限扩展原始图片，同时保持与原始图片的细节相同。这个功能对于制作视频非常有用，电影、广告里经常能看到这样的连续变焦视频。

Zoom out 功能的启用方式非常简单，生成一张四宫格图片后，单击其中一张进行放大操作，图片下方就会出现一些可选的调节参数。其中 Zoom out 2x 和 Zoom out 1.5x 分别表示在原图的基础上按比例拓展 2 倍及 1.5 倍。Custom Zoom 可以调整画面比例和缩放率。

我们用 Midjourney 5.2 生成多张连续变焦的图片，然后导入视频剪辑软件，经过一定的设置，就能生成平滑顺畅的连续变焦视频。下面是操作步骤。

1）**先有整体构思，再去细化执行**。例如儿童彩色铅笔企业设计了凡·高风格的包装，需要拍摄短视频进行宣传。我们的视频构思如下：画面从向日葵田地的远景拉到凡·高的脸部特写，整个视频画面都是凡·高风格的。

2）**输入提示词生成第一张图片**。落地上述构思并不一定要用视频生成工具，用 Midjourney 的 Zoom out 功能就可以。首先是生成一张图片，如图 9-1 所示。

3）**生成一系列图片**。利用 Zoom out 功能将第一张图片放大 2 倍，并将放大之后的图片再次放大，如此执行多次，就得到了图 9-2 所示的多个结果。

4）**将这一系列图片保存下来**。为了方便后续操作，最好让文

图 9-1　生成第一张图

图 9-2　生成多张图

件名前面相同，末尾按生成的顺序加上序号，例如“凡高 01.png”“凡高 05.png”。

5）将上述图片导入视频剪辑工具。这里以剪映为例。首先导入所有图片，然后将图片拖放到时间轴。图片在时间轴上的顺序要倒过来，例如“凡高 05.png”放在时间轴的开头位置，“凡高 01.png”放在末尾，因为我们的创意是从向日葵的全景拉到凡·高的脸部特写。调整好每张图片的显示时间，例如0.3秒，就可以播放预览了。

预览之后，我们发现画面有明显的顿挫感，变化不流畅。我们还需要在剪映中做一些设置（如图9-3所示）：选中图片，在剪映右侧画面的基础面板中设置“位置大小”，将每张图的开头设为100%，末尾设置为200%。为了保持画面不变形，需要打开“等比缩放”开关。

图9-3　在剪映中的设置

设置完成后，将时间轴定位到中间，我们会发现它的缩放比例在100%和200%之间平滑变化。设置完再预览，画面就非常流畅了。

我们可以更进一步，基于AIGC生成的静态图生成动态视频，比如当镜头推到凡·高脸部特写时，让凡·高给我们一个微笑，同时他身边的向日葵随风摆动。图9-4展示了在runway中利用动作笔刷工具进行动画制作的方法。这两个动作笔刷分别为凡·高的脸部和身边的向日葵添加了动作。生成满意的画面之后就可以根据需要添加文字，加上音效，最后导出使用了。

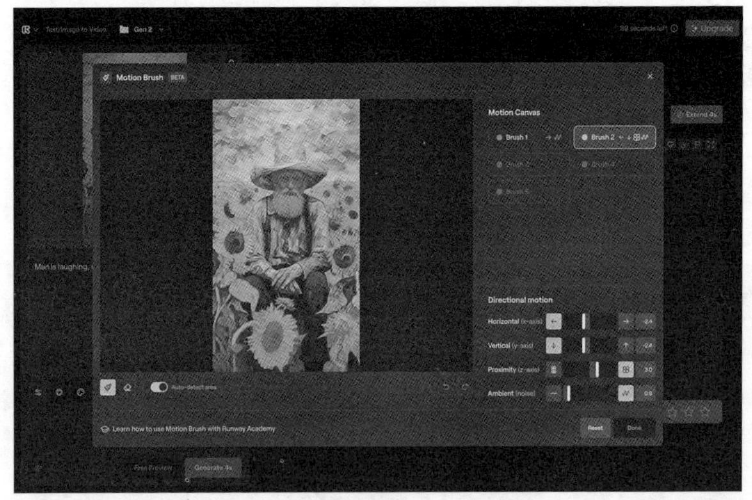

图 9-4　在 runway 中制作动画

第 3 节　利用数字人生成短视频内容

上篇已经简单介绍过数字人的产品，大家对数字人应该有了基本认知。本节我们以一个真实的产品为例，从实战层面看看如何在营销中使用数字人。这里以小冰数字人为例，其他工具大同小异。

1）准备训练素材，自己拍摄好视频，录好音频。

这一步是用户自己完成的，数字人公司并不提供直接服务。很多人都会在这一步遇到问题，提交的素材总是不合格。

数字人生成工具对素材有详细的要求，一定要严格遵循。例如，我为了增加数字人辨识度，特意戴了一个大墨镜录视频素材。结果审核不通过，理由是脸部不能有遮挡（近视眼镜除外），只得重新拍摄，重新提交。

下面就是小冰数字人对素材的部分要求，如果不仔细看，很容易忽略一些细节，导致所拍的素材不合格。

- 距离镜头约 1.8 米，后续呈现的效果会更好。
- 选择安静的、无杂音的房间，背景干净整洁，无任何玻璃等反光物体。
- 请保持人物在画面正中，人物宽度占画面的 1/3 以下。
- 视频像素（建议 4K）。
- 手部动作不遮脸、不超肩。
- 眼神正视前方，不要飘忽不定。
- 念文稿（不能说数字）尽量吐字清晰。
- 要进行视频卡秒（14 ～ 54 秒后要有动作），这样后续呈现的数字人更自然，所以一般前 14 秒静默，嘴巴微闭，不要露出牙齿。每念完一小段话（1 ～ 3 句）停顿 2 ～ 4 秒，停顿时嘴微闭，不要露出牙齿。
- 训练视频（5 分钟以上）。

小冰数字人的音频素材是单独录制、单独提交的。

数字人生成工具会发给用户一个提交素材的网址，在页面中按提示上传素材文件即可。这一步涉及的上传操作很简单，关键是保证素材的质量。

2）使用素材训练专属数字人。

素材审核通过后，要按要求签署一份《数字人授权书》并上传给数字人公司，然后就可以正式开始模型的训练了。这一步由数字人公司来操作，用户只需等待自己的数字人训练完成。

3）**使用数字人生成需要的视频。这一步是用户自行操作。**

登录数字人公司的用户系统，默认展示的是公用数字人。我们需要在界面的右侧选择“定制”选项卡，在这个选项卡之下能看到自己的数字人，能听到数字人的声音。单击自己的数字人形象，就可以开始利用数字人生成视频了，如图 9-5 所示。

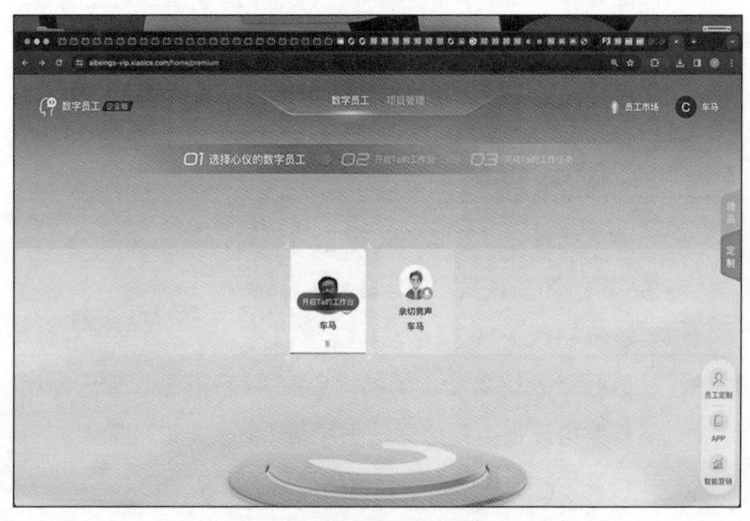

图 9-5 利用数字人生成视频

图 9-6 所示界面就是已经训练好的数字人。我在文本框内输入了视频文案，然后单击播放按钮预览效果，数字人开始“说”我输入的文本。口型与文案内容是匹配的，就像真人在口播这段文案。

我在预览时发现有一个多音字“地”读错了。在输入框中选

图 9-6　训练好的数字人

中“地”字，然后单击输入框上部的“多音字”按钮，展现这个字的多个读音，从中选择正确的读音即可。还有“分词”“数字读法”等按钮，也对应着相应的功能。

不断调整，不断预览，满意之后，单击界面右上角的“提交任务”，数字人公司会正式为你生成视频。

我们可以自己输入文本，也可以借助 AIGC 生成。当然，一定要认真检查 AIGC 生成的文本，确保高质量。

除了文本驱动视频，还可以直接提交音频来驱动视频。用户可以直接在工作台录音，或者预先录好音再上传到工作台，用自己的真实语音来驱动数字人“说”话，如图 9-7 所示。

语音驱动相比文字驱动的方式，用户的负担要重一些——需要亲自录制音频。但有付出就有回报，因为音频是真人发声，最终数字人表现出的声音比 AIGC 根据文字生成的声音更加自然生动。

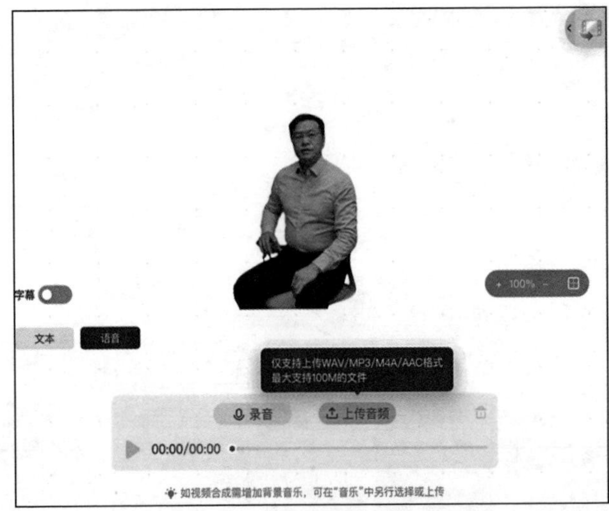

图 9-7　音频驱动视频

用户进入项目管理界面就可以看到已经生成的视频。选择相应的视频，可以预览，可以单击下载图标将其下载到本地，如图 9-8 所示。

图 9-8　下载视频

数字人生成的视频其实还是半成品，我们需要进行加工。我将这段视频导入剪映，在其中对视频进行了换背景、调色、加字幕等处理，制作为成品，最终发布到了短视频平台。

第 4 节　借助 AIGC 做好公域的用户互动

公域内容运营即在公域以内容为基础的运营。在长期咨询中我发现，公域内容运营中有一个普遍现象：重流量、重内容、重投放，轻转化（尤其是多环节衔接的转化）、轻互动。究其根本，是企业把潜在用户当成抽象的流量、冷冰冰的数字，而不是活生生的人。那么，如何做好转化和互动呢？我认为必须利用好与用户的触点，其中最重要的就是微博、博客或各种内容平台中的留言区和评论区。可惜，很多企业的公域账户都没有设置专门的留言回复机制。其实，留言区、评论区是一个高价值的营销细分场景。

- 当前公域内容极其丰富，对于大部分内容来说，用户只是蜻蜓点水地接触一下就划过去了，根本不会留下印象。而那些少数进入评论区的人，是企业必须抓住的重点用户。我们在公域平台的账号就相当于线下的实体门店，进入评论区的用户就相当于进店客户。针对这样的用户若是能做好互动，转化率自然会提高。
- 大多数进入评论区的人只会阅读部分评论，并不会参与互动，企业是看不到这些用户的任何信息的，但是这些人往往都会认真看其中一部分互动内容，企业若是能做好互动内容，用户自己即便不参与互动，也可以通过企业与其他用户的互动接收一部分信息。

- 对于那些进入评论区并参与互动的少数人，是企业必须重视的潜在客户，所以企业必须通过高质量、及时的互动来留住这些人。

很多企业认为，即便某些人在评论区参与了互动，也不能说明他们就是企业的目标客户，更不用说会购买企业产品了。我们要知道，用户从第一次接触产品到购买产品，是需要一个很长的过程的。企业只有积极维护好潜在客户才能实现最终的成交。

另外，即便是这些参与互动的人最终没有购买产品，但是我们也不能忽视他们是内容贡献者这一事实。评论区有了大量内容贡献者提供的优质内容，就能吸引很多人来围观，这会增加潜在客户与品牌、企业的接触时间，从而增加最后成交的可能性。

理解了在留言区、评论区与用户互动的重要性之后，我们来看如何操作，毕竟那么多用户、那么多互动内容，没有好的方法，很难做到充分运营。

无论是图文、短视频还是中长视频，评论区的内容都以文字为主。我们可以利用 AIGC，根据不同用户的输入内容生成专属的互动文字，并通过自动回复机制进行回复，然后由运营人员对其中的热点内容进行深度回复。

建议做到所有留言、评论都回复，因为内容留言、评论的马太效应特别明显，互动越多，评论区越活跃，能吸引来的人越多。所以，在企业内容刚刚发布的时候，可以利用企业的其他账号先发一些评论，打破冷启动时的僵局，引来真实用户的评论。建议企业可以把引导性评论的创作放到与主内容一样重要的位置。

为了激发内容贡献者的热情，企业不仅可以以官方身份进行回复，就是直接用发布主内容的账号回复，还可以以普通用户的身份进行回复，从而引导内容贡献者发布更多内容。好的内容可以获得大量的转发、点赞，这也是激发内容贡献者创作内容的动力。

AIGC 进行回复的方法是：内容运营人员巡查账号，把一些值得回复的内容挑选出来。简单问题可以由内容运营人员直接回答，例如细节追问。其他问题可以借助 AIGC，也就是把问题投喂给 AIGC，让它直接给出回复。注意，企业需要指定符合品牌调性的风格，例如专业风格、幽默风格等。

上述是人机配合的半自动回复方式，要想实现 AIGC 全自动回复，需要进行一定的定制开发，这需要具有一定 IT 基础的人来做。企业若是没有相关人才，可以借助第三方来实现。注意，使用全自动回复方式，需要提前训练好 AIGC，比如语言风格、品牌调性等。

|第 10 章| C H A P T E R

借助 AIGC 做公域营销

活动营销是一种非常重要的营销方式。活动需要依据活动策划案来执行，而活动策划案也是一种内容。本章我们先来讨论如何借助 AIGC 完成活动策划。

直播作为一种特殊的线上活动，当前受到所有企业的重视，所以本章还会介绍 AIGC 赋能直播的方法。

第 1 节　做活动

以前的活动主要在线下举办，在当今的环境下，线上活动的价值越来越大，有些活动甚至是纯线上的，即便是一些线下活动，线上参与的比重也很大。但是无论是线上活动、线下活动还是线上 + 线下活动，都需要做好策划。

好的策划是活动成功的前提，策划的内容包括活动的目标、投入（人力、物力、财力）、主题、流程、物料、场地、专项小组等。这里重点介绍内容物料。内容物料可能包括现场海报、手机海报、活动详情页、倒计时海报等，这些都可以利用 AIGC 来生成，为避免重复，具体生成方法就不在此展开了。这里只强调一点，因为活动的时效性很强，所以在准备物料时要有所体现。

- 活动开始前对外发布的预告海报，可以用倒计时海报的形式。
- 活动进行中的展示海报，要能激发用户行动，让用户产生不立刻参加就会错失很多的感觉。
- 活动后的总结海报一般用于通报活动成功举办或对用户表达感谢。这类海报中可以植入后续活动的消息，或引导用户做相关操作的内容。

要做好一次活动，对相关物料的需求量非常大。AIGC 工具的引入大幅提升了物料的产出效率和质量，尤其是对中小微企业来说这一点非常重要。

第 2 节　做直播

这里所说的直播主要是指营销性直播，而不是那种纯粹的内容分享类直播。

直播必须先进行脚本策划

直播脚本是什么？简单来说就是一份流程表，包含了直播的所有安排：时间、主题、产品、话术等。你要在直播间做的事、说的话，都要体现在你的直播脚本里。直播脚本起到的就是拍电视剧时剧本的作用。

现在的直播非常专业，要想做优质的直播，必须提前进行脚本撰写。即便只有一个主播的直播间，也需要策划相关的脚本。

很多比较善于演讲、分享的人很容易轻视直播脚本。以我为例，我在上台演讲、线下讲课、线上讲课方面经验很丰富，所以在最开始做直播的时候没把脚本放到心上，尤其是在第一场直播大获成功之后。但是随后的几场直播，我发现效果时好时坏。我深挖原因后发现，第一次直播能成功得益于我长期的准备工作，虽然没有形成真正的脚本，但是在我的脑海中已经有了脚本。后面的几场直播，我完全是靠运气。知道了原因，我马上调整，开始写直播脚本。事实证明，有备而战的效果非常好，直播间转化数据说明了一切。

在营销场景中要依靠事前的充足准备，而不是临场发挥。若是必须临场发挥，也要在有准备的大框架下在某些环节临场发挥。

直播脚本的 4 个核心要素

直播脚本的 4 个核心要素如下。

- 明确直播主题。也就是搞清楚本场直播的目的是什么，是回馈粉丝、新品上市还是大型促销活动？明确直播的目的就是让粉丝明白，自己在这场直播里面能看到什么、获得什么，激发粉丝的兴趣。
- 把控直播节奏，梳理直播流程。一份合格的直播脚本是具体到分钟的。8 点开播，前 10 分钟梳理当期产品预告，最后 10 分钟预告下期内容……一款产品介绍多久，口播和展示分别几分钟，都要细化。
- 调度直播分工。对主播、助播、运营人员的动作、行为、话术做出指导，包括直播参与人员的分工，比如主播负责引导观众、介绍产品、解释活动规则，助理负责现场互动、回复问题、发送优惠信息等，后台客服负责修改产品价格、与粉丝沟通、转化订单等。
- 控制直播预算。中小微企业可能预算有限，脚本中可以提前设计好能承受的优惠券面额，以及秒杀活动、赠品的支出等。

直播脚本模板

有经验的人已经打磨出经过实战检验的直播脚本模板，这对我们很有借鉴意义，我们可以在这些模板基础上，在 AIGC 中利用 SWIFT 雨燕功法中的 T 专属模板方法，快速生成自己的脚本。

AIGC 加持下生成新模板的方法如下。

1）准备直播参考脚本，“投喂”给 AIGC，接下来和 AIGC

协作迭代出自己的脚本。

2）如果对某个脚本满意，可以给脚本命名并保存到本地。

3）在直播准备阶段，在直播脚本模板的基础上快速生成本次直播的脚本。

参考脚本如何获得？网上有大量分享出来的脚本，也可以找到同领域经常直播的公司，用其最近实际运作而且效果不错的脚本来作为参考。

此外，还可以花钱请企业所在领域专门写脚本的人为我们写脚本。但最好与对方约定，我们用这个脚本直播几次之后，若是发现了问题，他们要基于这些问题对脚本进行迭代。请别人写脚本，主要是在企业刚刚准备做直播时，这是避免走弯路的方法。长期来看，企业必须具备迭代直播脚本的能力。

注意，由于领域、企业调性、产品等不同，网上找的脚本基本上没有能完全直接复用的，都需要进行必要的调整。这一步千万不能省略，不然直播效果会打折扣。

脚本的持续迭代

需要强调的是，直播环境是在不断变化的，观众也是在不断变化的。这就导致一个无法避免的问题——直播效果的衰减。以前比较管用的直播脚本，很可能效果越来越差。所以，脚本的持续迭代就成了一个必须长久进行的工作。对于脚本的迭代，可以从如下几个方面进行。

- **以数据为依据：**我们写了直播脚本，进行了多场直播后会得到大量反馈数据，这些数据有平台提供的，比如观看数量、热度等，也有我们自己收集的，比如直播中观众的留言、产品销量等，通过对这些数据进行分析，可以找到脚本迭代的方向和时机。

- 调整结构和细节：迭代脚本的时候，可以从结构和细节两个维度入手，生成的新脚本要以模板形式保存下来，而且要和之前的版本形成延续性，比如之前的脚本是第五版，那么新的脚本模板可以保存为“直播模板 V6”。然后把新模板提交给文本类 AIGC 工具，在提出新的细节要求的情况下生成新的直播脚本。
- 合理使用 A/B 测试：可以同一时间探索多个脚本结构，分别生成多个直播模板。在实战中进行 A/B 测试，对不同脚本进行持续优化。这样不仅可以得到更好的脚本，还可以避免被困在一个模板中，每次迭代都只做局部改进。
- 要充分发挥人的特长：只有充分分析、研究以后的直播脚本，才能得到更优的脚本，而分析、研究工作主要由人来完成，AIGC 只能提供辅助作用。生成并迭代脚本的工作也需要由人根据分析和研究成果来对 AIGC 发指令。

利用数字人做直播

直播脚本策划好之后，就要由主播出镜团队配合进行直播了。除了常规的真人主播，现在数字人技术也已经成熟了，可以直接用于直播。关于数字人技术，上篇已经介绍过了。

一定要理解数字人直播的特点，在合理的场景中用好它。如果是知识 IP 类直播，不太适合大量使用数字人。如果是快消品类直播，因为只需要介绍清楚产品即可，所以很适合使用数字人。还有一种场景很适合用数字人，那就是多语言直播，也包括方言。例如，我们可以用同一个数字人，让他用四川话针对川渝地区用户直播，用粤语针对广东地区用户直播，用英语、西班牙语等针对海外市场进行直播。

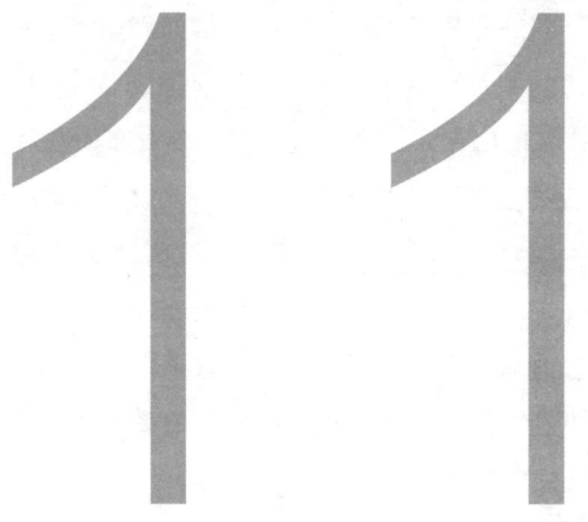

|第 11 章| CHAPTER

AIGC 在私域营销场景中的应用

数字化时代，私域的一对一营销变得非常重要，而其中对内容的要求更高。本章就来介绍企业如何借助 AIGC 高效生成高质量的私域内容。

第 1 节　朋友圈内容策划与生成

朋友圈图文内容是日常营销的重要部分，创始人、企业高管和普通员工都可以用，甚至可以说朋友圈图文是全域、全链路营销的基础。

朋友圈的图片可以是实拍的，例如创始人参加活动、与重要人物会谈的照片，这部分与 AIGC 关系不大。但除了实拍图片，还可以让 AIGC 介入，生成适合朋友圈发布的图片。

虽然每条朋友圈图文只需要 1 张或几张图片加少量文字即可，但生成难度不低，而且这个难度有持续增加的趋势。再加上大多数人都很忙，而且普遍不擅长生成高质量内容，所以很多朋友圈营销都“夭折”了。朋友圈营销常见的问题是运营没有章法，不知道发什么，也不知道如何高效率生成优质内容。这一节就来解决这些问题。

整体规划

先看一个示例，这个示例可以作为大家生成整体规划的模板。

提示词：

我最近的主要业务是筹建“AIGC 企业营销速成营”，和二三线城市的当地合伙人合作，采用两天一晚线下集中授课 + 随后 2 个月的线上授课和辅导的方式，帮传统行业小微企业家快速掌握主流 AIGC 工具的使用方法，并且应用到本企业的营销实战中，发挥看得见的作用。请帮助我完成一周朋友圈的规划，需要充分展现我既专业又幽默的形象，帮助我更好地招募城市合伙人。

我会提供朋友圈推送技巧、我的基础资料和金句，请充分学习然后为我生成规划。请你学习以下关于朋友圈的知识，完成后回复“完成”。

10种发朋友圈黄金模板

（1）产品类：

发圈时间：12:00—13:00，19:00—20:00。

文案内容：以朋友的口吻分享，不要硬广。

发圈配图：产品海报图，用户反馈图，门店内热闹的场景。

（2）生活类：

发圈时间：周六日任意时间，工作日（9:00前17:00后）。

文案内容：生活中的小美好，展示真实的生活状态。

发圈配图：宠物图，绿植图，美食图。

（3）正能量类：

发圈时间：6:00—7:00，13:00—14:00。

文案内容：给人精神慰藉和力量感的内容，要能引发共鸣，把用户想说的话讲出来。

发圈配图：可从创业、事业、家庭、生活等角度分享早餐和运动等照片，建议真人出镜，展示自己是一个自律的人。

（4）感悟类：

发圈时间：10:00—12:00，14:00—18:00。

文案内容：针对自己突然萌发的某个想法或者遇到的某件事发表总结或感悟。

发圈配图：自拍美图，工作场景，注意图文结合。

（5）自我复盘：

发圈时间：23:00左右，可根据工作时间调整。

文案内容：每日的复盘，帮助自己更好地梳理当日的工作内容，让自己保持精进。

发圈配图：每日一张复盘四字图片，要显得足够自然。

（6）文章、短视频：

发圈时间：12:00—13:00，19:00—20:00，每周1～2条，不要太过频繁。

文案内容：文章深层次展示你的所思所想，让用户认识到你是一个有思想的人，卖产品是事业，本人更值得交往。

（7）爱好、运动锻炼：

发圈时间：6:00—7:00，17:00—18:00。

文案内容：真实分享每日自己的生活状态，让别人知道你是一个坚持不懈的人。

发圈配图：运动照片，真实，画质清晰。

……

AIGC：

周一

类型：产品类。

时间：12:00—13:00

内容：分享“AIGC企业营销速成营”的课程大纲和一些学员反馈，强调课程的实用性和效果。

配图：课程海报图，学员反馈图。

周二

类型：生活类。

时间：17:00后。

内容：分享一些日常生活中的小趣事，展现真实的生活状态，让朋友圈的朋友们感受到我的人情味。

配图：宠物图，绿植图，美食图。

周三

类型：正能量类。

时间：6:00—7:00。

内容：分享一些关于创业、事业的正能量语录，给朋友圈的朋友们带来精神慰藉和力量感。

配图：早餐、运动等照片，建议真人出镜展示自己是一个自律的人。

……

当然，初步生成的规划一定存在问题，我们可以根据已经掌握的方法对其进行优化和迭代。例如让AIGC再生成一份规划，然后由人工进行比较。还可以把我们自己的一些想法告诉AIGC，让AIGC据此调整规划。例如，我是这样告诉AIGC的：朋友圈需要有20%左右的内容是工作和业务以外的，包含科技与商业的思考、人文（我很喜欢去各种博物馆）、教育（我有一个刚上小学的孩子，我们的亲子关系非常好）。了解了这些特别信息之后，AIGC就可以做出更适合我的规划。

具体内容生成

在整体规划的指导下，我们就能更有序地生成朋友圈的图文内容了。朋友圈的文字通常比较短，一般不用借助AIGC，借助AIGC主要是生成图片。虽然可以用实拍照片，但如果都是这种照片，朋友圈就会显得很单调，而且这类照片的有效信息含量不高。我们可以借助图片类 AIGC 工具生成一些高质量的图片。比如对于上面的例子，就可以生成一些关于科技与商业思考、企业数字化、AIGC 企业实战方面的内容，图片可以类似于单页 PPT，不仅美观而且信息含量足够高。

朋友圈内容所需要的图与活动营销所需要的图不同，前者时效性没有那么强，所以我们可以集中时间生成一批图，这样效率更高，生成的图的质量可能更高，而且有利于整体规划。下面是批量出图的实现步骤。

1）利用图片类 AIGC 工具生成一系列不同风格、不同内容的底图。

2）利用图片处理工具（如 Photoshop、Illustrator 及一些在线编辑工具）对图片进行精修。

3）将图片导出到计算机再传给手机，保存在手机相册里，方便用手机来发朋友圈。

我们也可以利用 PowerPoint 专门创建一个文件来做朋友圈图片。方法是在 PowerPoint 中按照朋友圈图片要求设置好图片的宽高比，把底图、元素（比如二维码）导入，再加上文字，最后导出为 png 格式的图片。

第 2 节　借助 AIGC 进行私域营销内容生成

下面以我的实战为例，介绍如何生成私域营销内容。

提示词：

基本背景：我是车马，我的业务是帮助传统企业实现数字化。当前中小微企业家是我的主要客户。具体的服务形式包括一对多授课、一对一咨询。我的微信中有很多企业家，也建立了很多微信群。

新产品概况：我即将推出一个新的业务“AIGC赋能企业营销速成营”。针对中小微企业家，提供两天一晚的线下集中培训+两个月的线上指导，让中小微企业家快速上手AIGC工具（GPT、Midjourney等），并且能在本企业的营销场景中发挥看得见的作用。单价比较高，2万～5万元/家企业。所有的课程都是我本人亲自讲解，可以确保效果。

商业模式：为了做好这个业务，我采用招募城市合伙人的方式进行。每个二线或三线城市招募一个合伙人。合伙人就来自我的朋友圈，他们本身就在当地从事或者从事过培训、企业家教育等相关业务，有丰富的当地企业家客户资源和相应的招募能力。由合伙人发挥自己在当地城市的优势，招收当地的企业家学员。我负责交付，收入按约定分配。此前，我已经在无锡成功落地了这个模式，和无锡当地的合伙人合作得非常愉快。

需求：现在我想在无锡成功经验的基础上扩大业务规模，我需要针对潜在销售合伙人写一封销售信，将他们发展成新产品的城市合伙人，以便大规模运作“AIGC赋能企业营销速成营”。所以，这封销售信既要介绍清楚新产品，又要讲清楚合伙人这种合作模式，以打动潜在合作人，让他们积极与我合作。

请帮我写一封销售信。

AIGC：

尊敬的朋友：

您好！我是车马，一直致力于帮助传统企业实现数字化转型。我相信，您作为一位企业家，一定对如何提升企业的竞争力、如何在数字化时代找到新的增长点有着深刻思考。今天，我想向您介绍一项新的业务——“AIGC 赋能企业营销速成营”。

这是一项针对小微企业家的业务，通过两天一晚的线下集中培训和两个月的线上指导，让企业家快速上手几个主要的 AIGC 工具（GPT、Midjourney 等），并能在本企业的营销场景中发挥看得见的作用。所有的课程都是我本人亲自讲解，确保效果。这是一项高价值的服务，单价在每家企业 2 万～5 万元。

我相信，这个业务对于您来说，不仅可以提升自身的营销能力，更可以帮助您的企业在数字化时代找到新的增长点。而且，我还有一个更大的计划，我希望能够和您一起，将这个业务推广到更多的企业家手中。

为了实现这个目标，我正在招募城市合伙人。每个二三线城市，我都希望能找到一位合伙人，和我一起推广这个业务。合伙人就来自我的朋友圈，他们自己本身就是小微企业家、中型企业家。由合伙人发挥自己在当地城市的优势，招收当地的企业家学员。我负责交付，收入按约定分配。

我相信，您作为一位企业家，一定有着丰富的人脉和影响力。如果您愿意成为我的合伙人，我相信我们可以一起将这个业务做得更大、更好。我期待着和您的合作，期待着我们一起在数字化时代创造更多的价值。

如果您对这个合作有兴趣，或者有任何疑问，欢迎随时和我联系。我期待着和您的进一步交流。

祝商祺！

车马

检查验收，基本内容都有，但比较平淡，这样发布出去有损我的专业形象，必须进行迭代。从内容层面可以看出，AIGC 对销售信的特点和写法理解不深，而且没有人设故事，缺乏感性的认知和作为人的真实性。我需要告诉 AIGC，并给它一个不错的参考。

发现了问题，再使用 SWIFT 雨燕功法，就可以快速迭代出优质的私域营销内容了。

第 3 节 AIGC 客服场景应用

这里的客服是指全流程的客服，按阶段可以划分为售前、售中、售后、流失后召回 4 个阶段。以前的客服在营销中都是辅助的角色，但在新的数字化环境下，客服的价值明显提升了，甚至可以和销售相融合。客服需要内容，而且是高度个性化的内容，对时效性要求也很高。以前要解决问题，主要依赖对客服的培训，以及客服人员的能力和态度，这明显不能满足数字化时代的要求。

看一个例子：我要给孩子买打底衫。在电商平台看到一套设计得挺可爱的儿童打底衫，初步看了商品介绍，还是很满意的。但是我不确定，我的孩子穿多大尺码的合适，于是我联系了客服。客服问了我孩子的基本情况后给出的答复是“120 的偏紧一点，130 的宽松一些”。但到底紧到什么程度，宽松到什么程度？我不知道，客服也难以描述。所以我没有马上下单，暂时放下了此事，该零售商大概率失去了我这笔生意。

如果能合理应用 AIGC 工具，我的体验就会有新的变化。我们延续上例，看看有了 AIGC 的加持，我对客服体验会有什么实质性变化。

客服问了我孩子的情况，过了 3 秒，直接在对话框里发了一张照片，照片上是一位数字模特穿着两种尺码打底衫的对比。不仅有静态姿势，还会展示动作——站立、坐下、蹲着、跑动等。这个数字模特除了长相以外，身高、体重都和我的孩子高度一致。有了直观的对比，我很明确地选择了 130 的尺码，然后立刻支付，完成了该订单。这种体验是传统的详情页完全做不到的，AIGC 技术在这个场景中产生了重大的商业价值。

再来看一个我的真实案例。我希望换一个更大的手机流量套餐，于是我打开手机运营的 App，找到客服界面，这个客服是一个数字人，说明该运营商已经用上了 AIGC 技术。

接下来我直接问“大流量有什么解决方案”，在特定场景中这已经算是表达得比较清楚了。我的期待是，系统立刻调出我当前订购的套餐、包含的流量，然后直接在界面展现更大流量的套餐或者套餐与流量加餐包的组合，让我从中选择。但是，AIGC 不理解我的问题。为了测试清楚，我接下来做了更详细的描述：

“我当前的套餐流量不够用，有什么优惠的大流量套餐＋流量包组合推荐？”这个表达已经非常清楚了，但系统提示正忙，无法应答。尝试了三次，终于被AIGC接待了，但它完全不理解我的问题，没有给我任何答案！

这家运营商确实用上了AIGC技术，但实际体验却非常差，我最终还是通过人工服务解决了问题。这个案例中出现的情况是所有企业需要警惕的。企业用上AIGC不是目的，用好AIGC为企业产生价值才是目的。因此企业在应用AIGC时，不能局限于技术思维，一定要从用户角度出发看实际效果。遇到问题，要及时分析原因，针对性解决，这样才能真正发挥出AIGC这个先进技术的先进作用。

第4节　AIGC在客户再开发场景中的应用

客户再开发包括已成交客户的复购、沉默客户的激活和流失客户的召回。沉默客户、流失客户的界定标准有明显的行业和企业差异，企业在做营销管理时，通常要给出一个自己的标准。比如，某家办公用品供应企业是这样界定的：如果一个客户距离上次购买超过3个月，那就认为其成了沉默客户；如果超过1年，那就认为其成了流失客户。再比如，主要服务于小微企业的代账公司认为，只要客户到期不续约了，就属于流失客户。

因为竞争激烈，现在获取新客户的成本非常高，绝大多数企业都深受获客成本持续走高的困扰。就算高价获取了新客户，想转化、留住他们难度也很大。所以，以前被企业忽视的沉默客户、流失客户开始受到重视。沉默客户、流失客户和尚未转化的潜在客户不同，他们已经有了交易记录，每一个客户都是不同的。针对性、个性化的内容，更容易触动他们。这个工作以前就有企业在做，但是做得非常粗放，所以效果不好。下面以我本人为例进行说明。

我几年前去某个门店做过定制西服套装，在之后的几年中，这个门店多次和我联系，但都没有触动我。因为门店传达给我的信息都是节日祝福和优惠券等信息，这样的内容根本无法打动我。

其实我很容易被再次开发。我之前定制的西服只适合在春秋季节穿着。我夏天去南方拜访企业家客户时，需要穿得正式一点，想定制一套超薄凉快的夏季衬衣、西服、长裤。冬天我需要适合商务场合的羊毛或羊绒大衣。如果夏天来临，该门店把“我”穿着凉爽的亚麻西装的“照片”发给我，而冬天来临时又把“我”穿着保暖羊毛大衣的“照片”发给我，我一定会多看两眼，从而大大增加购买的可能性。

以前要得到上述效果，只能使用Photoshop之类的软件，非常耗时，效果也不太自然。现在有了AIGC工具，可以快速、低成本地得到上述效果：门店之前为了做定制服装已经为我拍摄了多张照片，也了解了我的职业情况和着装需求。有了这些资料，就可以利用AIGC工具，为我生成专属的“着装”图。

由于每个客户的情况、数据都不一样，当客户数量较大时，如果用我们前文讲的方式来操作AIGC工具，整体效率太低。这时可以通过IT手段将整个过程高度自动化。例如将用户数据、产品（面料、版型等）通过API传递给AIGC工具（而不是采用我们前面讲的人工操作方式)，让 AIGC 工具高效运转，将输出物（图片、短视频等）返回到人工审核界面。由人最后检查和把关，再发送给用户。例如，企业微信添加了客户，就可以通过微信把专属文字、图片发给客户。这样一来，客户再开发的水平就上升到新的高度了。

AIGC 不仅能生成针对每个客户的营销内容，还能生成针对每个客户的营销策略。例如，对已经动心但尚在犹豫的客户，可以在适当的时候送上限时有效的优惠券。客户的每个行动、每个反馈，也会被 AIGC 捕捉到，从而动态调整营销策略，比如安排专人对接等。

要实现以上模式，需要产品经理、IT 开发人员参与工具的二次开发。虽然这种开发会有一笔较大的开支，但是长远来看这笔投入还是非常值得的。

实际上，AIGC 在私域营销中的潜力非常大，尤其是对私域客户的再开发。企业对私域客户更了解，私域客户也对企业更信任，企业和客户的关系更紧密，AIGC 应用的深度和广度都有更大的想象空间。AIGC 必将带来私域营销的代际升级！

前面的例子主要讲的是 AIGC 在营销计划上的作用，其实 AIGC 在整个链路上都能发挥作用——AIGC 可以帮助我们做好数据分析，实现营销洞察，制定营销策略，制订营销计划，实现营销计划，在数据指导下实现迭代。限于篇幅，这里就不再详细展开了。

|第 12 章| C H A P T E R

AIGC 触发营销组织的变革

中篇几乎都在讲一线的实际操作，但其实大楼都需要坚实的基础，所有的事都需要团队来做，如果营销组织的能力不足，就无法支撑相应的营销模式落地和营销全链路实战，所以我们在中篇的最后一章专门介绍 AIGC 触发的营销组织变革。

第 1 节　组织管理决定业务极限

组织决定业务

组织是由 3 个基本要素组成的：目标、人、组织方式。

计算机行业里有一条很有意思的定律——康威定律：**任何组织的系统结构，都会和该组织的沟通结构一样**。虽然这无法从理论上严格证明，但无数的例子证明了这条定律的有效性。这个定律在营销组织中依旧有效，企业有什么样的组织沟通结构，决定了企业如何对用户开展营销。

数字化时代带来了组织的重大变革，那些原生的互联网公司打败了似乎更有优势的传统公司，看看组织架构我们就知道大概的原因了。传统大型企业为了发展互联网业务，往往在组织架构上成立一个互联网部门，向一位高级副总裁或常务副总汇报。这位常务副总同时还管理着其他部门。听上去已经很重视了，但采用这种组织架构的几乎都没有成功。这种组织架构就决定了企业很难成功。

我亲身经历过中国平安集团互联网部门的成功，该集团之所以能成功，很大一部分得益于组织架构。它最初也是把互联网相关业务放在传统业务架构中，所有传统业务都配有互联网部门。后来互联网部门被放在集团总部，此时不再过度强调互联网部门当年取得的利润，毕竟此时的互联网业务和成熟业务不同。最后，互联网部门直接独立出去，成立了子公司，目的就是避免该部门受到干扰。最终中国平安集团孵化了多家独角兽、上市公司。

典型行业的成功企业案例

1. 字节跳动的组织管理

字节跳动从 2012 年今日头条上线开始，就在移动互联网领域屡创奇迹，2016 年抖音上线，2018 年推出抖音海外版——TikTok，它们都大获成功。TikTok 成为中国互联网公司推出的真正全球化的现象级产品，其月活用户增长速度仅次于开创了 AIGC 时代的 GPT。

字节跳动的组织管理引起了越来越多企业的重视。不仅互联网企业、科技企业在学习，传统企业也在向字节跳动学习。我与字节跳动有过深度接触，对字节跳动的组织能力、组织管理有一定的真实感受。

字节跳动告诉我们，组织管理这件事情只有做到一定程度才有意义。字节跳动的整体组织管理体系非常大，限于篇幅，我仅挑选几个小点来介绍。

（1）弱化等级感觉

字节跳动为了弱化等级感觉，做了如下尝试。

- **职级保密**。字节跳动要求员工职级严格保密，内部不讲职级。
- **淡化头衔概念**。只有当字节跳动需要对外发声时，才能见到一般意义上的管理头衔，内部倡导扁平化，禁止以“总”“总监”相称。
- **打乱工号，避免论资排辈。**

（2）利用 OKR 承接和分解战略

字节跳动带火了 OKR。OKR 固然有价值，但更有价值的是字节跳动在组织管理上给 OKR 的配套，如图 12-1 所示。如果不了解这一点，盲目在公司上 OKR，是不会取得好效果的。

（3）考勤制度

字节跳动上班时间为 9:00—18:00，弹性工作无须打卡。字节跳动的员工很多都自愿加班，如果加班到很晚，可以直接使用

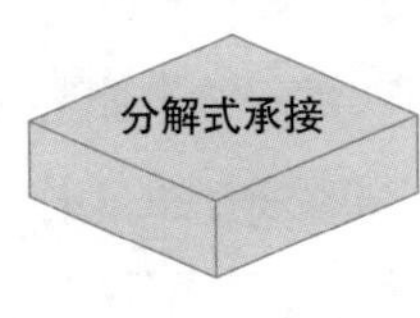

- 此时上级的O往往涉及多个维度的描述，例如上级O为提高××产品的市场竞争力和份额，需要产品、市场、销售、人力同时提供支撑。此时对应的业务职能部门负责人即可将上级的O按照自己对应的职责范围进行分解，形成自己部门的O。
- 转换方式以宏观类型O为主。

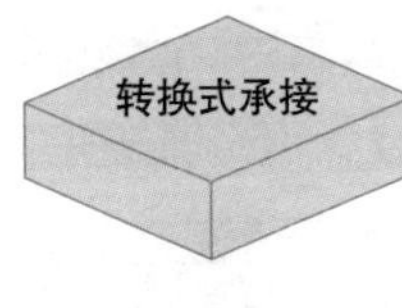

- 若上级的KR（Key Results，即“关键结果”）与下级的职责范围直接对应，则下级的O可从上级的KR出发进行转换，再根据自己的O定义相应KR。
- 描述方式较为精确单一，例如加快产品反馈收集和迭代速度。

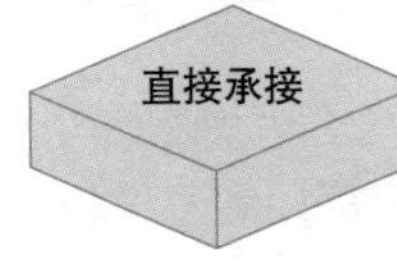

- 该方式适用于上级的O与下级职责范围重合，下级填写O时可以直接引用上级的O。

图 12-1 字节跳动给 OKR 的配套

企业的滴滴打车回家，不用自己支付打车钱。

字节跳动打造了高度创造性的组织，所以它能连续做出多个具有创造性的高端产品。

2. 石榴地产的组织管理

我最初和石榴地产的创始人、董事长崔巍先生接触，就注意到了他的业务布局。随着了解的深入，我逐渐感受到他在组织管理上的过人之处。正是他过人的组织管理能力，才造就了企业的高速发展。他在组织管理上有两点特别触动我。

（1）制造竞争

崔巍先生把业务划分为三大板块：业务发展（去和中小开发商谈代理项目）、销售（把业务发展中心谈下来的楼盘卖好）、开发（独立开发自有品牌的住宅楼盘）。在每个板块中他都会制造竞争，可以说他以竞争来代替管理。

例如，销售团队被崔巍先生划分为高度独立的几个团队。业务发展部门拿到楼盘，由他主持对几个销售团队进行公开招标，各个团队要提出自己的条件（销售单价、销售进度等）去竞标，条件优的团队才能拿到项目。

这种无处不在的竞争，让团队始终充满活力，让整个公司拥有很强的竞争力。虽然建立多个团队会有些浪费，但是崔巍先生认为竞争是最好的管理，在团队管理中出现浪费是无法避免的，而这种浪费是最佳方式。

（2）构建利益链和协作链

崔巍先生把每一项重要的工作涉及的所有人都用利益链串起来，这样链条上的人就会去协调、解决问题，而不用他操心。

以代理销售楼盘为例。一个潜在客户从接到宣传单，到去接待点，然后去售楼处，最后成交，涉及发传单的人、销售经理、接送司机、售楼处接待秘书、项目经理等多个人，只要最后这个客户有成交，这条链上的所有人都会按规则获得提成，甚至连售楼处端茶倒水的阿姨，也有成交提成。总之，所有能影响客户成交的人，无论看上去是否重要，都会因为成交而受益。于是，这条链上的所有人都会自发努力，沟通协调，确保客户的成交。所以，他代理的楼盘总是比同行卖得快。

公司大了，必然有人力资源、财务、法务、行政等职能部门。对于这些部门，崔巍先生构建了利益链。他的做法是后台部门参与年底分红，公司经营只要有利润，后台部门就可以参与年底分红。所以，他的公司职能部门人员数量不多，但每个人的工作效率都特别高，他们都会真心帮助业务部门解决问题，因为业务做得好，他们也会获得直接利益。

第 2 节　AIGC 对营销人员的冲击

AIGC 时代已经来临，AIGC 会对组织有很大的冲击。组织是由人组织的，AIGC 对组织的冲击从人开始。

AIGC 引发了内容工作的代际革命

短短 20 多年，内容工作者的工作方式已经有了两次变革，现在正在经历第三次，如图 12-2 所示。

图 12-2　内容工作者工作方式的变革

第一次变革，在互联网普及之前，内容工作者接到一个工作后，几乎都是从零开始做的，效率低下。

第二次变革，随着互联网接入普通员工的计算机，内容工作者随时可以使用一个强大的工具——搜索引擎。有了它，内容工作者可以在做任何工作前先去搜索具有参考价值的内容，在此基础上开展工作。相比以前，内容工作者的工作效率有明显提升，质量也有改进。

第三次变革是 AIGC 带来的。现在的内容工作者接到工作后可以打开 AIGC，快速生成 60 分的半成品，然后在这个基础上去迭代、改进，可以更快地得到更好的成果。

当然，AIGC 时代搜索依然有不可取代的价值，可以和 AIGC 紧密协作。当今内容工作者借助 AIGC 和搜索，可以更快、更好地产生优质内容。

AIGC 时代，创造力成为执行力，成为最重要的工作能力，因为大部分传统的“执行力”已经被 AIGC 取代了。创造力成了 AIGC 时代工作的真正边界。科学研究领域有“大胆假设，小心求证”之说，AIGC 时代“大胆想象”变得更加重要了。

以后招聘内容生产占重要比重的职位时，创造力、想象力将变成重要要求，并且要在面试中着重考察。

AIGC 对营销人员能力的基本要求

AIGC 确实正在改变我们的工作环境。它可以快速并准确地完成大量的内容生成任务，从而释放员工的时间和精力，让他们专注于更高级别的任务。然而，AIGC 也对许多工作岗位产生了冲击，特别是那些依赖于内容创作和编辑的岗位。那么，面对这种冲击，企业员工应该如何做出改变，提升哪些能力呢？

- **提升技术能力**：员工需要提升技术能力，以便更好地利用和管理 AIGC。这包括理解 AIGC 和机器学习的基本概念，学习训练和调整 AIGC 模型，以及掌握使用 AIGC 工具的方法。这样员工不仅可以更有效地使用 AIGC，而且可以更深入地参与到 AIGC 项目的设计和实施中，提高自身的工作价值。

- **培养创新思维：**员工需要培养创新思维。虽然 AIGC 可以生成大量的内容，但它仍然依赖于人类的指导和创新。员工需要学会如何利用 AIGC 生成的内容，创造出新的价值和机会。这可能包括结合 AIGC 和其他技术或数据源，开发出新的产品或服务，或者利用 AIGC 生成的内容，提高现有工作流程的效率和质量。
- **加强人际交流和协作能力：**员工需要加强人际交流和协作能力。随着 AIGC 的普及，许多任务将变得更加跨领域和需要团队合作。员工需要学会如何有效地与其他人共享和讨论 AIGC 生成的内容，以及如何协调和管理跨领域的 AIGC 项目。此外，员工还需要学会如何解释和传达 AIGC 的结果，以便其他人可以理解和利用这些结果。

虽然 AIGC 的使用门槛不高，但是要用好并不简单，只有提升了自己并善于使用 AIGC 的人才能做出好内容。

第 3 节　AIGC 对营销组织的冲击

组织是由单个的人组成的，但并不是单个人的简单累加。n 个人构成的组织，组织能力可以大于 n，也可能远小于 n。

随着营销竞争的激烈化，当前很多公司的营销团队变得越来越臃肿。AIGC 的出现是一个改变这种境遇的契机。有了 AIGC，更灵活的小团队很可能成为主流，有新想法，借助 AIGC 可以很快做出内容，付诸实施，发现问题也可以及时调整。

AIGC 看上去只是提升了内容生成的质量、速度，实际上对整个营销组织都产生了很大的影响。整个营销组织的大部分时间都在生成内容，而 AIGC 对内容产生了革命性影响，整个组织也必然被深刻影响。

下面给出 AIGC 对营销组织的 3 个明显冲击。

1）营销组织可以横向分割为全链路或者长链路小组。

以往的营销组织都以职能、纵向分割为主，按专业来分工。有了 AIGC，可以横向分割为全链路或者长链路小组。这种转变更有利于营销组织提升工作效率。

在数字化时代，有多个平台可以完成营销全链路：

- 三大电商平台（京东、淘宝、拼多多）都可以完成从引流到成交的全链路。
- 微信生态中的视频号、公众号可以用于引流，微信群、企业微信可用于沉淀流量，视频号商店或者商店小程序可以用于成交。
- 抖音可以通过投放引流，通过粉丝群沉淀流量，通过抖音小店成交。
- 小红书、快手等平台也有类似上面平台的机制。

所有平台的漏斗入口处都可以简化为“内容 + 付费投放”，但是每个平台的运作机制不同。

为什么之前的营销组织很难做到横向分组呢？因为对全链路小组的要求太高了。以前的横向分割，每个工种是一个组，组与组之间很容易互相指责。现在有了 AIGC 工具，每个小组可以专注于一个平台，做好一个平台的全链路营销，对一个平台的结果负责。有明确的考核和激励，才能提升营销组织的效率。

2）营销组织中，内容生成人员的位置从中心化走向分布式。

以往的营销团队基本都设了内容组，把文案、摄影、视频制作人员集中放在这里，为多个运营团队提供内容支持，例如为小红书运营组提供文字、图片，为抖音运营组提供短视频。

这种集中设置当然有它的道理，但也有一个很严重的问题：内容组的目标很难精确设定，也难以考核。难考核，就不好激励，所以内容组的人经常拿固定工资，时间一长动力不足。

我曾经在车托帮担任COO，该公司就专门有一个内容组，一个主编带着几个编辑，源源不断地为微信公众号运营人员生成内容。他们还要配合销售组撰写广告文。结果每次开例会，内容组都成为高层、销售团队的共同指责对象。无论是账号掉粉还是转化率太低、ROI不理想，都由内容组背锅。试想，长期这样，内容组还有工作积极性吗？

凡是采用类似上述架构的团队，都会出现上述问题。也有企业为内容组换了新领导，甚至组建了新团队，这样做可能前期会有用，但是时间一长又会回到上面所说的状态。因为无论多强的内容团队，都不可能做到条条爆款，企业内部随时都可能出现各种能被归咎到内容层面的问题。再加上公域平台的转化率持续下降这个大趋势，不从根本上改变，内容团队的工作不可能做好。

AIGC降低了内容生成门槛，中等水平的人用好AIGC工具就可以生成高水平的内容，这为内容团队带来契机。建议新的内容团队可以根据自己的情况，选择下面任意一种做法。

- **内容人员分散化：**百万雄兵化整为零融入其他团队，例如微信生态组、短视频组、直播组、私域组等。
- **集中和分散相结合：**保留集中的内容团队，同时分散一部分人进入各自团队。集中的内容团队的工作重点是提供基础物料的支持，用于营销的内容要统一管理，基础物料要使用规范，品牌调性要统一把握，这些都是集中的内容团队的工作。各个团队的内容创作人，主要负责该团队业务的全链路内容支持。

之前的单纯集中的内容团队架构弊端太大，不改变这种架构，用任何办法都无法真正提升内容团队创作人员的工作效率。

3）AIGC 改变了组织中能力传承的方式。

组织中能力的传承非常重要。工业生产时代很多依靠的是师徒传承方式，如今人员工作变动频繁，之前那种基于长期稳定服务预期构建的师徒制传承已经不再适用。那么在 AIGC 时代，如何进行能力传承呢？答案是员工将自己的能力通过 AIGC 沉淀下来，后面的员工通过 AIGC 将经验更好地承接下来，这样就不需要特别长的手把手教的时间了。

当然，这件事很难依赖员工的自觉来完成，需要企业直接介入。对于中高级的专业岗位，将通过 AIGC 沉淀自己的能力和经验直接纳入岗位职责，变成需要考察的内容。当然，企业也要提供相应的支持，例如帮助专业岗位规范使用 AIGC。

当然，除了上述 3 点，AIGC 还可以在私域运营、A/B 测试中对中小微企业产生极大的影响，这些之前介绍过了。

第 4 节　不同企业的全域、全链路营销组织综合设计

既然 AIGC 对企业的营销组织产生了很大的影响，那我们就需要在组织管理上积极应对。

1）调整组织架构，重新设计工作流程。要充分结合本企业的特点来设计营销团队架构、工作流程。为了避免当局者迷，建议适当借助咨询公司等外脑。下面给出两个基本原则。

- 小型营销组织不分组，但要注意岗位设置的问题。
- 规模大一些的营销组织可以分组。推荐积极拥抱 AIGC，横向划分为长链条甚至全链条的小组。如果私域很重要，可以单独设立一个私域组。

合理的营销团队架构、工作流程是一个团队高效运作的前提，如果设计不好就会成为高效运作的障碍。

2）从招聘开始，寻找和 AIGC 适配的人。有了整体架构、工作流程，就要把眼光放到团队中的人身上。不同的人对同一个事物的看法会有很大差异。我们要寻找那些适配的人，不要想着把不适配的人改造成适配的人。

3）调整激励制度。如果一个人积极探索 AIGC 应用，并且获得了好的效果，那么企业如何激励他？这个问题不能一概而论，需要结合企业的实际情况去做。但是一定要记住，无论怎样都要给予激励。这种激励可以是口头表扬、单独奖励等，后期慢慢形成适合企业的奖罚制度并最终固定下来。

4）做好支撑与配套。要在企业层面对 AIGC 的使用提供支持，比如搭建使用环境，提供配套 IT 资源等。

全域、全链路营销组织架构设计的步骤

这里所讲的设计是在不改变原有商业空间、商业模式的前提下，对营销组织的调整。改变商业空间、商业模式属于巨变，这

部分内容在下篇介绍。下面是全域、全链路组织架构设计的基本步骤。

1）进行市场分析、业务分析、资源盘点。这是基础，这项工作做不好，就只能抄别人的，而抄来的东西很可能不适合自己。

2）确定以客户为中心和以用户旅程为工具的全域、全链路营销架构设计原则。这一步需要设计、推演、测算、调整，通常很难一步到位。

3）进行营销工作流、工作量评估设计。

4）进行组织架构和岗位设计。

5）进行配套设计。实施步骤、人员安排、招聘安排、培训安排、薪酬调整等都在配套范围内。

咨询公司就是按这个步骤开展咨询的。为了便于大家理解，下面举几个实际企业的例子。限于保密条款的约束，这里隐去企业名称等信息。

ToC 小微企业全域、全链路营销组织架构设计

本节以我培训的学员企业为例进行详细介绍。

指导前的问题：

- 效率低，投入产出比低。
- 老板很忙很急，员工不忙不急。批评、告诫只能在很短的时间内有作用，时间长了员工就会辞职。老板再招人，招来的人很快就会出现以前员工的情况。
- 根据业务规模来评估，团队偏大，但好像每个人手头都有

忙不完的事，裁了谁都不行。

- 企业业务特别适合做直播，但是营销团队一直没有系统地做直播。

经过系统分析，我为该企业设计了如下营销模式。

- 做好线下营销：这是该企业的业务特点决定的，线下业务对该企业来说具有很高的 ROI。
- 做好线上公域营销：微信生态能稳定获客，要继续；小红书很适合，要强化，该企业以前只是注册了账号，没有认真运营；短视频有价值，也要做，除了微信生态中的短视频，还要做抖音短视频；直播要系统化，考虑到人力问题，先保证每周一次，每次连续直播时间不低于 2 小时。
- 调整私域营销的做法：该企业的私域流量以前都是加的老板本人微信，老板经常不能及时处理消息。但是不能让客户加员工的个人微信，因为这存在员工离职把流量带走的风险。所以我建议以企业名义购置多张手机卡，批量注册微信账号，用于沉淀私域流量，然后交由固定的员工进行运营。

我帮该企业设计了新的营销组织架构。

- 该企业老板带着 3 个全职营销人员组成 4 人营销组，人数从原先的 6 人调整为 4 人。
- 公域以线下推广活动（线下也是公域平台，对有些企业还很重要）、微信生态（公众号、视频号）、短视频为主，其他平台也要建账号运营，但不是重点，主要为了占据以品牌命名的账号。

- 老板和员工 A（内容主创）借助 AIGC 工具创作内容，然后由员工 A 负责排版、内容发布、公域互动工作。
- 老板和员工 B 主持线下推广活动。
- 员工 C 主要负责照片拍摄、视频拍摄、剪辑等工作。企业为其配备数码相机、手柄、补光灯等基础设备。
- 每周的直播，老板是主播，如果临时有事不能出现，由员工 B 出场直播，也可以安排员工 A 出场（主要是为了锻炼新人）。员工 C 负责技术保障，也兼职客服，在公屏中回答潜在客户问题，让主播专心分享内容。
- 员工 B 对小红书很熟悉，结合企业需求和她的意愿，让她直接负责小红书账号运营。老板和员工 B 共同制定了任务指标和奖励措施。

AIGC 工具的使用条件准备如下：

- 网络流量费用平均每月 120 元。
- 文本类 AIGC 工具账号，尽管所有人都用，但考虑到时间可以错开，本着能省就省的原则，购买了两个 plus 账号，平均每月成本为 280 元。
- Midjourney 账号，购买了 1 个，每月成本为 150 元。
- SD，购买的云服务每月成本为 100 元。

我为全员提升 AIGC 能力做了规划。

- 员工 A 侧重于对文本类 AIGC 工具的使用，主要的工作职责是生成高质量内容，生成图片只是辅助。要求精通 GPT-4，入门 Midjourney。
- 员工 B 对文本和图片类 AIGC 工具都有需求，所以要求精通 GPT-4，精通 Midjourney。

- 员工C侧重于生成专业图片和视频，所以要求入门GPT-4，精通Midjourney，精通SD。

每个人的学习目标明确，工具聚焦，相应技能考核通过后，现场发现金红包进行激励，培训计划进展得很好。

ToC中型企业全域、全链路营销组织架构设计

下面仍以我培训的学员企业为例进行介绍。

1. 背景信息

这家企业生产地方特色零食，原先只在本地销售，后来借助互联网走向了全国市场，网上销售额超过了当地门店销售额。初步做出名气后，该企业添置设备、招聘人员，将原先的家庭作坊升级为小型食品工厂。自产自销是企业产品的卖点之一，不少消费者对这一点也是比较看重的。

该企业要经营淘宝店和拼多多店铺，引流之后的客户主要在这两个店铺成交，网店配有运营人员。发货统一通过一家合作较好的快递公司。此外，也开始向其他经销商供货，由经销商来经销。

有商标，但无品牌，这是该企业面临的问题。从消费者的感知角度看，该企业的产品和其他品牌的同品类产品相比，只有名字是不同的，企业规模、产品包装、定价、销售渠道、营销方式都差不多。之前该企业只需要面临来自体量相当的竞争对手的压力，如今一家知名食品企业也加入竞争，这让该企业感觉压力很大。现在该企业已经不再考虑是否能做大，而是思考如何在这个

细分领域生存下去。

在帮助该企业分析了业务特点和营销特点后，我结合人才市场的供应状况，为其设计了新的营销组织架构。

2. 营销升级

在营销升级方面，我建议该企业做如下工作。

- **大力发展私域**：该企业的产品单价虽然不高，但复购率很高，有一个不小的持续购买群体，所以非常适合发展私域。企业可以引导客户直接在私域渠道下单成交，以微信生态为主来做私域。
- **强化公域引流**：通过短视频来做公域运营。抖音是重点的新平台，而且零食这种产品很符合抖音的调性，可以通过投放直接引流到抖音小店销售。抖音从流量起点到最终成交的体系已经打通。因为抖音一直在控制把其上的流量引入其他渠道的私域，所以通过抖音实现从公域到私域的转化，可以分两个阶段，第一个阶段是引流到抖音小店完成成交，第二个阶段是在产品交付阶段完成引流到私域的操作。其他渠道也可以采用这样的方法，比如网店渠道。
- **客户复购**：在快递中放置一个小卡片，注明“加微信，再次下单可领取一份特别赠品”，引导消费者进入私域，同时刺激客户领取赠品再次下单。之后通过私域运营，增加复购率。
- **客户裂变**：新客有专门的亲友赠品，客户通过小程序转发给自己的亲友，亲友填写收件地址、电话就能免邮费领取一份赠品。

- 客户召回：超过一定时间不下单，企业会发送一份召回礼，通常是新产品试吃装，理由是送给客户尝鲜。这一步我建议企业设置的领取路径必须足够简单，不能要求做客户裂变或其他无关操作。
- 营销组织架构保旧创新：原有的网点运营团队不动，新的业务由新建的团队负责。

上述升级方案跑通后，我建议企业接入 AIGC 以提升产品设计和营销的水平，包括品牌、故事、包装、物料。该企业的做法是：由企业原有的电商运营团队的美工优先尝试 AIGC，提高设计水平。为了降低风险，企业做出整套设计之后，专门请了一位高水平设计师对该套设计进行专业加工和优化。这样不仅保障了设计产品的质量，还节省了成本。

该企业的营销组织升级后包含 3 个组：

- 网店运营、客服、交付组：负责原有的网店运营工作和产品交付。一些原有的职能和人员从此组移出，比如网店运营中的内容（如产品详情页设计）等相关工作移出，原有的美工调出该团队，但是网店评论区互动由该组负责。这一组的特点是所负责的都是常规性的，较少用到 AIGC。
- 公域营销组：主要负责策划、拍摄、制作等工作，美工调往该组。这一组会大量使用 AIGC。
- 私域营销组：其实也可以称为微信生态用户运营组。这一组的重点工作就是运营私域用户，相关成员要持续结合产品特点，借助 AIGC 生成私域内容。

经过这次升级，该企业的团队规模没有减小反而增大了，这也说明，企业接入 AIGC 的目的不是减员，不是降本，而是提高企业经营利润，是提质增收。具体是增员还是减员，要结合企业的实际情况决定，该企业因为要做的事增加数倍，所以采用了增员的方案。经过一个多月的初步探索，该企业的营业额明显提升。这也说明我们的增员方案是完全正确的。

ToB 企业全域、全链路营销组织架构设计

上面两个例子中的企业所做的都是 ToC 业务，面向的客户都是个人，ToB 企业的客户是组织，决策机制与个人有很大区别。下面仍然以案例的形式进行讲解。

1. 背景信息

某大型 ToB 企业已经开启数字化转型，但经营和组织架构并没有参与数字化。该企业面临的典型情况如下。

- **新媒体：**注册了所有可以注册的新媒体账号，但账号上的内容质量很差，对开拓客户没有任何帮助。
- **营销方式：**主要是参加行业展会或者主动拜访，除了 SEO 和 SEM 外，几乎没有其他常规的广告、引流行为。目前负责 SEO 的人离职了，而负责 SEM 的人只有一个。
- **销售方式：**完全靠线下销售团队主动拜访客户获取订单。企业面临销售团队平均产能低和订单高度集中在几个主力销售手中的情况。销售人员做得好的容易流失，而不流失的普遍是业绩差的。底薪低招不来人，底薪高又容易养懒人。

- 客户开拓：老销售人员掌握着优质客户，只要维护好业绩就不错，提成拿得多，他们主动开拓新客户的积极性不高。企业领导很难对此做出改变，因为老客户和老销售人员关系密切，领导不敢轻易换人。新人需要开拓新客户，但很多客户需要较长时间开发，在这个时间段内销售人员的提成很低，很容易流失。而新招的销售人员对接之前开发到中途的客户时，虽然不是从零开始也差不多。

上述这些是很多 ToB 企业的营销现状，尤其是品牌知名度不高的 ToB 企业。

B 端客户抉择周期长，客单价高，参与者多，完全转到线上确实很难，确实需要多次线下拜访才能成交。所以，对于 ToB 企业来说并不是要取消线下大客户销售团队，而是要在数字化时代增强营销力。

2. 营销设计

该 ToB 企业推荐员工使用 AIGC 工具，会为员工提供便利条件，但不强制要求。这样做是为了避免新的能力没有建设起来，老的能力被破坏，导致业绩下滑。

该 ToB 企业开始尝试放弃重金砸传统广告的获客方法，改为以互联网平台为主要获客方式：公域引流，私域统一沉淀到企业微信，员工离职时直接切换企业微信账号。具体做法如下。

- 保持在 SEO、SEM 方面的投入，但要进一步明确考核指标，加入对 ROI 的考核。
- 充分用好微信生态，将客户引导到企业微信。
- 抖音并不只是适合做 ToC 端的消费品营销，在 ToB 业务中抖音也有独特价值，比如可以做定向投放。

- 小红书、B 站等不作为重点运营平台，但是需要注册企业的同名账号。
- 采用竞争性潜在客户分配机制，即开始阶段采用随机分配方式，之后根据客户转化情况决定分配新客比例。后期转化越好，在一定范围内分配越多的资源，并且对新人进行末位淘汰制。

3. 销售组织架构设计

该 ToB 企业首先明确了销售团队保留，由 CEO 直接带领，承担私域运营和转化工作。该企业最终采用了 1 个传统销售团队+3 个互联网团队的销售组织架构。3 个互联网团队中有 2 个属于内容团队，需要深度使用 AIGC，这两个团队要用更少的人、更低的成本获得更优质的内容。这样就依靠 AIGC 改变了销售团队多年存在的问题。

3 个互联网团队如下。

- **图文团队**：生成图文内容，生成白皮书、成功案例，以专业、深入、高质量的内容来获客，从之前的摘抄式创作向优质原创转变。AIGC 在该团队中具有重要作用。
- **视频和直播团队**：制作优质视频，并且让优秀的销售人员出镜。在实践中发现，销售人员的积极性非常高，他们往往会发动自己的亲戚朋友进行转发。直播和视频实现了良性互动，直播时会与潜在客户连线进行现场答疑。直播后，一场直播会被制作成多条短视频进行发布。AIGC 在该团队中也具有重要作用。

- **投放团队：**负责 SEO、SEM 和投放工作。SEO 所需内容由图文团队提供。付费推广由投放团队负责，因为这是资金的主要出口，所以 CEO 会深度参与。投放团队不做内容，但是需要把控内容的创作方向和策略。

老销售人员继续服务老客户，新销售人员由企业直接提供潜在客户资源，这些资源已经经过筛选和部分转化，更容易成单，所以有利于优秀的新人留下来。这种方式也更容易控制新、老销售人员的业绩比例，让新、老销售人员的薪酬更合理。

在上述工作完成并稳定运行一段时间后，该 ToB 企业开始调整团队，注意是以优化团队为目的而不是以减员为目的。虽然那些工作不积极、适应能力弱的员工会被优化掉，但是企业会按新标准招聘新员工进行补充。

至此，关于组织变革的内容就讲完了。最后要和大家强调，因为企业所处行业、阶段以及规模不同，营销的全域、全链路也不同，所以上面三个例子仅供参考，千万不能简单抄袭。只有进行充分分析，再结合经过验证的经验教训，才能进行适合自己的全域、全链路的团队设计。

下 篇

AIGC 在企业中的高层次实战

中篇立足营销讲 AIGC 的实战技巧，下篇我们跳出营销，站在整个企业的高度来讲 AIGC 在营销中的作用。因为只有跳出营销，才能更好地做好营销；只有在更高的层次上看营销，才能更好地理解营销。

在一个巨变的时代，如果局限在原有的商业空间，继续采用原有的商业模式，只是优化营销本身，风险会很大，很可能出现诺基亚的感叹："我们没有做错任何事，但是不知怎么就失败了！"所以，要做好营销，一定要在更高的层次去观察、思考营销。营销要服从于企业战略，要基于企业资源和组织能力展开。当企业战略、企业资源和组织能力都因为 AIGC 发生巨变时，营销就必须跟着变。因此，我特意为读者安排了下篇内容。

尽管下篇内容不多，但价值很大。如果能将中、下两篇融会贯通，相信你会有很大的收获。

本篇对基层、中层营销人员来说具有开阔视野的作用，避免出现"只见树木不见森林"的问题；对企业家和高管的作用就更大了，可以帮助他们提升层次，在更高的层次理解 AIGC，从而在更高的层次用好 AIGC。

第13章 CHAPTER 13

AIGC与企业经营全层次

第1节 企业经营的全层次

企业家在经营企业时，往往被日常经营的细节所困，淡化了全层次视野，不能站在更高的层次更好地经营企业。当前企业经营的全层次如图13-1所示。

由图13-1可知，在日常经营层之上和之下都有其他层次存在。这也能解释为什么有些企业明明非常努力，把日常经营的方方面面都做得不错，但依旧生存艰难。问题其实出在其他层次上，只是表现在日常经营层上。有些本层的问题，可能需要通过其他层才能从根本上解决。

我们从顶到底简要介绍一下图 13-1 所示的企业经营的全层次，其整体可以分为天、地和中间三层。

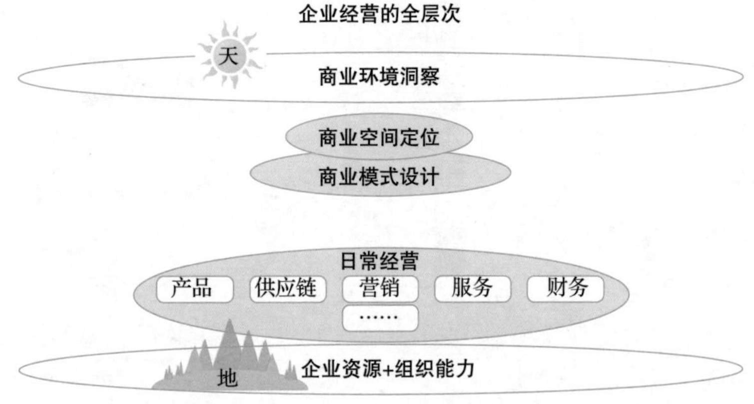

图 13-1　当前企业经营的全层次

天：商业环境洞察

没有永恒的企业，只有时代的企业。企业是生存在商业环境中的，而商业环境又是一直在变动的，要想生存下来并发展好，必须能洞察商业环境。当前大多数企业在这方面能力非常欠缺。由于对整个商业环境缺乏系统了解，很容易被一些热点牵着鼻子走，疲于奔命还收获甚小，甚至带来负收获。

当前的商业环境变化比之前要快很多，因此洞察商业环境是所有企业必须做好且要一直做的事，这件事不可能一劳永逸。

影响商业环境的因素有很多，包括自然条件、人口、社会、技术等。自工业革命开始，技术对商业的影响越来越大。当今全球市值排名前十的公司大部分都是科技公司，这就是一个很好的证明。自进入21世纪以来，对整体商业环境影响最大的技术因素就是互联网和人工智能。

天层深刻影响下面的所有层。如果这一层的工作都没做好，不能深刻洞察商业环境的现状和趋势，那么在下层做的所有努力都可能付诸东流。比如诺基亚的产品质量、供应链、营销、服务等日常经营层的事都做得很好，甚至在智能手机方面也很早就有了Symbian。但是iPhone重新定义了智能手机，并引发了后续Android手机的崛起。诺基亚手机原本的优势在新的环境下很快消失，所以它最终被消费者抛弃。

每一次商业环境的变革，都会产生一批“诺基亚”。互联网已经击倒了很多企业，人工智能尤其是AIGC将具有同样量级的影响力。

企业无法改变天层，只能尽力了解、洞察，在天层之下主动采取行动。

地：企业资源＋组织能力

企业经营是非常务实的，必须脚踏实“地”。这个“地”，就是企业资源和组织能力，这是被企业自身掌握的东西。天层之下企业可以操作的所有事情，都要立足在地层之上。

资源和能力的界限并不是那么泾渭分明。一般来说，我们可以按是否方便转移和交易来做大体区分。资金、房地产、设备、商标、专利等，可以直接转移到其他企业，也能方便从其他企业转入，所以属于资源。包含在企业组织中的能力很难直接转进转出，这种叫能力。

资源和能力之间是紧密联系的，例如：某企业具有很强的研发能力，这个研发能力需要资金、研究条件等企业资源支持，如果长期缺乏足够支持，研发能力也会变弱。也正是因为两者联系很紧密，所以直接放在一起。

企业资源和组织能力，也要放在当今商业环境中去看待。应从商业环境的角度看自己的资源和能力，了解自己的优势和劣势，企业本身的资源和组织能力的价值是随着商业环境的变化而大幅变化的。

以家电零售行业为例。在线下零售时代，家电零售巨头拥有的成千上万门店是壁垒很高的宝贵资源，家电零售巨头依靠这个企业资源获取了丰厚的利润。但当家电的线上零售比重越来越高，越来越多的消费者更习惯去线上购买家电时，曾经的宝贵资源渐渐变成了包袱。门店还是那个门店，甚至分布更合理，管理更精细了，但是商业环境变了，资源的价值也随之变化了。这些企业为了在新的时代依旧保持门店资源的价值，做了很多努力，例如实现网店同价、店仓一体等，但在大趋势面前，这只是痛苦的挣扎，于事无补。

中间层之商业空间定位和商业模式设计

商业空间就是商业价值存在的地方。简单地说，就是企业可以从中赚到钱的细分市场。商业模式是企业经营的整体框架，是对企业的交易结构、价值链、现金流、利润等经营核心的系统表达。它的重要性可以借用管理学大师德鲁克的一句话来表达，这句话是：当今企业的竞争是商业模式的竞争。

我们用探矿、采矿来比喻，帮助读者快速理解商业空间和商业模式，尤其是商业空间这个相对陌生的概念。

经过勘查，人们发现了一座山有丰富的金矿，这个矿山就是商业空间。矿山必须有金子，才可能挖出金子。而如何从矿山挖出金子获利，有很多具体方法，这就是商业模式。

- A公司获得采矿权，然后自己买设备雇工人，挖出金子卖钱，收入扣除成本就是利润。这是一种很传统的商业模式。
- B公司获得采矿权，把整座矿山划分为10个小的采矿区，然后对每个小采矿区的采矿权分别进行拍卖，让其他公司来花钱购买接下来10年的采矿权。B公司自身不再买设备雇工人，而且还能提前获取未来10年的收益。这是一种新的商业模式。
- 在B公司商业模式的基础上，C公司把拿到的钱的很大部分用于组建自己的探矿团队，专门去各地寻找有潜力的矿山，然后自己拿到采矿权，再用B公司的方式分拆转卖。这是一种更新的商业模式。
- D公司不仅采矿，还和旅行社联合开展旅游业务，让游客现场开采自己的黄金，并由专业人员现场加工成金饰品。现场还有现成的金饰销售。这样一来充分发挥了矿山的价值，开辟出了新的收入来源，这又形成了一种商业模式。

商业空间比商业模式的层次更高，**要先确定商业空间的定位，然后再设计商业模式。**

自工业革命以来，技术对商业空间的影响越来越大。技术像造物主一样，能创造新的商业空间，又能改变原有的商业空间，还会导致一些商业空间的消失。那些消失的行业，很多都是因为技术进步造成的。

互联网就是一个非常典型的例子。互联网的普及，创造了网络广告、网络游戏、网上购物等全新的商业空间，在这个空间积极探索的很多公司都取得了巨大的商业成功。同时它又压缩了很多原有的商业空间，例如传统媒体（包括报纸、杂志、电台、电视）因受到互联网的挤压而持续萎缩。

相比商业空间，读者可能对商业模式更熟悉一些。毕竟随着互联网在我国的发展，商业模式也从投资、创业领域延伸到了普通大众的生活中。定位在同样的商业空间，也有不同的商业模式。

对于绝大多数企业而言，商业空间不能去创造，只能去发现，然后在商业空间中为本企业选定位置；商业模式可以主动设计，并动态调整。

商业空间迁移、商业模式升级，在企业的整个生命周期中都是极为重大的事件。它比增加资源、扩大规模重要得多，也难得多。大多数企业在整个生命周期中，都被局限在不变的商业空间和不变的商业模式中。

中间层之日常经营

日常经营层是我们更加熟悉的，对应的是企业日常要面对和解决的问题，包括产品、供应链、营销等。相对上层，这一层更加直接，读者对此也最熟悉。

以前因为环境变化慢，所以那时的我们只要做好日常经营，就可以延续以往对环境的理解，依赖积累的企业资源和能力，在传统的商业空间中，通过常规商业模式获得较好的经营成果。这导致很多企业忽视了日常经营层上面多层的存在。如今环境发生了大变化，企业根本不知道如何站在更高的层次去应对变化。

天层之下各层的有机联系和动态变化

其实天层之下的各层都是有机联系的，都能发挥企业家的创造力。下面就以创业公司为例进行说明。因为企业在起步阶段普遍都很弱小，这就大大限制了企业的发展，解决途径有两个：

- 低起点起步，逐渐积累，滚动发展。既然企业创立之初只有很少的资金，团队也不强，那就基于这个现实条件，进行适当的商业空间定位、商业模式设计和日常经营。先起步，逐渐增加企业资源，提升组织能力，然后做更大的事，比如扩大规模或者调整商业空间定位和改变商业模式。
- 借助当今发达的市场，主动融资，快速增加企业资源，并在此基础上更快地提升组织能力，例如招聘能力强的人，快速组建优质团队。风险投资随着互联网行业一起走进了中国，带来了增加企业资源、提升组织能力的新途径。当然，要做到这一点，企业家的能力、商业空间的定位、商业模式的设计都要能打动投资机构。

进行商业空间定位、商业模式设计时也要充分考虑底层的实际情况，要选定和企业资源、组织能力匹配的商业空间，要设计匹配的商业模式。如果某个商业空间（例如 AIGC 大模型）价值很大，但企业本身缺乏这方面的顶尖人才，那这个商业空间就不适合该企业。

商业空间定位、商业模式设计联系非常紧密，每个商业空间定位，需要配套相应的商业模式。如果设计不出好的商业模式，那么很可能需要进行商业空间的重新定位。

第 2 节　企业应用全层次图的原则和方法

企业应用全层次图的原则

企业应该如何应用全层次图，做好经营呢？首先要掌握 4 个基本应用原则。

- 一切从天层开始。先实现顶层的商业环境洞察，这是一切的基础。
- 自下而上来分析。分析本企业当前的企业资源和组织能力，对自己的实际情况有清醒的认识，然后分析自己当前的商业模式和所处的商业空间。
- 自上而下来设计。在上一步分析的基础上，先进行商业空间定位，然后进行商业模式设计，继而梳理日常经营，最后反推企业资源和组织能力应该如何支撑上层。
- 以上统下来执行。先洞察商业环境，然后分析和设计商业空间、商业模式，最终落实到对企业日常经营的有效指导上。

上下互动，持续迭代

上述 4 个基本应用原则组合到一起正好对应一个全层次互动周期。但企业是持续经营的，因此各层次之间的互动也是持续进行的。除了掌握上述 4 个基本应用原则，实际操作时要通过上下层的互动实现持续迭代。

在上层的新收获，要及时落实到下层。下一层的实战，应该能启发我们做好上层的工作。下层发现问题，可能需要返回上层才能更好地解决。

我们要能在日常经营中从少数客户的异动中看出新趋势，基于这个新趋势对商业环境进行思考，必要时还要对商业空间、商业模式、企业资源和组织能力重新进行思考。一旦我们对商业环境有了新的洞察，就应该立刻在新洞察的指导下梳理各层，对落后的内容进行及时升级，让企业更具竞争力。

假设企业选定了一个很有前景的新空间，设计了很有竞争力的商业模式，也把实操环节的设计做好了，结果在进行组织设计时发现多个关键岗位缺少对应的人才和资源。考虑到本企业的特点，根本没有可能在合理的时间内招募、留下这些人才。此时怎么办呢？这就需要返回上层，从下面几个角度进行检查。

- 检查商业空间是否选择错误，有错误就需要及时调整。
- 检查商业空间的定位是否有问题，有问题就要及时重新进行定位。
- 检查商业模式设计是否有问题，有问题就要及时适当调整。

这个全层次图对企业经营具有非常好的实战指导作用，基于这个图去经营企业，可以保证战略上的勤奋。不要用战术上的勤奋，去掩盖战略上的懒惰。

数字技术对企业经营全层次的影响

包含计算机、数字通信、互联网、人工智能在内的数字技术，对企业经营的各个层次都有深刻影响。而这种影响在传统的商学体系中没有得到足够重视。数字化时代，企业应用全层次图时，要特别注意数字技术对各层次的影响。

- 数字技术显著改变了商业环境，这一点已经没有任何争议了。
- 数字技术对商业空间影响重大。它创造了新的商业空间，改变了已有的商业空间，也必然导致一些商业空间消亡。
- 数字技术为商业模式创新提供了很大可能。
- 数字技术显著改变了企业日常经营的各环节。信息化、互联网化、数字化，已经在我国企业持续渗透了 30 多年，对企业日常经营的改变之深有目共睹。
- 数字技术显著改变了组织能力。一方面数字技术为组织中的个人赋能，另一方面数字技术显著提升了团队成员之间的沟通和协作效率。

以 AIGC 为代表的人工智能技术规模化商用的时间较短，但即便是这样也已经初步显露出对各层的影响力。随着时间的推移，它的巨大潜力会逐渐显现出来。这一次，企业家一定要提前一步看到，提前半步行动！

第 3 节 AIGC 对企业经营全层次的影响

AIGC 作为数字技术中的新成员，对上述企业经营的各层次都有深刻影响，绝不局限在日常经营层。

天：AIGC 颠覆商业环境

第一次工业革命，煤、钢铁、蒸汽机及各种工作机械，颠覆了整个商业环境。第二次工业革命，石油、内燃机、发电机及各种用电设备，再次颠覆了商业环境。AIGC 就是新时代的蒸汽机、内燃机、发电机，冲击的是整个商业环境。

本书开篇对内容进行了重新定义。按这个定义，我们会发现整个商业环境中生产内容占据了很大比重，甚至对整个商业环境起到决定性作用。而 AIGC 对内容生产的影响是颠覆性的，所以 AIGC 对商业环境的影响必然是颠覆性的。

地：AIGC 快速提升组织能力

相比企业资源，AIGC 对组织能力的影响更加直接和直观。我们发现，大多数白领工作的本质就是生产内容，而 AIGC 对内容生产有革命性影响，组织成员只要稍加学习就能快速提升工作能力。

组织能力提升是很有难度的，我们需要做很多事情，如组织架构设计、招聘、培训、考核、激励、优化、组织文化制定等。这些在 AIGC 时代仍然要做，但 AIGC 会给我们带来更多帮助。

中间三层：AIGC 改变商业空间、商业模式和日常经营

当前已经有行业受到了 AIGC 的明显冲击，很多商业空间已经或即将被改变，一切刚刚开始。AIGC 对商业空间的改变是全方位的：

- 产生新的商业空间。
- 改变原有的商业空间。
- 导致部分原有商业空间消亡。

AIGC 对商业模式、对内容生产的效率和成本都有极大的影响，这就为商业模式创新提供了极大的可能。

AIGC 对企业日常经营同样有非常深刻的影响。虽然本书聚焦于企业营销场景，但是 AIGC 对企业的影响不限于营销，其他日常经营中凡是知识工作占据较大比重的场景，都会深受 AIGC 的影响。

第 14 章 CHAPTER

AIGC 与商业空间

虽然商业空间一直存在，但是多年来，企业界对商业模式的关注很多，对商业空间的关注非常少。通过第 13 章我们知道，商业空间对于企业来说非常重要，所以本章我们专门讨论商业空间，以及 AIGC 对商业空间的影响。

第 1 节　商业空间的构成及与上下层的关系

我们讨论互联网行业时，对行业商业模式的创新津津乐道，似乎忘记了是因为互联网的普及应用开辟了全新的商业空间，才让众多的互联网商业模式得以诞生。皮之不存，毛将焉附？商业空间是比商业模式更高层次的大事。

商业空间的概念

商业空间是商业价值所在。从实操角度看经营企业，第一步就是选择合适的商业空间。我们来分析一下商业空间、行业、产品之间的关系。

商业空间和行业有较大的交集，但两者不是一回事。商业空间强调商业价值的潜力和企业在整个商业中所处的位置；行业偏重商业的外在特征表达。相比之下，商业空间的描述更接近商业的本质，尤其是在行业面临大的冲击正在剧烈变化时。例如，线下零售行业和线上零售行业，从行业特征的角度看，都属于零售行业，但线下、线上零售在经营场景和逻辑上差别是非常大的，它们属于不同的商业空间。当然，同一家企业是可以同时生存于两个商业空间的。

商业空间和产品紧密相关，但也有明显区别。这里的产品是指商学上所说的产品，包括实体商品和无形服务。企业通过环境洞察，发现了商业空间，但要真正从商业空间获取价值，就必定要为这个商业空间提供产品。产品是挖掘机，企业用产品挖掘商业空间的商业价值。

- 同一个商业空间，可能有众多的产品。相当于一块地，可以有各种挖掘设备工作，这些挖掘设备可能是先进的挖掘机，也可能是最简单的铁锹。
- 同一种产品，可能适合不同的商业空间。就像同一个工具，可以用在差别很大的场景中。

商业空间的四维构成

我们生存的物理空间是三维的，而商业空间是四维的，这 4 个维度如下。

- **地理维度：**这是最直观也是最容易理解的。一家企业的业务可以从本地扩展到区域，再扩展到全国，继而扩展到全球。从大航海时代开始，全球的商业逐渐连为一个整体，这就从地理维度扩展了商业空间。
- **需求 – 产品维度：**人类的底层需求是始终不变的，但社会环境变化导致了人类具体需求的变化，新的需求促使新产品的出现，新产品又可能激发新需求。人类基于需求创造产品，用户基于需求购买产品，需求和产品共同构成了商业空间的一个维度。大多数企业是先洞察到新的需求，然后针对性地用产品来满足需求；少数顶尖的企业可以做到先创造革命性的产品，用好产品激发用户的需求。在消费电子、互联网应用领域，这样的例子很多，比如广大用户并没有明确产生刷短视频的需求，但企业将短视频产品推向了市场，经过很短的时间激发了海量需求。
- **社会维度：**人们消费能力的提升带来了产品规模化生产，而产品的极大丰富带来了更低的价格和更高的品质，这就会进一步扩大消费群体，进而扩展商业空间，大家电、汽车、智能手机都是这方面的典型案例。从工业革命开始，这个维度的重要性就在显著提高。
- **虚实维度：**线下实体空间、互联网营造的数字空间、未来的高度虚拟空间共同构成了这个维度。在互联网之前的漫长时代，商业空间只有 3 个维度，互联网带来的数字空间以及基于互联网在未来必然会出现的高度虚拟空间，将商业空间的维度从 3 个扩展到 4 个。从这个角度来看，互联网为商业空间带来了“千年未有之大变局”，而如今的 AIGC 作为一种新的互联网领域的颠覆产品，所能带来的影响也是比人巨大的。

有了四维的概念，我们对商业空间的理解和扩展就有了章法。每个维度的扩展都需要投入资源和组织能力，都有对应的风险。因此，企业在进行商业空间扩展时，在某一个阶段通常会聚焦于其中一两个维度，而不会 4 个维度同时进行扩展。

4 个维度扩展潜力的区别

尽管 4 个维度都可以扩展，但当前 4 个维度的潜力各不相同。

- **需求 – 产品维度、社会维度**：这是扩展潜力最大的两个维度，也是当前需要重点关注的维度。在这两个维度上扩展商业空间，主要依靠科技来创新产品，满足新的需求。产品拓展路径是先满足高端消费者的需求，然后从上到下通过不断降低产品门槛（包括价格但不局限于价格）来覆盖不同层次的消费者。科技企业在这方面已经做出很好的示范，传统企业在这方面做得还不够好。
- **地理维度**：对于大多数企业来说，这个维度的扩展已经比较充分，只有少数企业还有机会，所以具体企业应该根据自己的实际做出判断，寻找结构性机会，例如对于具备出海条件的企业来说，开拓海外市场就是一个很好的方向。

- **虚实维度：** 线下空间难以大幅扩展，数字空间的扩展空间正在减小，未来的高度虚拟空间情况尚不明朗，所以对这个维度的扩展需要谨慎。当然，某些细分领域仍存在增长甚至大幅增长的机会。

多个维度之间的关联促进和相应机会

为了便于理解，上面是将商业空间的 4 个维度分拆来讲解的，但实际上这几个维度是彼此关联的。企业在进行商业空间扩展时，要充分考虑这种关联性。比如，虚实维度中的数字空间对其他几个维度的增长都有很大的助推作用。传统企业完全可以充分借助互联网在数字空间上实现对地理维度、需求 – 产品维度、社会维度的扩展，从而获得业务的大幅增长。下面以企业出海为例，具体介绍数字空间对其他 3 个维度扩展的影响。

- **地理维度：** 这是最直观的。我国企业把产品直接卖到了东南亚、北美、欧洲、拉美、非洲，从更广阔的地方获取利润。除了实体产品，我国互联网服务业实现了地理扩展，比如各种互联网产品在国外的普及。
- **需求 – 产品维度：** 从最初将已有产品卖到更多地方，进化为专门为当地市场开发针对性的产品。出海企业有一些产品是专门为某个海外市场开发的，不在其他地方销售。比如一些互联网产品，很多都是为海外用户甚至为某个国家用户专门开发的。
- **社会维度：** 相比前两个维度，数字空间对这个维度的影响略微隐蔽一些。我国企业为很多海外市场提供了性价比很高的产品，使得很多海外市场的消费人群扩大和下钻。例如，SHEIN 不断推出各种服装，让很多原本收入不高的人群也可以消费得起，很大程度上实现了穿衣自由。图 14-1 所示是 SHEIN 美国站的女装首页。

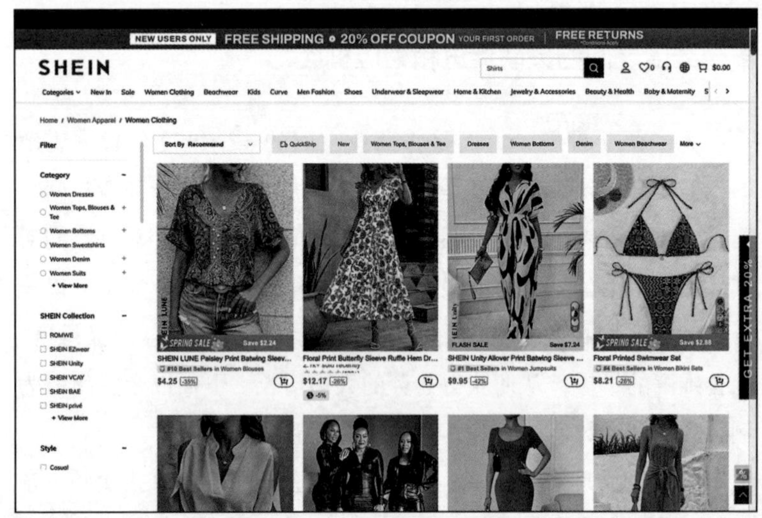

图 14-1　SHEIN 美国站的女装首页

综上所述，商业空间的 4 个维度都有独立的扩展机会，有些维度的潜力还很大。同时，4 个维度之间紧密关联，可以借力其他维度实现每个维度的扩展。所以，企业要充分利用其中的机会，找到新的商业空间。很多企业家抱怨市场太拥挤，竞争太激烈，不妨从上述内容中找一找突破口。无论在理论上还是在实战中，商业空间的创新和扩展都始终存在机会。

第2节　企业对商业空间的主动开拓

对商业空间的主动开拓

商业空间蕴藏着巨大价值，但这个价值并不会主动送上门来，它需要企业主动开拓。还是以金矿为例，一座山上蕴含了丰富的金子，但金子一直沉睡在岩石中，不会自己变成金条送到企业手中。企业需要组建团队、购置设备，以合理的成本把金矿石挖出来，然后提炼出黄金。有价值和实现价值之间还有很多事要做。

再来看一个酒店的例子。其实消费者对经济型酒店的需求很早就出现了，因为酒店预订平台（例如携程）有独特的条件可以满足这些需求，所以酒店预订平台率先落地了这个商业洞察。比如携程有真实的、动态更新的酒店预订数据，它发现少数价格不高但居住体验较好的酒店入住率始终保持在高位。显然这类酒店很受欢迎，而且处于供不应求的状态。携程的几位高管由此发现了一个巨大的商业空间——经济型酒店，于是成立如家公司去挖掘这个商业空间。如家的创始人之一季琦，在离开如家之后依旧看好这个商业空间的潜力，又创立了汉庭酒店公司，再次取得了成功。

经济型酒店的商业空间挖掘得比较充分之后，企业又进入中档酒店、中高档酒店的商业空间。以汉庭酒店公司为例，随着进入的商业空间越来越多，商业价值也越来越大，相应地公司也升级为华住集团。

对商业空间的细分

一个大的商业空间可以细分为多个小的商业空间，每一个细分空间往往意味着一个新机会。从企业实战角度看，往往一个新的商业空间的出现要经历两个阶段：第一阶段是粗放开发，第二个阶段是精细化开发。这和采矿很像，先开采埋藏浅、品质高的矿区，之后再开采埋藏深、品质低的矿区。

依旧以酒店为例。经济型酒店是一个巨大的商业空间，这个空间也可以细分。于是，几乎所有的经济型酒店集团都实现了多品牌发展，一个品牌针对一个细分市场。中档酒店也是如此。中档只是价位，同一个价位下酒店创新的地方还有很多。对商业空间进行细分，可以更充分地挖掘商业价值。

下面再举一个更有说服力的例子——电梯轿厢商业空间的细分。电梯轿厢这个商业空间，是以分众传媒为代表的公司发现和挖掘的：和电梯所在楼宇的业主或物业公司合作，在电梯轿厢内布设广告，将广告资源销售给广告主。电梯轿厢这个商业空间有两个含义。

- 物理空间含义：电梯轿厢是实际存在的可以进入的物理空间。这个空间很早就存在，但没有人意识到其可以用于广告发布。只有洞察了轿厢这个物理空间的商业价值，并且有配套的商业模式、运营体系，物理空间才能升级为商业空间。
- 场景含义：人在电梯轿厢内会停留一段时间，这段时间往往比较无聊，也存在避免尴尬的需求——很多陌生人近距离站在一起，对某些社交恐惧的人而言是比较难受的。他们需要一个打发这段无聊时间或者避免社交压力的方法。

这个需求是长期存在的，最终被少数敏锐的企业家率先发现。后来的事情大家都知道了，企业投入资源、以适当的商业模式深度开发了电梯轿厢蕴含的巨大商业价值。这个行业的领头羊上市多年，市值长期保持在千亿元人民币以上。这充分证明了商业空间的商业价值。

故事到这里似乎应该结束了，因为大多数电梯轿厢里都填满了广告。但事实证明，这个商业空间经过细分之后，依旧有挖掘机会。电梯轿厢有 4 个面，电梯门面、电梯门对面、两个侧面。电梯门对面、两个侧面很早就被印刷挂板或显示屏占满了。在很长一段时间内，电梯门这一面是没有广告的。因为最常见的两种广告载体——挂板、显示屏的厚度都会阻碍电梯门的正常开关。但是富有创造性的人还是看到了机会。企业想了很多办法来挖掘新机会，其中的两种如下。

- 贴膜，所贴的膜非常薄，不会影响电梯门的开关。在贴膜上印广告画面。
- 投影，在轿厢内正对电梯门的那一面的顶部装一个微型投影仪，电梯门靠顶部位置贴膜。但这个膜上本身没有广告内容，实际是一个屏幕。电梯门在开或关的过程中，投影仪没有光线投出。电梯门处于关闭状态时，微型投影仪将广告画面投射到屏幕上。

上述两种方式比较，贴膜成本更低，可以显示的画面更大（可以铺满整个电梯门）。投影方式成本高，面积小（一般只占电梯门 30% 左右的面积），却有一个独特价值——可以显示视频。人们在同一部电梯进出几次后，会对静态画面熟视无睹，但基本会对视频多看两眼。

到这一步，电梯的商业空间被挖掘完了吗？没有！电梯轿厢还有顶部和地面，在顶部、地面放置或显示广告，在技术和成本上都没有障碍。但是电梯顶部很难被人注意到，而地面一旦站人就会遮挡广告画面，而且地面容易污损，可能损害品牌形象。所以，尽管确实有公司注意到并实际开发了对应的商业空间，但事实证明这个商业空间的价值非常小。

电梯轿厢的 6 个面都开发完了，电梯轿厢的商业空间应该挖掘完了吧？没有！大空间没有了，还有细分空间可以开发，那就是电梯轿厢两侧到门边的空间。这个空间在电梯里很窄，窄到常见的广告挂板和广告屏根本放不下，所以长期没有被开发。最终企业开发出了新工具——定制的超窄广告屏，从而挖掘出来这个细分商业空间的价值。图 14-2 所示是典型的电梯轿厢展示场景和展示形式。

图 14-2　电梯轿厢广告展示

在图 14-2 所示的电梯门左侧的位置就有一块广告屏，它的宽高比接近 1∶3。由于这个宽高比和广告主的常规广告物料相差太大，细心的读者会发现这块广告板做了分段处理——上面是一个接近 1∶2 的竖屏，底部是一个小横屏。为了挖掘这个细分商业空间，企业真是煞费苦心。

实际上巨大的数字空间的价值挖掘并不是一蹴而就的，从门户、搜索、游戏、电商、社交到生活服务，从 PC 互联网到移动互联网，还有很多机会等着企业去发现和开发。

数字技术对商业空间变迁的重大影响

商业空间随着社会背景中大要素的重大变化而变化，其中数字技术的影响越来越大，值得特别关注。

- 数字技术首先影响那些传递信息的行业，例如报业、广告业，然后会逐渐渗透到所有行业。
- 商业包含信息流、资金流、物流，数字技术直接改变了信息流和资金流（网上支付结算），又赋能了物流，这就导致它几乎会影响所有的行业，冲击几乎所有的商业空间。

互联网时代，人们购买的场景正向线上迁移，这是一个重大的商业空间变化。

数字化大背景下，企业应对商业空间变迁的对比案例

这里举两个对比性很强的例子。

1. 慧聪网

慧聪网 1992 年创立，当时互联网还没有在我国实现民用。公司生存在传统的商业空间内，主要从事商情业务。针对细分行业（化工、广播电视设备、消防设施等）定期出版印刷品商情。所谓商情，本质是一种印刷广告。将这些印刷广告主动投递给潜在购买者，例如把广告电视设备商情投递给全国各地的电视台、影视制作公司，这样就能向广播电视设备厂家、经销商收取广告费。扣除人工、印刷、投递等费用，就是经营利润。这个商业空间体量不小，作为其中的领头羊，慧聪网当时生存得很好。

临近 2000 年时，慧聪网感受到了商业空间的重大变革。慧聪网本质上提供的是信息服务，印刷品只是信息的载体。而互联网明显是更好的载体，达到一定规模会更便宜，原有的基于印刷品的业务完全没有与之抗衡的力量。

好在慧聪集团创始人很有远见，主动拥抱互联网，进入新的商业空间。公司向 IDG 融资，主动发展互联网业务。我就是在这个开拓新商业空间的背景下加入慧聪公司的。随着公司在互联网这个新商业空间的发展越来越好，原有的基于印刷品的商业空间逐渐萎缩，最终公司彻底停止了印刷品，成为一个纯粹的互联网公司。2003 年在港交所上市，一度市值超过百亿港元。而慧聪网当年的众多同行，几乎都没有实现商业空间的重大转变，最终被市场淘汰。

2. 国美

在家电零售领域，国美曾经拥有能左右行业格局的地位，但现在已经风光不再。随着互联网的普及和应用深化，线下零售空间持续萎缩，线上零售空间长期增长。对这个趋势国美看得很清楚，所以很早就在做进入新商业空间的尝试，为此组建了规模不小的互联网团队，运营了国美在线网站、App 等。

看上去国美和慧聪网一样，在积极进入新商业空间。但问题是，国美对新商业空间的态度并不坚决，产品、运营都做得一般，与阿里巴巴、京东等对手相比，几乎全面落后。国美对原先具有很强优势的线下市场空间恋恋不舍，不断尝试优化门店，升级门店体验，在这方面花了太多精力。等到国美认识到线下空间已经不足以养活自己时，再想发力线上为时已晚，因为线上零售格局已定。在线上零售这个新的商业空间，国美和主要竞争对手相比，基本没有优势。

最后我们强调一点：**商业空间的上层是商业环境，下层是商业模式，做好了商业环境洞察，可帮我们及时发现商业空间的机会。发现了新商业空间或者商业空间的新变化，需要针对新商业空间的特点设计新商业模式，然后才是解决日常运营细节的问题。**

第 3 节　AIGC 对商业空间的革命性影响

作为继互联网之后的数字技术新势力，AIGC 将像互联网一样给商业空间带来革命性影响。

AIGC 对不同行业的冲击

每个行业都有对应的商业空间。不同行业因为特点不同，受

AIGC 冲击的先后顺序和强烈程度是不同的。这一点和互联网对行业的影响是一样的。

我们先来看看 AIGC 如何改变英伟达生存的商业空间。英伟达的核心产品是 GPU，公司长期生存在图形芯片这个商业空间中，市值在知名科技公司中长期靠后。随着 AIGC 的兴起，对 AIGC 算力的需求呈爆发式增长，而英伟达的 GPU 非常满足为 AIGC 提供算力的需求。

英伟达的企业资源、组织能力和产品基本没变，但是进入了一个全新的商业空间——AIGC 算力。在这个新商业空间中，原有的商业模式基本没有改变——研发好产品，找代工商制造出来，卖给客户，但公司的市值实现了爆发式增长，很快跻身科技公司市值前十。

可能有人说英伟达的技术含量太高了，距离我们太远，那么下面我们就来看看 AIGC 对技术含量没有那么高的企业的影响。

1. AIGC 对不同特征行业的冲击顺序

图 14-3 展示了 AIGC 对不同特征行业的冲击顺序。

最先冲击的是狭义内容行业，包括媒体、设计、摄影等直接以内容为交付物的行业，紧接着冲击高度依赖广义内容的行业和高度依赖内容营销的行业。

广义内容是脑力劳动的成果，包括软件开发、服务等。互联网行业是典型代表，此外高度依赖产品创造的传统行业也属于这一类。高度依赖内容营销的行业覆盖了绝大多数 ToC 行业和很大一部分 ToB 行业。有些行业既是广义内容行业，又是高度依赖内容营销的行业，典型代表是服装业。

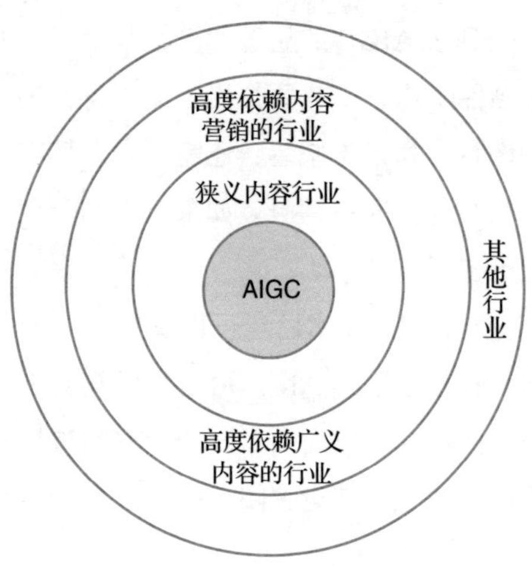

图 14-3　AIGC 对不同特征行业的冲击顺序

其他行业受 AIGC 的冲击较小，例如农业、采矿、大宗商品产销、重工业、建筑施工等，这些行业基本都属于知识创新少的资源密集、劳动密集型行业。但冲击小并不代表这些行业完全与 AIGC 无关。

上述划分是一个便于理解的简化模型，有些行业可能是横跨两圈的存在。例如公关行业，它不仅要交付公关稿件等狭义内容，还要负责策略制定和媒体发布等服务，它就处于第一和第二圈的交界处。大多数企业处于第一圈和第二圈中，所以大多数企业都必须马上行动。

2. AIGC 对电商摄影行业的冲击

我国的电商行业已经形成了庞大的生态，其中就包括电商摄影。虽然电商摄影的单价（单个商品的摄影）不高，但因为众多的商家和海量的商品，电商摄影成了一个规模可观的行业。但这个行业已经受到了 AIGC 的显著冲击，整个行业的体量都在缩减。以往一个新品上市，不仅要拍摄产品本身，还要拍摄产品在不同场景中的图片。如果是服装，还需要真人模特穿上，拍摄多姿态、多角度的图片。同一款服装如果有不同颜色、花色，需要拍摄的图片就更多了。

中篇介绍过，AIGC 技术已经可以满足大部分拍摄需求。拍摄一张产品照片，然后借助 AIGC 可以生成具有不同背景从而满足不同使用场景的照片。电商摄影的商业空间被快速压缩，已经有不少电商摄影公司裁员甚至关闭了，剩下的普遍都在积极应用 AIGC。

3. AIGC 对传统照相馆的冲击

摄影行业还有另一个细分市场——传统照相馆，也受到 AIGC 的冲击。AIGC 很可能会重塑传统照相馆。

我的一位企业家学员开了一家照相馆，已经连续经营 30 年了，在当地的口碑非常好。她的照相馆业务中证件照占了营收的约 50%。我给她看了妙鸭相机，只需要 9.9 元就能快速生成很好的证件照、形象照。但是开始的时候她依然是抵触的，提出很多她认为的传统照相馆独有的优势，但是在和我进行深入沟通后，她沉默了。在我的帮助下，她带着团队开始尝试 AIGC，直面 AIGC 的冲击。到本书完稿时，她已经因为 AIGC 实现了业绩增长。

4. AIGC 对公关行业的冲击

我们再来看另一个深受 AIGC 影响的行业——公关行业。蓝色光标是公关行业的领先企业，当前生存得很好。面对 AIGC 的冲击，采取了积极应对、主动行动的方式，这是非常值得称道和其他企业学习的。

2023 年 4 月 12 日，一张网传邮件截图显示，蓝色光标华东区总部的运营采购部要求全面停止内容生产外包。该邮件写道："为了遏制核心能力空心化的势头，也为了给全面拥抱 AIGC 打下基础，管理层决定无期限全面停止创意设计、方案撰写、文案撰写、短期雇员四类相关外包支出。"这就意味着，有很多以前给蓝色光标做设计、写文案的小公司和自由职业者的商业空间消失了。据透露，目前蓝色光标的大部分员工都在工作中高频使用 AIGC。

蓝色光标需要高端人才为客户服务。该公司高管称："北上广深的人力成本很高，蓝色光标过去全靠人服务的时候，服务对象只能是大型企业。而现在对于一些标准化的产品，通过 AIGC 整合之后，就有了服务中小企业客户的可能。"如此一来，就开辟了全新的商业空间。

AIGC 对商业空间各维度的不同影响

AIGC 对地理维度、虚实维度的影响相对较小，对商业空间的需求 – 产品维度、社会维度（人群深度）的影响较大。

1. 需求 – 产品维度

需求 – 产品维度有两个方向：需求引发产品创新，创新产品激发需求。AIGC 的价值更多地体现在创新产品激发需求上。

AIGC 可以大幅增加产品创新的机会。对产品的最终用户而言，AIGC 本身不是产品，普通用户也不关心产品是用什么设计的，但 AIGC 可以用于设计产品。例如在服装行业，AIGC 可以

“不知疲倦”地生成服装设计图，人类设计师的工作更多是把控方向、做筛选和微调。其他所有的实体产品，只要是对设计有较高要求的，都会受到 AIGC 的影响。

2. 社会维度

还是以服装为例，以前非常昂贵的高级定制，借助 AIGC 可以变得既方便又便宜。这个影响是全方位的，我们想象一下：用户在家就能借助手机拍照，然后做几个走动、转身的动作，把数据上传到服务器。企业获取用户的信息后，借助 AIGC 就能快速完成设计。然后基于 AIGC 技术，让用户“穿”上衣服，在各种场景中以本人的形象为用户演示穿上定制服装的效果。用户确认设计方案后，企业在智能工厂集中生产。

服装定制业务很早就有，但因为单独设计的成本比较高，而且会耽误客户很多时间，所以体量一直非常小。现在借助 AIGC 技术，可以实现用户数量级的扩大：原先消费不起或嫌麻烦不愿意参与消费的客户都将被纳入服务中。

第 4 节　应对 AIGC 冲击的态度和对策

凡事预则立，不预则废。企业家面对 AIGC 冲击要有一个态度和两个基本对策。

一个态度——放弃护城河幻想，积极拥抱 AIGC

很多企业在 10 多年前面对互联网冲击时，普遍持抵抗态度，结果导致很多行业、企业失去了往日辉煌。现在 AIGC 来了，企业一定要吸取之前的教训，放弃抵抗，积极拥抱。拥有正确的态度是制定 AIGC 落地策略、开始具体落地行动的基础，所以一定要先解决态度问题。

面对 AIGC，很多企业家往往认为自己拥有护城河，可以抵抗冲击。其实很多企业家以为的护城河，在革命性的技术冲击下非常脆弱。我们以互联网为例。2000 年左右，互联网零售刚刚兴起，当时与互联网相关的业务体量很小，体验也不佳。零售行业从业者包括大量的专家学者都认为，互联网零售只适合图书等少数品类，但不会做得太大。一位知名的经济学家在电视节目中说网购体验不好，以买衣服为例，网上只能看图片和文字介绍，而线下可以触摸面料还可以试穿，明显是线下体验更好。听上去很有道理，但他和很多人都忽略了一个问题：一个问题的解决可以有多个方法。

即便到现在，人们在网上买衣服依然不能触摸面料，也无法实际穿上身。但互联网产生了新的解决方案——一次多买几种款式和尺码，用户收到货之后一一试穿体验，留下喜欢的，退回不要的。甚至有企业鼓励顾客这样做：在包装中放卡片提醒用户“如果不满意，一定要退换！”网购物流的体验也越来越好，甚至能做到上午下单中午就到。就这样，传统零售企业很重视的护城河被直接越过了。

AIGC 时代呢？历史将再次重演。依然有很多企业家认为自己有很宽的“护城河”，可以抵挡 AIGC 的冲击。真的是这样吗？

我们还是以传统照相馆为例。假设用户要拍证件照，传统方式是用户去照相馆，由照相馆的摄影师在专业灯光下用照相机拍摄，然后打印出实体照片。通过 AIGC 可以以一种具有革命性的方式获得证件照。用户在证件照服务商开发的程序（独立 App 或小程序）的指导下，用手机拍摄自己多角度的多张照片。拍摄时，用户简单整理一下发型即可，不用过于关心周边环境和光线等。用户把这些照片上传到服务器，AIGC 能快速生成证件照，背景、光线等都可以由 AIGC 自动处理完成。

照片拍出来了，但 AIGC 无法直接提供用户所需要的实体照片，这看上去是传统照相馆的一个护城河。其实这个问题更好解决，借助物流体系，大部分地方的用户都可以很快拿到实物照片。如此一来，除了少数必须到指定场合拍摄照片及特别急的情况外，大部分去照相馆拍证件照的业务都被取代了。

另外，使用 AIGC 可以大幅降低成本，比如场地费、人工费、设备折旧费等，这些其实都是影响照相馆生存的因素。尽管还需要生成实体照片，但因为规模经济的作用，即便加上快递费，使用 AIGC 的方式在成本上仍然会远低于传统方式。

综上所述，护城河思维是要不得的，护城河思维本质是日常运营层的事情，若是这一层出问题，那么很多事情根本无法展开。所以我强烈建议各位企业家一定要端正态度，积极拥抱 AIGC。

两个基本对策

在原先的商业空间受到挤压开始缩减时，企业的基本对策有两个：

- **积极探索并进入新的商业空间。**
- **在原有商业空间内，通过商业模式创新等方式继续挖掘价值。**也就是去商业空间的下面几层（商业模式层、日常经营层、企业资源和组织能力层）寻找解决办法。

第二个对策是很多企业的本能选择。它有一定价值，但也有很大限制。当原有的商业空间缩小到一定程度时，能提供的商业价值就会极低，企业若是一直困于原有的商业空间，可能会影响生存。这时最好的选择是放弃这个商业空间。

实战中，更多的是两个对策结合应用。一方面，积极探索新的商业空间，另一方面在一定时期内继续挖掘原有商业空间的价值。随着时间的推移，企业会完全迁移到新的商业空间，放弃原有的商业空间。这就如同某人原来有一艘旧船，虽然还能用一段时间，但是也坚持不了太久了。于是，他一边用旧船继续运营赚取利润，一边投资造新船。新船造好，主要业务都由新船完成，旧船只负责一些辅助性业务，最后确实不能用了，就把它拆掉卖废品。

建议企业在面对商业空间缩小时，不要只盯着第二个对策，否则可能错过进入新商业空间的机会，最终导致企业消亡。

这里还是以照相馆为例。AIGC已经开始对传统的产品和服务方式造成冲击，但并不会导致照相馆原来的生意马上就消失了。此时的照相馆可以这样做：一方面，继续做好原有的证件照、儿童摄影、全家福等业务。毕竟，原有的业务并不会立刻被取代，而用户接受新的产品和消费方式也有一个过程。另一方面，积极借助AIGC为用户提供新的摄影产品。例如，在儿童摄影中将实拍照片和AIGC技术相结合，开创“梦幻儿童照”“梦幻亲子照”“梦幻全家福”等新产品，以新产品开拓新商业空间。图 14-4 所示就是用照相机实拍男孩（这里仅是用于举例，所以男孩照片也是 AIGC 生成的），然后用 AIGC 技术生成的梦幻儿童照。图 14-4a 所示是用 AIGC 生成的男孩身穿钢铁侠盔甲的“肖像照”，图 14-4b 所示是有场景的照片——男孩身穿钢铁侠盔甲，在自己的实验室里。这样的照片，孩子喜欢，家长也愿意付钱。除了照片，还可以制作很多衍生品，例如姓名牌、书包贴图、水杯套、定制 T 恤衫等。依靠产品衍生，可以实现商业空间的进一步扩展。

a）肖像照

b）场景照

图 14-4　梦幻儿童照

行业太多，很难一一举例，希望上面给出的例子能对大家有启发。与其寄希望于所谓的“护城河”，固守自己熟悉的商业空间，还不如主动向前，去探索和开拓新的商业空间，变被动为主动。

15

|第 15 章| C H A P T E R

AIGC 与商业模式

商业模式在商业空间的下一层。从企业实战的角度看，选定了合适的商业空间，有了适当对策之后，就要进行商业模式设计了，然后在商业模式的指导下进行日常运营。

第 1 节　商业模式及商业模式理论

商业模式的概念

商业模式是企业商业运作的整体方式。商业模式是企业用来创造、提供、收集价值的方法和策略。换句话说，它描述了一个企业如何运作，如何赚钱，如何在竞争中获得优势。

一个商业模式至少应该能够清晰地回答以下关键问题。

- 我们的产品或服务是什么？
- 我们的目标用户是谁？
- 我们如何吸引和留存用户？
- 我们如何产生收入？
- 我们的主要成本和投资是什么？
- 我们的竞争优势是什么？

管理思想家德鲁克曾经说过："21 世纪企业之间的竞争，已经不是产品与价格的竞争，甚至不是服务的竞争，而是商业模式的竞争。"由此可见商业模式对企业的重要性。一个好的商业模式，可以帮助企业充分发挥企业资源和组织能力的价值，成功挖掘商业空间的价值，也能在更高层次上指导具体的日常运营。

不同商业模式理论的异同

人们通过对商业模式的系统研究，提炼出多种商业模式理论，其中有较大影响力的就有十多种，这难免让人产生困扰。众多的商业模式理论都包含商业模式的组成元素、元素之间的关系，只是不同理论的组成元素不同，元素之间的关系不同。

不同的理论有不同的要素，比如三要素、四要素、六要素、九要素、十二要素等，即便要素数量相同，其中的某个或某些要素也可能不同。

众多的商业模式理论也有一些相同之处，具体如下。

- **功能和目标相同：**商业模式理论的表达要简单、有效、直观、易理解，不能因过于简单而降低描述真实企业运行环境下复杂情况的能力。
- **有机关联：**各种商业模式理论都会将商业模式分为多个模块，但不会简单罗列模块，而是将众多模块有机整合，并试图讲清楚各模块是如何关联并组成一个整体的。
- **可视化表达：**商业模式是由许多模块组成的，模块之间的关系也较为复杂，如果不能以可视化的方式来展现，人们很难真正地理解一个商业模式。众多理论模型都对商业模式进行可视化表达。

下面简单介绍两种重要的商业模式理论。

1. 商业模式画布理论

商业模式画布理论把商业模式拆分成 9 个要素，如图 15-1 所示。

- **价值主张：**企业提供的独特产品或服务，它解决了目标市场中的特定问题或满足了特定需求。价值主张应该清晰地表明为什么客户选择你的产品或服务，而不是竞争对手的。
- **客户细分：**无论产品或服务多么优秀，都需要有明确的目标客户群体，这些人愿意为企业的价值主张买单。
- **渠道通路：**这是企业将产品或服务送达客户的方式，可能包括实体店、分销商、网站、App 等。
- **客户关系：**这涉及企业如何与客户互动，以吸引和留住他们。

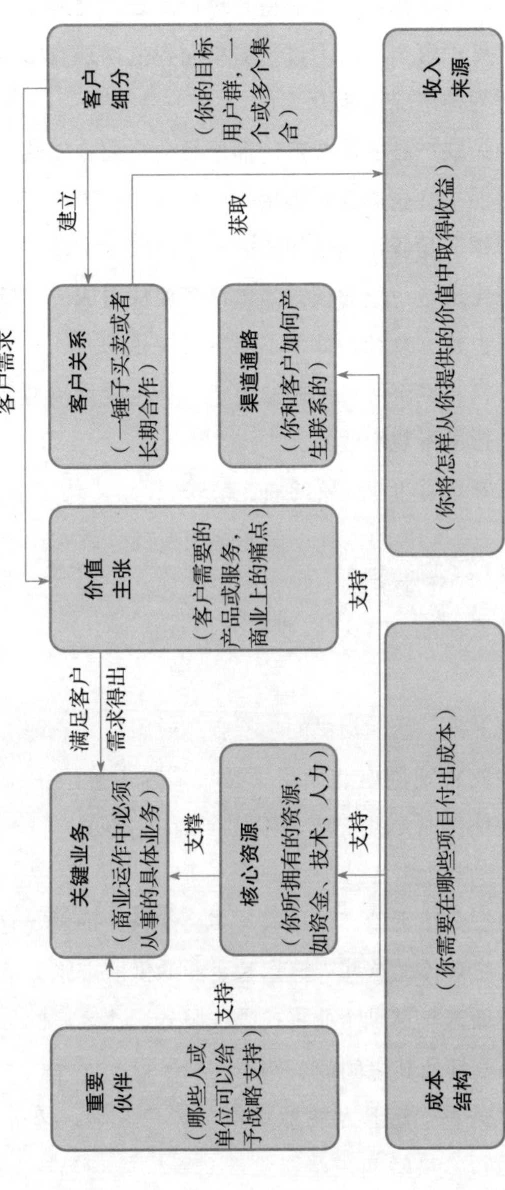

图 15-1 商业模式画布理论的 9 个要素

- **核心资源**：企业运营所需要的最重要的资源，可能包括固定资产、资金、人力、技术、紧密的经销商体系等。
- **重要伙伴**：企业有众多的合作伙伴，其中一些特别重要，例如短缺产品的供应商、重要的渠道商。
- **关键业务**：企业在日常运营层面必须进行的关键业务，可能包括产品研发、市场营销等。
- **收入来源**：可能包括产品销售、服务费、订阅费、广告收入等。
- **成本结构**：企业在经营过程中会产生多种成本，不同的成本会形成不同的成本结构。

这些要素是彼此联系的，而不是孤立的模块。图 15-1 中的箭头直观表明了各模块内在的关联。商业模式画布理论影响力很大，可能是知名度最高的一种商业模式理论，它有多个变种，例如精益画布理论等。

2. 魏朱六要素理论

魏朱六要素理论由北大汇丰商学院的魏炜、朱武祥两位教授创立，是具有较大国际影响力的中国原创商业模式理论。魏朱六要素理论把商业模式分为 6 个要素——**定位、业务系统、关键资源能力、盈利模式、现金流结构、企业价值**，如图 15-2 所示，图中的箭头表示六要素之间的关系。

借助魏朱六要素理论，企业可以设计自己的商业模式，也就是设计六要素及其之间的关系。企业可以在图 15-2 的指导下，从左往右依次进行设计：首先进行市场定位，然后在定位指导下设计运行机制，最后实现企业价值。运行机制包括关键资源能

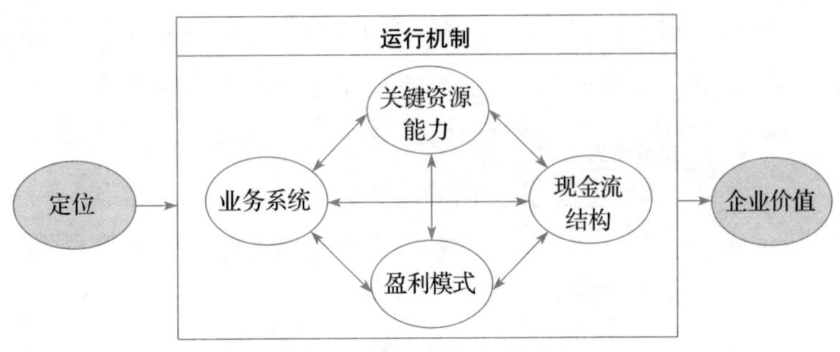

图 15-2　魏朱六要素理论

力、业务系统、盈利模式、现金流结构这四个要素，任意两个要素之间都是彼此影响的。因此在设计商业模式时，要充分考虑要素之间的影响。

第 2 节　十字风车商业模式理论及其实战

十字风车商业模式理论是我基于长期在数字化企业从事高管工作、我的多次创业经历及大量企业咨询经验提出的商业模式理论。该理论更加适应高度数字化的商业环境，也是协助我完成当前从事的主业——企业数字化实战咨询的重要工具。

十字风车商业模式理论简介

十字风车商业模式理论如图 15-3 所示。

十字风车商业模式理论认为，商业模式包含 4 种交易对象、4 个子模式和 4 个结构。4 个结构中的交易结构，是整个商业模式的轴心。

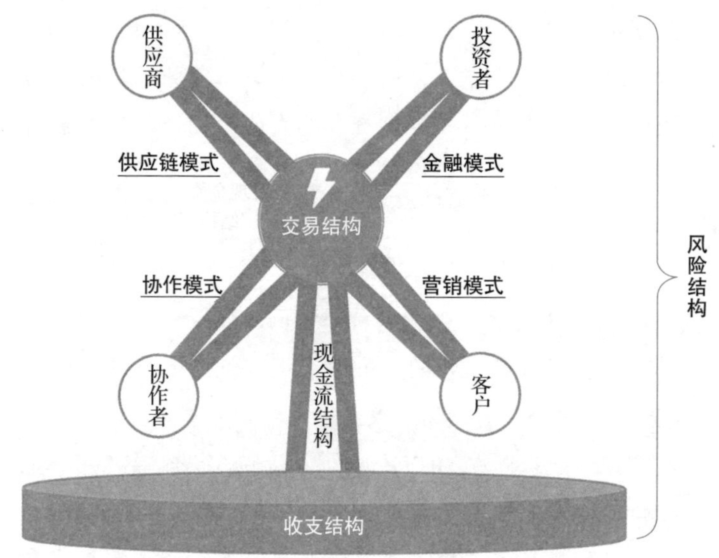

图 15-3　十字风车商业模式理论

1. 4 种交易对象

企业需要与很多交易对象进行交易，商业模式要抓住其中最重要的交易对象。众多交易对象中下面 4 种是最重要的，且每一种交易对象都有对应的子模式。

- 上游的供应商，对应供应链模式。
- 客户，对应营销模式。
- 除上下游之外的其他协作者，对应协作模式。
- 投资者，对应金融模式。

对十字风车商业模式理论有了基本了解，我们再来看内部结构。以企业为中心，商业模式有 4 种紧密相关者，其中上游伙伴、下游客户很好理解。下游客户给企业付钱，购买企业的产品，获取企业提供的服务。上游伙伴为企业提供产品或服务，企业在此基础上生产产品或服务。除了这两个容易理解的相关者，还有两种相关者：协作者，这里特指上游供应商以外的交易对象；投资者，是指为企业提供资金的人或组织，包括私募阶段的风险投资者和私募股权投资者，以及公开上市后的公众投资者等。

我们以零售行业某知名的商业模式创新企业——MCYP（为了避免麻烦，这里隐去企业名称）为例，简要介绍 4 种交易对象。MCYP 通过自有品牌的线下渠道销售优质低价的日用消费品，它包含了如下 4 种交易对象。

- **客户**：众多喜欢 MCYP 的购物者，这个群体体量很大。
- **供应商**：MCYP 店面有数千个 SKU（最小库存单位），而且会不断更新。MCYP 并没有自己的工厂，而是从专门供应商那里获得商品。MCYP 有数以百计的优质供应商，能稳定高效地为 MCYP 提供优质低价的商品。
- **协作者**：MCYP 有众多协作者，其中最重要的是加盟商。由加盟商出资、出门店资源，在全国各地客流量大的位置开设大量门店。如果没有这类协作者，MCYP 就要自己花巨资、花时间去全国各地选址开店。这样做不仅资金压力大，而且效率低、费用高。
- **投资者**：上市前有专业的私募投资者，上市后又迎来了众多公众投资者。

4 种交易对象的划分不是绝对的，同一个人或企业有可能在一个商业模式中有两个身份。例如供应商可能同时是投资者，客户也可能是协作者。

2. 4 个子模式

MCYP 有 4 种交易对象，自然也就有对应的 4 个子模式。并非所有的企业都像 MCYP 一样，4 种交易对象齐全。例如，有些企业不接纳外部投资，没有除创始股东之外的投资者。有些专业服务企业，例如律师行、设计工作室、咨询公司，几乎没有持续的上游供应商。客户是唯一不可缺少的交易对象。

3. 4 个结构

4 个结构指交易结构、现金流结构、收支结构、风险结构。交易结构是商业模式的轴心，它包括：

- 企业重要的交易对象是哪些。
- 交易内容是什么，是产品还是服务，具体是什么产品、什么服务。
- 交易价格是多少。
- 如何支付，什么时候支付。

现金流之于企业，犹如血液之于人类，一刻也不能断。企业可以较长时间没有盈利，却不能承受哪怕一刻的现金流断裂。企业追求的是“做有现金流的利润，做有利润的现金流”。

收支结构可简单表示为：利润 = 收入 - 支出。收支结构揭示了收入由谁占有及占有多少，支出由谁承担及承担多少。收支结构可以用图 15-4 来表示。

企业从诞生的那一天开始就要面对各种风险。经营企业的过程，就是应对风险的过程。风险结构表明当前商业模式中面临哪些风险以及这些风险由哪些部分构成。

风险管理是日常经营层面的事，但风险结构是更上层的事，

收支结构

	来自直接客户的收入	来自其他交易对象的收入
零可变成本	组合1-3	组合2-3
其他伙伴负担成本	组合1-2	组合2-2
本企业负担成本	组合1-1（最传统的组合）	组合2-1

图 15-4　收支结构示意

有一定的设计空间。如果能在商业模式设计环节就考虑风险，那么风险管理会变得更容易。

用十字风车商业模式理论分析先进商业模式

十字风车商业模式理论从实战中来，也为实战而生，对企业尤其是数字化时代的企业有很强的指导意义。我们可以用它来分析先进的商业模式，从中吸取经验，进而设计本企业的商业模式。

我们依旧以 MCYP 为例。因为该公司的商业模式内容很多，限于篇幅，这里只对几个点进行简单分析。

MCYP 为什么要引入“加盟商”这个交易对象？要知道，引入加盟商，就要把对应的销售额按比例分配给门店一部分。其实，这正是 MCYP 商业模式设计中值得学习的地方。借助十字风车商业模式理论可以把这个问题看得更清楚，因为加盟商这个交易对象对企业价值的影响是多方面的。

加盟商的出资价值或许可以被投资者取代（尤其是企业上市后），但其他的重要价值不能被其他交易对象取代，所以众多的加盟商是 MCYP 商业模式的重要部分。加盟商与 MCYP 合作不仅要出资，还要具有优质的门店资源。而优质的门店资源是稀缺资源，有钱都不一定能拿到。有人可能会说，MCYP 可以直接去租优质门店，但是这样做不能保证租到这些门店，就算租到了也要付出很高的成本。另外，作为外来者的 MCYP，拿到优质门店的价格通常会比当地的加盟商更高。经营实体门店有很多问题要处理，包括工商、消防、治安、环卫等各方面，需要和很多部门打交道，这又是熟悉当地环境的加盟商能发挥优势的地方。

很多企业都发展加盟商，为什么 MCYP 做得特别好？这是因为 MCYP 在与加盟商的协作模式上做了有价值的创新，充分考虑了加盟商的利益，让自己和加盟商都有收益。

加盟商要想开一家 MCYP 加盟店，要支付店面租金、加盟费、统一装修费、进货押金等诸多款项，看上去和加盟其他企业没有区别。但 MCYP 在交易结构上做了重要创新，一是让加盟商脱离日常运营管理，二是以天为单位给加盟商分门店的营业收入。尤其是第二点，以前几乎是不可想象的事，因为大多数企业都想着如何尽量拖长结算的周期。MCYP 设计的这个交易结构，吸引了大量的意向加盟商，使得公司可以选出足够多的优秀加盟商。优秀加盟商能为公司创造更大的价值，形成更高的竞争壁垒，还能让商业模式中的现金流结构、收支结构、风险结构得到优化。

- **现金流结构的优化**：加盟商要和 MCYP 合作，需要支付一大笔现金，这为 MCYP 带来了大量的现金流。MCYP 虽然每天都会给加盟商支付店面的收入分成，但总金额相对于总营业额来说其实占比并不大。MCYP 销售产品时会即刻全额收到货款，而付款给供应商时却可以分期支付。这些都使得 MCYP 的现金流结构非常好。

- **收支结构的优化**：店面租金、装修费、店员工资都是由加盟商承担的，这优化了公司的收支结构。
- **风险结构的优化**：当地加盟化解和承担了 MCYP 的部分风险，让 MCYP 的风险结构得到了优化。

大家可能以前就知道了 MCYP 的这种商业模式，但是对它的理解不够深入、系统。希望大家现在在十字风车商业模式理论的帮助下能真正从中吸取养分，从而做好本企业的商业模式设计。

第 3 节　AIGC 对商业模式的深刻影响

互联网对商业模式的影响非常大。互联网公司开创了很多新的商业模式，帮助很多企业取得成功。同时，传统企业借助互联网，也实现了很多商业模式上的创新。

AIGC 将像互联网一样，对商业模式产生深刻影响。AIGC 将会促进某些商业模式诞生，也会促使某些商业模式的升级。AIGC 会对十字风车商业模式理论中的 4 种交易对象、4 个子模式、4 个结构都产生影响，但影响最明显的是客户、与客户对应的营销模式、企业与客户的交易结构。

1）**AIGC 对客户的影响，重点体现在借助 AIGC 可以开拓更多的客户上。** AIGC 本身不直接开拓客户，但是借助 AIGC 能创新产品，能降低产品价格，从而覆盖更多之前没有覆盖的客户。

2）**AIGC 对营销模式有革命性的影响。** 中篇已经对此做了系统讲解，在此不再赘述。

3）**AIGC 对交易结构的影响。** 交易结构包含产品、定价、交易方式、支付方式等多个方面，AIGC 对产品、定价会有很大影响，从而影响交易结构。

下面通过案例来加深大家的理解。

AIGC 对建筑设计行业商业模式的影响

建筑设计有一个潜力巨大但一直没有完全开发的市场——农村自建房设计。

大多数农村自建房的房主希望把房子设计得更好，但又不愿负担较高的设计费，因为对农村建房者而言看似正常的设计费用太高了。所以大多数农村自建房采用的都是通用设计，而且这些设计基本是施工队代劳的，设计质量普遍不高。传统的建筑设计公司限于传统的设计能力和服务成本，又不可能大幅降低设计费用。AIGC 的出现改变了这个局面。

1）建筑设计公司引入 AIGC，并与当地建筑公司、施工队合作，把 ToC 生意变成 ToB 生意。

2）建筑设计准备阶段——现场勘查，由当地施工队队长负责，而不是由设计师负责。施工队队长到现场，打开手机上专门的 App，按规定拍摄多角度的照片、短视频，然后上传到建筑设计公司后台，后台采用 AIGC+ 人工方式对相关资料进行审核，如果有需要重拍、补拍的，直接通过 App 实时给队长发指令。建筑设计公司借助 AIGC，快速完成现场 3D 建模。

3）施工队队长通过与业主沟通，了解业主的需求与预算，并通过 App 传递给后台。

4）建筑设计公司后台利用 AIGC，结合丰富的设计模板库快速生成设计方案。

5）设计方案直接发到施工队队长和客户的手机并以3D形式展示，还可以模拟场景、角色进行动态演示。业主、施工队队长、远程的设计师可以实时沟通，根据业主的意见对方案进行调整，直至最终确定。

6）确定建筑设计方案之后，借助AIGC快速生成符合规范的建筑平面图和建筑施工图，当地施工队按图施工。

我们可以清晰地看到，在上述操作过程中AIGC在多个环节都发挥了作用。AIGC不仅改变了操作流程，还带来了其他变化，这些变化会直接影响建筑设计公司的商业利益。

- 从向业主收费转为向施工队收费。施工队借助该工具，可以更快获得客户。因为有专业设计的加持，最终让业主满意的可能性显著提高。同时，因为AIGC的作用，在保证质量的前提下，设计费用相比传统方式可以大幅降低，施工队也支付得起设计费。
- 在设计方案中可以置入一些特殊建筑构件，例如门窗、管道、换气扇等标准件，这些建筑构件可以直接销售给客户。因为规模效应，可以在保证质量的前提下，做到价格优惠，施工队从中获取一定的收益。此外，借助当前廉价、高效的物流体系，可以实现低成本全国交付。

AIGC对教育行业商业模式的影响

学校借助AIGC可以实现个性化互动教育，教材内容可以是实时生成的个性化内容，从而真正实现因人施教，极大提高学习效率。

以学习英语为例。学生每天都要背单词，不仅枯燥而且难记，现在可以通过 AIGC 结合要学的单词生成一个短故事，然后根据故事生成精美有趣的短视频，短视频巧妙地融合需要巩固的单词。视频还可以充分考虑学习者的特点，有的是动画风格，有的是电影风格。比如学习者是喜欢奥特曼的男孩，就将奥特曼融入视频。通过 AIGC 还可以让奥特曼与男孩对话，比如奥特曼会结合剧情对学习者说一句话，男孩必须通过麦克风用英语回复，而回复的英语中就包含需要巩固的单词，只有说对了，剧情才能正常继续。有了 AIGC 的加持，对单词的学习已经不再局限于这个单词本身，还能帮助学习者在多个场景中灵活应用单词。

AIGC 加持后的学习体验是前所未有的。

AIGC 对服装行业商业模式的影响

我们这里说的服装是指成衣行业，不包括服装定制。服装行业的销售毛利率是很高的，但成衣行业因为库存问题很难做，那些生产出来却很难卖掉的服装大幅吞噬了已经卖掉的服装的利润。服装企业一直在创新，试图去解决这个行业问题。

以优衣库为代表的做法是：减少花色，以不容易过时的基本款为主。这种方式主要从产品的角度解决库存积压的问题，这属于日常经营层的努力。

以 ZARA 为代表的快时尚品牌的做法是：设计上放弃高风险的原创，采用“模仿 + 微调”的设计方法，然后小批量快速生产，快速上架。这种方式既有日常经营层的努力，也有商业模式层的努力（主要体现在供应商和供应链模式上）。

相对于优衣库和ZARA，我认为SHEIN的商业模式更好一些，因为它充分利用了互联网的优势。因为有了互联网的加持，SHEIN的商品在保证基本质量的前提下，可以实现款式多、更新快、价格便宜，导致很多欧美用户买个不停。它的销售额从2016年的10亿元持续快速增长到2019年的160亿元。2020年，它的销售额更是达到了100亿美元。

那么服装行业还能不能在上述三家企业的基础上再度实现商业模式的创新？AIGC的出现，让商业模式的创新有了新的可能。下面给出一些思路。

- 采用“AIGC+人工”的方式可以无限、快速设计服装款式。
- 款式设计完成之后，结合AIGC模特快速生成模特身穿服装的图片。
- 将商品图发布到各种网上销售渠道进行实际测试。
- 销售量低于预期的设计方案直接下架，为相应下单者全额退款，并赠送购买优惠券，鼓励用户购买其他款式。
- 对于销售量达到预期的设计方案，将生产数据发给合作工厂快速生产，然后通过发达的快递系统发送给客户。

简单地讲，这种模式不是尽量避免生产出来的服装卖不掉，而是只生产已经卖掉的商品。少量的退货，对整个商业模式没有太大影响。AIGC主要在源头发挥作用，以极高的效率生成款式，然后借助AIGC展示产品，让消费者直观地了解产品，产生购买冲动。因为是以AIGC为主、以人为辅，所以落地成本极低。

限于篇幅，就不对其他行业一一展开讨论了。希望企业能打破行业局限，从本章的案例中找到基本规律并落地，从而推动本行业、本企业借助AIGC实现商业模式创新。

|第 16 章| C H A P T E R

企业借助 AIGC 全面升级的实战兵法

要想在营销场景真正发挥 AIGC 的作用，除了需要掌握一线的操作，还需要构建坚实的支柱。企业家在初步了解了 AIGC 的实操方法之后，一定要重点关注和解决支柱问题。因为这些基础问题，个人、基层团队是无法解决的，往往需要由企业家做出重要决定才能实施。

第 1 节　商业空间、商业模式和营销升级的章法

其实营销是服务于商业模式的，而商业模式设计的前提又是

商业空间定位，局限于营销本身做营销，就会成为井底之蛙。只有先跳出营销的泥潭，上升到更高层次，自上而下进行设计，才能真正做好营销。

下面我们从顶层到底层、从整体到局部一层层来介绍。

商业空间迁移、商业模式升级与营销的关系

商业空间迁移、商业模式升级是高层动作，最终都落在营销上。商业空间迁移、商业模式升级，几乎必然带来营销模式的重大变革。

中国平安集团在探索在线保险业务时，最初也想发挥保险代理人的优势，继续原来的模式卖产品，但是效果不佳，因为它擅长的大量招募保险代理人的营销模式在互联网上不管用。后来中国平安集团还尝试了 SEO 和 SEM，钱花了不少，效果依然不好。因为保险的主要业务不是客户主动来买，需要代理人主动出击，而 SEO、SEM 的前提是用户主动寻找，这就出现了营销和业务不匹配的情况。

AIGC 在企业落地的技术保障

在企业中，AIGC 主要落地在以下几个方面。

- **内容生成：**企业可以利用 AIGC 自动生成各种营销、宣传、培训类内容，提高内容生成的效率和质量。
- **数据分析：**企业可以利用 AIGC 技术对大量的数据进行分析，从而得出有价值的信息和洞察。

- **自动化运营**：企业可以利用 AIGC 技术自动运营各种业务流程，从而提高运营效率和质量。

然而，AIGC 的落地也对企业提出了一些新的挑战，这主要体现在以下几个方面。

- **技术整合**：企业需要将 AIGC 技术与现有的 IT 系统进行整合，这可能需要进行一些开发工作。
- **数据安全**：在使用 AIGC 技术的过程中，企业需要保证数据的安全性和隐私性。
- **遵守法规**：在使用 AIGC 技术的过程中，企业需要确保遵守相关的法规和政策。

针对这些挑战，CIO（首席创新官）需要采取以下几种措施：

- **建立专门的团队**：CIO 需要建立一个专门的团队，负责 AIGC 技术的研究、开发和应用。
- **提供培训**：CIO 需要为员工提供相关的培训，提高员工对 AIGC 技术的理解和应用能力。
- **建立合作关系**：CIO 需要与 AIGC 技术的供应商建立良好的合作关系，以便在需要的时候能够得到技术支持。
- **制定策略**：CIO 需要制定一个明确的 AIGC 技术应用策略，明确 AIGC 技术在企业中的应用目标和路径。
- **监控和评估**：CIO 需要对 AIGC 技术的应用进行持续监控和评估，以便及时发现和解决问题。

总体来说，AIGC 技术为企业带来了新的机遇，也带来了新的挑战。CIO 需要积极应对，以便帮助企业在这个新的领域取得成功。

CIO 需要采取一系列的措施，以确保 AIGC 在企业中成功应用。这些措施包括：

- CIO 需要对企业的 IT 系统进行全面评估，以确定其是否能够支持 AIGC 的应用。这包括对企业的硬件设施、软件系统、网络环境等进行全面检查和评估。如果发现存在问题，CIO 需要及时进行调整和优化。
- CIO 需要对企业的数据进行全面管理和保护。AIGC 的应用需要大量的数据支持，因此，企业的数据管理和保护工作尤为重要。CIO 需要建立完善的数据管理制度，确保数据的准确性和完整性。同时，也需要建立有效的数据保护机制，防止数据丢失和泄露。
- CIO 需要对员工进行全面培训。AIGC 的应用需要员工具备一定的技术知识和技能，因此，CIO 需要组织相关的培训活动，提高员工的技术水平和应用能力。同时，也需要对员工进行思维方式的培训，让他们能够适应 AIGC 带来的新变化。
- CIO 需要建立有效的监控和评估机制。AIGC 的应用效果需要通过实际的运行情况来进行评估，因此，CIO 需要建立一套有效的监控和评估机制，以便对 AIGC 的应用效果进行实时的监控和评估。

企业应用 AIGC 的难度和阻力

从企业家的角度看，应用 AIGC 价值重大，对整个企业都有好处。但是，企业是由很多人构成的，局部利益不一定和总体利益一致。所以我们要预见到在企业中推行 AIGC 可能遇到的阻力。

- **基层员工的阻力**：AIGC 需要学习，要想精通需要深入学习，有些员工可能会对此产生抵触，他们尽管不会明说，但在实际工作中会消极对待。AIGC 应用成功后，很可能带来组织调整，这就难免要优化部分人员。有些员工担心自己成为被优化的人，也会阻碍 AIGC 的落地。
- **管理层的阻力**：AIGC 一般不会直接带来管理者被替换的可能，但有些管理者从自己的势力范围出发，担心引入 AIGC 导致裁员，从而导致自己的“地盘”缩减。一旦管理者反对 AIGC 落地，那产生的阻力相当大。
- **技术障碍**：这个障碍一般在应用到一定深度后才出现。因为此时可能需要进行 IT 开发，这对很多不具备相关 IT 技术的传统企业，尤其是小微企业而言，是一个比较大的障碍。

企业推行 AIGC 应用的合理路径是：**领导优先体验→骨干探索→优选典型场景、环节作为试点→扩大应用场景→进入产品和服务体系**。这个实施路径不仅适用于营销场景，也适用于其他场景。

第 2 节　AIGC 对小微企业的影响

AIGC 对几乎所有的企业都会产生深刻影响，但不同规模、不同特点的企业，确实有自己的特点，这也导致 AIGC 对企业的影响是不一样的，企业落地 AIGC 的方法也不一样。本节讨论小微企业如何以最适合的方式在本企业落地 AIGC。

大概率选择——企业家把自己“活成”一个团队

小微企业的现状是，绝大多数小微企业家以自己为核心开展各项业务，员工只是为企业家提供配套支持。小微企业在人才竞争中确实处于不利地位，没名气，发展前景不确定，薪酬没有竞争力……这些都是不争的事实，也难怪优秀人才普遍不愿加入。已经加入的人，一旦积累到足够能力、资源，往往都会跳槽到更大规模的企业。这些问题不是短期内能改变的。

小微企业家唯有把自己“活成”一个团队，才能提高企业的抗风险能力。本来这是很难的，在互联网成为营销主战场的时代背景下，很多小微企业家尤其是中年企业家，本来是很不适应的，但 AIGC 改变了这一切。小微企业家可以按下面的步骤来操作。

第 1 步　尝试。

在不改变业务基础（商业空间、客户群体、商业模式、团队规模等）的前提下，小微企业家在自己当前的营销工作中应用中篇所讲的技能，先把 AIGC 用起来，即先发挥 AIGC 的作用，让自己能更好地生存下去。在这个过程中，小微企业家要有意通过实战培养“体感”，为后续工作打好基础。

实践证明，只要小微企业家愿意，他们就能做好这一步。做好这一步，对小微企业还有一个特别的好处——能做到极限生存。小微企业的生存环境差，经常会面临生存问题。比如，在传统工作模式下，就算企业再小，也不得不养一个小团队，企业不得不为这个小团队支付成本——提供办公场所、按时支付工资等，这些常常成为压垮小微企业家的主因。

有了 AIGC，小微企业家可以自己完成一个小团队的所有工作，保证原有业务流程正常运转。或许会适当缩减一点业务规模，但企业能生存下去，能等待崛起的机会。等环境好转，时机到来，可以招募新人，扩大业务。

我认为 AIGC 对广大小微企业来说，是互联网进入民用、商用以来最大的利好因素，所以大家一定要高度重视。

第 2 步　在保持其他商业基础不变的情况下，适度扩展规模。

在 AIGC 的加持下，企业可以以更低成本、更高效率、更低风险来扩大业务规模。

在 AIGC 出现之前，企业只能简单依靠增加人数来扩大业务规模，这导致很多小微企业“死”于扩展。有了 AIGC 加持，一个人的能力大幅提升，这样企业就可以选择提高单人产出，即在不增加人员的情况下扩大业务规模。当然企业也可以招新人。以往小微企业往往只能招熟手，希望来之能战。但小微企业需要付出很高的代价才能招到熟手，从而增加了运营压力，这就形成了招聘与应聘之间的矛盾。AIGC 使得我们能降低很多岗位的任职要求，招募到的新人通过 AIGC 加持能很快变强。

第 3 步　如果前两步走得不错，原有业务已经有了更好的持续盈利能力，可以尝试产品、商业模式的创新。

例如照相馆借助 AIGC 推出“梦幻亲子照”这个新产品，为孩子生成卡通风格的生日照及衍生产品。到了这个阶段，AIGC 开始从“提质增效，降本增收”的基础作用，上升到更高层次的作用。

在商业模式创新方面，各种规模的企业都有机会，而且各有利弊，所以有追求的企业家不要放弃这种可能。

还是以上面的照相馆为例，全国有很多小的单体照相馆，基本靠证件照生存。我们的梦幻亲子照在该照相馆尝试成功之后，可以升级为商业模式：与周边区县市的同行合作，为他们提供服务，让他们在几乎不增加任何投入的情况下，上线梦幻亲子照这种有吸引力又高利润的产品。流程很简单，合作照相馆拍照（现在都是数码相机）之后，选择合适的原片，登录合作平台上传照片。然后在界面上做简单操作（只要会使用基本的修图工具，都可以使用），直接就能看到 AIGC 生成的梦幻照。

要实现上述商业模式，需要具备一定的软件开发能力。但需要开发的部分并不难，不需要训练大模型，而且，当前提供类似定制开发服务的外包机构很多，成本也不高。

这样一来，该照相馆直接从向照相顾客收费的传统模式升级为梦幻影像服务商，甚至可能借助这个机会快速跃升为一家盈利能力强的中型企业。

企业家必须借助 AIGC 进行深度思考

有一句警示语："不要以战术的勤奋，掩盖战略的懒惰。"这句话对很多职场人士适用，对很多企业家也适用，尤其是小微企业家。我深入接触过大量小微企业家，他们绝大多数都很勤奋，但缺乏对影响企业运营的深入、长远问题的思考。

提及 AIGC 在企业中的应用，大多数人只想到提高效率、优化人员，少数人能想到进行产品创新，从根本上提升竞争力。但极少有人会思考用它升级商业模式，进入新的商业空间。因为这个问题思考起来很难，不可能短时间得到答案，实施起来要做的改变也很多，这些都不在很多小微企业家的舒适区。

我要提醒小微企业家，以前大家都是这样，你也这样，顶多是不能脱颖而出，让企业生存下去还是没问题的。但现在有了AIGC，一定会有同行率先在产品、商业模式层面进行创新，这就会对其他企业形成降维打击，那时企业的生存就会成问题。

第3节　AIGC对中型企业的影响

中型企业拥抱AIGC有自己的特点。中型企业在执行图13-1所示的3个层次的工作时需要并行，因为中型企业有较健全的组织，可以实现不同层面的事由不同的人来推进。

1. 在原有商业空间应用AIGC提升日常运营效率

营销依旧是中型企业应用AIGC的黄金场景。中型企业规模不大，尽管架构比较健全，但很多部门的人数不多，AIGC能发挥一定作用，但不像在大型企业那么大。例如，很多中型企业的人力资源团队只有几个人，即便应用AIGC，也很难缩减团队规模。

当然，企业所处行业不同，具体到每家企业，在营销场景之外可能还存在其他的黄金场景。在营销场景中，中型企业要以全域、全链路营销为目标。当然，具体实施时要分步实现。中型企业在营销场景应用AIGC，可以把握以下原则。

- **先内容，再产品。**中篇中的案例告诉我们，AIGC既可以用于生成营销内容，又可以用于产品（包括包装）创新。但我依旧建议先在内容领域用好AIGC，然后再将其用于产品。原因是前者见效快，后者见效慢，企业需要一点时间来适应。

- **先公域，再私域。**AIGC 的应用可以先从公域营销中的内容生产入手，这是已经证明见效最快的方向。之后再慢慢应用到私域。
- **先提质增效，再降本增收。**只有先实现了提质增效并且稳定运营一段时间，才会迎来降本的时机。否则可能引发团队不稳定，没有达到预期效果，对企业而言损失会很大。
- **先使用通用工具，再使用定制工具。**在某些情况下需要对 AIGC 进行定制开发。例如，一家外贸企业有数以万计潜在客户的电子邮件，如果人工去发电子邮件，效率低，而且内容千篇一律。可以进行适当开发，将 CRM 系统中的潜在客户数据导入，让 AIGC 工具自动批量生成个性化的市场开发邮件，然后发送给客户。但是因为这涉及一定的开发成本，使用难度也有所提升，对于刚刚介入 AIGC 的企业来说并不友好，所以我建议企业先使用门槛较低的通用 AIGC 工具，等大家都熟悉了，也看到实际效果了，再考虑定制工具。

中型企业可以适当深耕自己有优势的垂直领域，在这个领域适当增加 AIGC 投入，例如开发垂直模型、打造专属知识库、打通 AIGC 和原有 IT 系统等。

产品创新、内容营销、客服是 AIGC 在中型企业中典型的应用场景。

- **产品创新：**充分利用 AIGC 的创新能力，探索产品、包装的新设计方向，从源头提升公司的竞争力。以往这样做的成本很高，要请专业设计师。现在，中等水平的设计师借助 AIGC 就可以快速做出上等水平的设计，而且更快、更多。而这样做增加的成本仅涉及计算机设备购置费、AIGC 工具使用费（因为一般的中型企业都有自己的中等水平设计师），对中型企业而言这些不是问题。

- **内容营销**：如果用好了 AIGC，中型企业完全可以在内容营销层面超越大型企业。
- **客服**：这部分内容和第 11 章第 3 节所讲内容类似，不再重复。

这里要重点提醒：一定要控制投入力度，毕竟绝大多数中型企业都不是科技公司。不要在技术上做太多前沿探索，而是将其他企业探索过的最佳实践尽快用于本企业。投入过大，超出自己的能力范围会造成浪费，而且容易导致企业偏离主业。

2. 在原有商业空间应用 AIGC 升级商业模式

AIGC 不仅能提升效率，还能创新商业模式。但这工作在中型企业中需要企业家本人来完成，因为中型企业中，除了企业家，对商业模式有系统思考的人太少了。这部分内容前面有过较多介绍，所以这里不再展开。

3. 积极探索和尝试新商业空间

中型企业实力有限，人才的质量、层次与大型企业相比也有差异，所以中型企业很难像大型企业那样成立专门的部门来进行新商业空间、商业模式的探索。只能由企业家本人基于日常运营细节去思考、探索。企业家为了做好这两件大事，可以适当借助咨询公司之类的外脑，这不仅可以少走弯路，还可以帮助企业抓住宝贵的市场机会。一旦探索成功，甚至可能实现整个企业的腾飞。下面看一个实例。

一家从事职业教育的机构，以往采用的都是线下课的形式，所以不得不面对高房租、高人工、高获客成本的压力。因为团队、运作机制已经成熟，企业家将日常事务交给跟随自己多年的常务副总管理，自己则抽身探索基于 AIGC 的创新。该企业家发现，结合 AIGC 可以为每个学员提供不同的学习路径：学员只要按照路径走就能高效学习，学习内容、练习题都是针对性的。在完成一个职业学科的学习之后，可以改变原先的职业课程体系，完全转向新的学习方式。这种运作方式减少了人工的介入，让企业员工从直接教内容转为关怀、鼓励学员，学习效果反而更好了。

该机构经过试探之后，转变商业模式，不再开设传统的线下课，而是转为基于 AIGC 的教学方式。因为效果明显，再加上相关的激励制度，学员介绍学员的比例明显提升，降低了平均获客成本。该机构因为 AIGC 获得了新生。

第 4 节　AIGC 对大型企业的影响

大型企业实力雄厚，可以投入更多资源积极探索 AIGC 的应用，但并不是有资源优势就一定能做好创新。互联网在企业中的应用情况已经给了很多大型企业深刻教训，大型企业做事要有章法，要充分利用自己的优势。

数字化时代，大型企业很适合借鉴中国平安集团的模式——在顶层采取平行模式。从组织到资源，原有的业务继续优化；对于新的商业空间、新的商业模式，更多的是成立专门团队，配合专业资源。探索成功了，就独立成为业务；失败了，也可以控制它的影响范围。这才是大型企业的做法。一旦探索成功，立刻投入资源扩大规模。

- 平行空间 1——**原商业空间**。针对这个空间，重点是进行管理的强化、优化、信息化，当然也要进行商业模式探索。
- 平行空间 2——**新商业空间及配套商业模式**（通常是新模式）。不要上来就扩大规模，而是先养麻雀，麻雀能飞了，再把它升级为凤凰。大型企业的好处就是资源强，可以同时养多只麻雀，只要有一只成为凤凰，就成功了。

大型企业拥抱 AIGC 有自己的特点，可以由表及里划分为 3 个阶段。

1）**提升组织能力，提高工作效率，优化成本。**

这个阶段不触及商业空间、商业模式，也不影响整体的组织架构，是风险低且最容易做好的阶段。但是大型企业人多，情况复杂。前面讲过，真想让 AIGC 持续地在工作中发挥明显作用，是需要使用者学习、提升、改变的。无论 AIGC 本身进步到哪个阶段，这部分要求都不会变。而大型企业中各种人都有，有些人不愿学习、不愿改变，甚至可能会给其他人制造学习阻力，所以，修订相应的岗位要求、考核标准、培训计划等工作要跟上。

2）**将 AIGC 的能力深化、内化、融化，让 AIGC 在更有价值的方向发挥作用。**

大型企业的实力强，在基本应用普及之后，可以选择高价值领域进行科技投入，构建竞争壁垒。在通用大模型的基础上，投入垂直模型、打通 AIGC 与原有 IT 系统，发挥自身优势，借助 AIGC 让自己的地位更加稳固。

例如，大型企业面向 C 端客户的客服，以往需要配备大量人员才能随时提供满足客户需求的服务。有了 AIGC，可以在通用模型基础上适当开发专属客服，客户则不需要做任何改变，仍然使用以前的服务通道来获取服务。只有在 AIGC 不能解决客户问题的情况下，才由人工提供服务，而且人工提供服务时也可以借助 AIGC 生成相关内容。如此一来，客户满意度提高了，服务成本也摊薄了，虽然增加了训练模型、IT 开发的成本，但是降低的人工成本更多。

有了 AIGC 的赋能，客服可以向销售模式转化，例如客户通过在线方式选购商品，虽然看了商品详情页仍旧有疑问。客户通过打字、语音方式可以立刻获得 AIGC 提供的服务，以便快速了解产品。这种距离成交只有一步的客户，是企业的重要资源。

3）**在 AIGC 的背景下，重新思考商业模式甚至商业空间。**

商业模式和商业空间是大公司真正应该思考的问题，而且大公司也更有能力和耐心去做这些思考，以及进行思考之后的探索。

组织保障方面，可以学习中国平安集团的创新机制。面对 AIGC 带来的根本性变革，大型企业要成立专门的团队，适当脱离当前的业务去探索新的商业模式和商业空间。比如中国平安集团在集团层面成立了发展改革中心（创新中心），孵化到一定阶段就会独立成立子公司。这种做法，中型企业基本做不了，小微企业更不可能。大型企业要珍惜这种专属于自己的机会。

大型企业要充分发挥自己的优势，充分借助咨询公司之类的外脑。本书的主题虽然是 AIGC 营销应用，但考虑到 AIGC 的强大能力，**我更希望企业家从营销切入，对更高层次、更全面的企业运营问题进行深度思考。**

推荐阅读

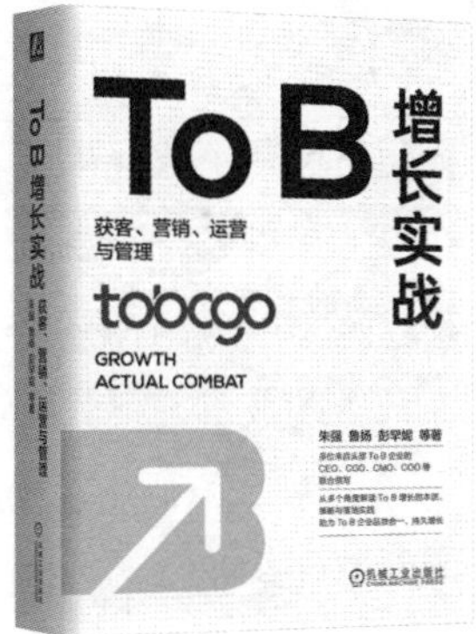

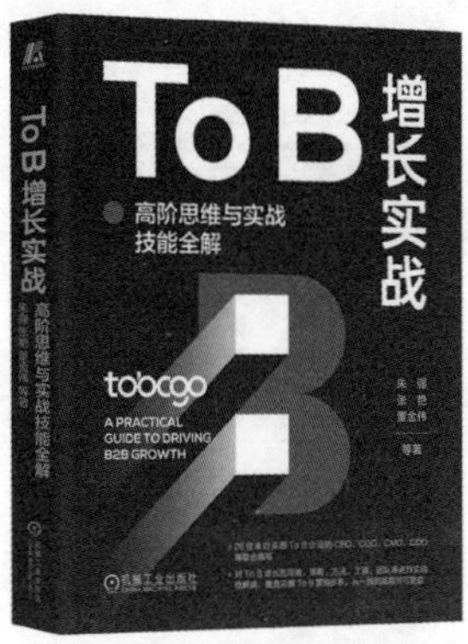

To B增长实战：获客、营销、运营与管理

ISBN：978-7-111-71013-4

这是一本指导To B企业实现客户、销售、业绩等高效、持久增长的实操手册，是多位To B企业一线从业者的多年实战经验总结。本书涵盖获客、营销、销售、客户成功、生态建设、企业管理等影响To B企业增长的所有节点，其中既有对一线增长工作的落地指导（比如内容营销、ABM、数字营销、活动营销等），也有对顶层策略的深入解读（比如年度市场计划、生态建设、组织构建等），还有作者在实践过程中遇到过的各种问题及其解决办法（比如内容营销的误区、SEO常见问题等）。

To B增长实战：高阶思维与实战技能全解

ISBN：978-7-111-74427-6

这是一本从实战角度切入，深度解读To B企业如何实现业绩快速、持续增长的专业指导书。作为《To B增长实战：获客、营销、运营与管理》（主要面向初中级To B从业者）的进阶，本书针对的是To B领域中高级读者，站在企业甚至整个To B领域的高度对所有内容进行解读。本书延续了上一本书只讲干货不讲理论的优点，无论是战略、计划、品牌、生态，还是官网、社群等营销工具，甚至包括人才、团队等营销执行主体，都以落地执行为目的，以真正帮助企业产生业绩为原则进行介绍。

推荐阅读

引爆社群：移动互联网时代的新4C法则 第3版

ISBN：978-7-111-73771-1

畅销书，累计印刷近30次。本书提出的"新4C法则"为社群时代的商业践行提供了一套科学的、有效的、闭环的方法论，前两版上市后获得了大量企业和读者的追捧，"新4C法则"在各行各业被大量解读和应用，累积了越来越多的成功案例，被公认为社群时代通用的方法论。正因如此，前两版上市后，获得CCTV、京东、《清华管理评论》、得到、溪山读书会等大量知名媒体和机构的推荐，还成为多家商学院的教材。

品牌营销100讲：基础强化与认知颠覆

ISBN：978-7-111-62273-4

畅销书，累计印刷近20次。这是一部能帮助品牌新人肃清错误认知、强化科学认知、构建品牌知识框架的著作，也是一部可供品牌从业者随时查阅的工作手册，是国内知名品牌咨询专家15年工作经验的结晶。本书从核心概念、高效执行法则和技巧、必备实操技能、高频和流行词汇4个维度精心打造了100门课程，涵盖品牌、营销、公关、广告、新媒体5个领域，线上同款课程已经有超过50000名学员付费。